PAPIER FRESSERCHEN
DIE BÜCHER MIT DEM DRACHEN
MTM-VERLAG

Impressum:

Besuchen Sie uns im Internet:
www.papierfresserchen.de

Herausgegeben von CAT creativ - www.cat-creativ.at
Lektorat und Gestaltung

im Auftrag von

Mühlstraße 10 – 88085 Langenargen
info@papierfresserchen.de

Erstauflage 2022

Coverbild: © Thorsten Meier
Alle anderen Katzenfotos und -illustrationen: privat.

Gedruckt in Polen / Bookpress

ISBN: 978-3-99051-082-7 - Taschenbuch
ISBN: 978-3-99051-083-4 - E-Book

Meine Katze

... und ich

Geschichten über Samtpfoten und Kratzbürsten

Herausgegeben von

Martina Meier

Inhalt

Kinder schreiben für Kinder – Meine Katze ... und ich

Madame Rosa feiert Weihnachten

Die Tür klickt. Etwas rumpelt, gefolgt von einem saftigen Fluch. „Pass auf, Bernhard, die Nadeln landen ja überall!"

Madame Rosa öffnet träge ein Auge. Sie sind früher zurück, als erwartet, was den Tagesablauf stört. Sie scheinen sich nicht daran zu gewöhnen, dass sie Regeln einhalten müssen. Ein fremdartiger Geruch liegt in der Luft. Madame Rosa atmet tiefer ein und öffnet nun auch das andere Auge. Sie hebt den Kopf, als ihre Menschen ins Wohnzimmer gerumpelt kommen. Das heißt, etwas Großes, Grünes kommt ins Wohnzimmer gerumpelt, die Menschen hängen daran.

Madame Rosas Nackenhaare stellen sich auf. Sofortiger Rückzug! Sie springt mit einem Satz von der Heizung auf den Boden und überlegt kurz, ob sie lieber unters Sofa flüchten oder auf den Kratzbaum klettern soll. Beides ist in letzter Zeit anstrengend geworden. Das gute Futter ... der Bauch ... aber eine Dame fragt man nicht nach dem Gewicht.

Sie entscheidet sich für das Sofa. Gerade noch rechtzeitig schafft sie es, sich darunter zu quetschen. Umdrehen kann sie sich nicht mehr, weswegen sie nicht beobachten kann, was hinter ihrem Po vor sich geht. Ärgerlich.

„Vorsicht, tritt nicht auf ihren Schwanz", hört sie die Frau sagen.

Madame Rosa hegt Sympathien für die Frau. Immerhin bemüht sie sich redlich, ihren Gaumen zu verwöhnen. Das muss man honorieren.

„Hoffentlich steckt sie gleich nicht wieder fest", brummt der Mann zurück. „Die Katze ist zu dick, das habe ich dir schon mal gesagt."

„Sie ist nicht dick, sie hat viel Fell", kommt die Antwort.

Der Mann stöhnt und ächzt, es poltert.

„Vorsicht, die Vase!"

Klirren.

„Mensch, Bernhard ..."

„Du hast genug Vasen."

Madame Rosa hat ebenfalls genug. Sie muss jetzt wissen, was vor sich geht. Mit etwas Mühe legt sie den Rückwärtsgang ein und schiebt sich Stück für Stück unter dem Sofa hervor. Als sie befreit ist, ist ihr Fell völlig derangiert. Entwürdigend. Sie schüttelt sich und dreht sich mit majestätischem Blick um. Ach so, es ist einer dieser grünen Bäume, den man jedes Jahr für sie aufstellt. Das ist aber nett. Vielleicht wird sie ja etwas für ihre Fitness tun und wie in jungen Jahren bis zur Spitze hinaufklettern. Ansonsten ist es angenehm, sich darunter zu legen und das spezielle Aroma zu genießen. Was sie jetzt sofort tun wird. Mit gemessenen Schritten stelzt sie an der Frau vorbei und legt sich unter den Baum.

„Tina, nimm die Katze weg, ich muss das blöde Teil noch befestigen."

„Komm, Madame Rosa, mein Schatz", flötet die Frau, „Papa muss den Baum erst festzurren." Zwei Hände greifen nach Madame Rosa, schließen sich um ihren voluminösen Körper und zerren sie unter dem Baum hervor.

Madame Rosa, vollkommen empört über diese Frechheit, krallt sich einen Moment lang am Teppich fest, aber die Frau ist unerbittlich. Mit einem Ächzen hebt sie sie hoch. Einen Moment lang baumeln Madame Rosas Füße in der Luft, dann wird sie liebevoll in die Armbeuge gebettet wie ein zu stattlich geratenes Baby. Beschwichtigend streichelt ihr die Frau über den Kopf. „Du darfst dich gleich wieder hinlegen, meine kleine Maus."

„Kleine Maus", murmelt der Mann. „Die Katze ist so groß, dass du sie kaum halten kannst, und wiegt bestimmt sechs Kilo."

Madame Rosa wirft dem Mann einen missbilligenden Blick zu.

„Jetzt müssen wir ihn schmücken." Die Frau klingt glücklich. „Bernhard, holst du den Weihnachtsschmuck aus dem Keller?"

„Sofort?"

„Ja, klar."

„Muss sich der Baum nicht erst akklimatisieren?"

„Nun geh schon in den Keller."

„Dann komm mit, ich weiß nicht, in welchen Kisten du deinen ganzen Kram verstaut hast."

Madame Rosa wird aufs Sofa gesetzt, die Menschen verschwinden aus dem Wohnzimmer. Mit einem Hüpfer verlässt sie das Sofa wieder und stolziert zum Baum. Ein Glück, es ist keiner dieser besonders piksigen Exemplare. Von wegen Norwegische Waldkatze. Das Gen für Wald muss sich irgendwo in den Untiefen von Madame Rosas beeindruckendem Stammbaum verloren haben. Sie duckt sich und krabbelt unter den Baum. Ob es der Duft ist oder das viele Grün, plötzlich ändert sich etwas in ihr. Vielleicht meldet sich das Wald-Gen just in diesem Moment wieder. Madame Rosa setzt eine Kralle an den Stamm und zieht einmal kräftig hindurch. Es splittert unter ihren Pfoten, doch es sind jetzt keine Pfoten mehr, es sind Pranken, und es ist kein Weihnachtsbaum mehr, sondern ein gewaltiger, dichter Forst.

Ein leises Knurren ertönt aus ihrer Kehle, dann setzt sie die zweite Kralle an. Man muss dem Baum zeigen, wer die Herrin im Hause ist. Mit einem imposanten Satz springt sie am Stamm hoch, kämpft sich durch das Geäst, bis sie mit dem Kopf aus den Zweigen bricht.

Sie hat es geschafft. Sie ist ganz oben an der Spitze. Ihr liegt die Welt, vielmehr das Wohnzimmer, zu Füßen. Ihr Reich, ihr Herrschaftsgebiet. Etwas knackt, dann kommt ihr der Boden ihres Reiches plötzlich mit zunehmender Geschwindigkeit entgegen. Im letzten Augenblick rettet sich Madame Rosa mit einem beherzten Hechtsprung. Krachend fällt die 2,48 Meter hohe Nordmanntanne auf das Parkett und reißt dabei den neuen Fernseher um. Madame Rosa beschließt, dass es Zeit für einen strategischen Rückzug ist.

„Was zum ...", donnert der Mann einige Minuten später. „Der Fernseher! Das reicht! Die Katze kommt ins Tierheim!"

„Dann lasse ich mich scheiden!", zetert die Frau zurück.

Madame Rosa schenkt dem Treiben keine Beachtung mehr. Am Ende wird schon alles gut. Sie gähnt. Sie hat ja auch viel erlebt. Erst mal ein Schläfchen.

Sechs Monate später sitzt Madame Rosa neben der Frau auf dem neuen Sofa. Sie schnurrt, als ihr die Stelle hinter den Ohren gekrault wird. Der Mann ist weg. Verschwunden aus ihrem Leben. Wie gesagt – am Ende wird alles gut.

***Nicole Hobusch,** Jahrgang 1984, lebt im Bergischen Land. Sie macht beruflich „was mit Medien". Abends erschafft sie Welten auf Papier, in denen sich das Blatt ein ums andere Mal wendet. Ihre Kurzgeschichten sind in verschiedenen Anthologien und Magazinen erschienen.*

Wie Don Sandro Corleone zu mir kam

Ich stand in unserer Buchhandlung in einer kleinen Schlange an der Kasse. Das ist für mich kein Problem, so fing ich gleich ein bisschen in den beiden Taschenbüchern von Peter Gethers über seine Klappohrkatze Norton an zu lesen.

Plötzlich riss mich eine Stimme aus meinem stillen Lesevergnügen. Ein älterer Herr tippte mir auf die Schulter. „Auch ein bekennender Norton-Fan?“ fragte er.

Ich nickte eifrig.

„Ich habe solche Kätzchen wie Norton zu Hause“, sagte er. „Wollen Sie die mal anschauen?“

Ich verneinte. Natürlich mochte ich Katzen, zwei dieser wunderbaren Exemplare waren durch meine Wohnung gesprungen, aber seit mein Kater Osiris vor zwei Jahren gestorben war, der 19 Jahre durch mein Leben geschnurrt war, wollte ich kein Tier mehr.

Der freundliche Herr hinter mir reichte mir einen Zettel herüber mit seiner Adresse darauf. „Anschauen kostet nichts“, meinte er.

Ich nickte nachdenklich, inzwischen war ich mit Zahlen an der Reihe, verabschiedete mich höflich und schritt hinaus in einen wunderschönen Frühlingstag.

Zu Hause angekommen, kuschelte ich mich in einen warmen Schal, ging auf den Balkon und begann, gewärmt von der Frühlingssonne, zu lesen.

Aber so recht wollte mir das nicht gelingen, immer wieder musste ich an den freundlichen Herrn denken, auch andere Gedanken nisteten sich in meinem Kopf ein.

War meine Wohnung nicht irgendwie leer und kalt geworden? Fehlte da nicht irgendetwas? Wieso war mir das nicht eher aufgefallen? Warum wartete ich jetzt noch nachts auf ein zartes Miau, den Druck auf der Bettdecke, wenn mein Prinz vom Eismeer mit hoch erhobenen Schwanz zu mir schritt, mir Gute Nacht wünschte?

Auch jetzt glaubte ich, ihn leise schnurren zu hören, spürte ihn auf meinen Schoß, wie er sich in der Sonne rekelte. Das war zu viel, mit ein paar kleinen Tränen in den Augen räumte ich Buch und Schal beiseite, nahm meine Jacke, schnappte mir die Adresse und ging los.

„Da sind Sie ja." Der ältere Herr lächelte mich verschmitzt an und führte mich ins Wohnzimmer, wo eine entzückende Schar graublauer Kätzchen hin und her wuselte. Ein junges Mädchen mittendrin, das mit einem der Kätzchen spielte. Es betrachtete mich und meinte: „Sie wollen doch nicht etwa auch so ein Kätzchen mit geraden Ohren?"

Nein, dass wollte ich ganz und gar nicht. Wenn, dann wollte ich eine scottish fold, eine mit Klappohren – so wie Norton.

Ich ließ mich auf einem Sofa nieder, betrachtete die Kätzchen, die zu meinen Füßen herumtollten. Plötzlich bemerkte ich einen sanften Druck an meinem Oberschenkel. Langsam schaute ich hin, da saß ein kleines Kätzchen mit Klappohren und betrachtete mich ganz ernst, dann sprang es ab.

„Katze oder Kater", fragte ich, zeigte auf den kleinen Racker.

„Kater", sagte der Herr.

Ich wusste, es war um mich geschehen.

So bekam der Kleine ein rotes Wollfädchen als Markierung angelegt. Frohgemut eilte ich heim, inzwischen schüttete es wie aus Kübeln, aber das bemerkte ich gar nicht.

Zu Hause angekommen, brauste ich durchs Internet, suchte nach einem passenden Katzenkorb, einem Kratzbaum und die Katzentoilette. Ich triumphierte innerlich, jawohl, bald würde ein Kätzchen durch meine Wohnung springen.

Doch wie sollte das bisher noch namenlose Geschöpf heißen? Ich lud meine beste Freundin ein, bei Kaffee und Kuchen philosophierten wir über Katzennamen. „Lorcan", schlug ich vor, „das ist Gälisch und bedeutet Elfenpfeil."

„Nein", beschied meine Freundin, „zu abgefahren."

„Norton", schlug ich vor.

„Man klaut keine Namen", sagte meine Freundin.

So ging das hin und her.

„Alister Mac Fold."

Meine Freundin winkte ab.

„Ich möchte was mit Alexander", maulte ich.

Zur geistigen Erholung schauten wir uns einen Teil der genialen Verfilmung des Patens an. „Ich habs“, rief ich und lächelte triumphierend. „Don Sandro Corleone.“

Meine Freundin lächelte, sie hat ein halbes Haus in Süditalien, hatte 20 Jahre dort gelebt. „Ja“, meinte sie, „das ist gar nicht so schlecht.“

Ein paar Wochen später zog mein kleiner Liebling ein. Er erwies sich als das liebreizendste Geschöpf unter der Sonne. Alle Freunde beteten den Kleinen an, sie tun es bis heute. Ich selbst verzeihe ihm alles, auch wenn er mal wieder vom Tisch klaut und seine Beute unter den Teppich schiebt. Ich liebe meinen kleinen Mafiaboss.

***Cornelia Rossberg** lebt in Coburg. Don Sandro ist eine scottish fold und schnurrt schon quietschfidel acht Jahre durch ihr Leben.*

Tut

„Mein Mensch lieb. Aber heute viele da. Gefahr? Du! Geh weg da! Mein Platz.“ Tut fixierte den Eindringling, der sich frech auf seinem Sofa breitgemacht hatte, angriffslustig. „Weg!“

Die Party war bereits fortgeschritten, schmutzige Gläser und Teller waren über Wohnzimmer, Diele und Küche verteilt. Krümel auf dem Fußboden wurden unter den Schuhsohlen zu feinem Pulver zermahlen. Grüppchen hatten sich gebildet, die sich im Bemühen, die vielen Stimmen und die Musikberieselung zu übertönen, in fast schmerzhafter Lautstärke unterhielten. Constanze redete wild gestikulierend mit Mäx – zumindest gestikulierte sie mit einer Hand, in der anderen hielt sie ein Weinglas –, sodass sie die Katze nicht sofort sah. Als sie sie bemerkte, kniff sie reflexartig die Augen zusammen und wandte sich ab.

„Mensch auch nett. Zwinkert freundlich. Will Frieden.“ Tut legte den Kopf schief und blinzelte höflich zurück. „Trotzdem mein Platz!“ Er hüpfte auf Constanzes Schoß.

Sie sprang auf, kreischte. Rotwein ergoss sich aus dem Glas auf den Boden. „Verschwinde, du Mistvieh!“

Tut landete elegant auf allen vieren. „Nanu? Zwinkert freundlich. Aber nicht Freundschaft. Mensch seltsam.“ Verwirrt schüttelte er sich.

„Seit wann hast du eine Katze, Thomas?“, fragte Constanze gepresst.

Tom antwortete mit einer entschuldigenden Geste. „Erst seit ein paar Wochen. Tut mir leid, ich wusste nicht, dass du gegen Katzen allergisch bist.“

„Bin ich nicht. Ersatz für Klara, wie?“

Tom atmete scharf ein und schürzte die Lippen.

Constanze wischte sich imaginäre Katzenhaare vom Rock. „Ich kann die Biester einfach nicht ausstehen.“

Mäx hob verblüfft die Brauen. „Aber die ist doch süß.“

„Sehr süß“, sagte sie ironisch. „Was glaubst du, warum es heißt, dass schwarze Katzen Pech bringen?“

„Abergläubisch bist du auch noch? Kein Wunder, denn das Christentum hat Katzen zu Hexentieren und schwarze Kater zu Geschöpfen des Satans erklärt, ein Papst wollte alle Katzen töten lassen." Mäx verzog das Gesicht. „Wusstest du, dass wir hier mit dir zusammen dreizehn sind?"

„Willst du damit andeuten, dass ich gehen soll?", fauchte Constanze.

„Unsinn", versuchte Tom, zu beschwichtigen. „So hat er das bestimmt nicht gemeint. Außerdem sind mehr als dreizehn Leute hier."

Mäx zuckte die Schultern. „War eben schlecht geraten. Aber die Katze ist auch nicht schwarz. Nicht ganz jedenfalls." Er sah Tut an, machte eine lockende Handbewegung. „Na, komm her. Miez, miez."

Tuts Hals, seine Brust, Pfötchen und Schwanzspitze leuchteten weiß in auffallendem Kontrast zu seinem samtschwarzen Fell. „Mensch gefährlich, starrt böse." Tut reagierte schnell. „Mensch groß, gefährlich, fliehen." Wie ein Fisch im Wasser flitzte er davon.

„Hm", brummte Mäx enttäuscht. „Wie heißt sie denn?"

„Sein Name ist Tut. Eigentlich Tutanchamun – hold an Leben ist Amun, nach dem altägyptischen König – aber das ist mir zu lang."

Auf Tom übten Mumien, Pharaonen und Sarkophage eine eigenartige, wenn auch ein wenig morbide Faszination aus und so nahm er die Gelegenheit wahr, die angespannte Situation etwas aufzulockern, indem er das Gespräch auf sein Lieblingsthema lenkte, die Bestattungsriten der Ägypter, den Versuch, durch Einbalsamieren der Leichname Unsterblichkeit zu erlangen. Aber bald fühlte Constanze sich durch einige bissige Bemerkungen, die Mäx sich nicht verkneifen konnte, und die zu treffend waren für jemanden, der sich nicht von Tatsachen verunsichern lassen wollte, in ihren religiösen Gefühlen verletzt, sodass sie unter einem fadenscheinigen Vorwand ging.

Langsam näherte die Party sich ihrem Ende. Mäx und Tom standen in der Küche am Buffet und machten sich über die Essensreste her.

Tut strich um Mäx' Beine, um ihn mit seinen Duftdrüsen zu markieren. „Essen." Er ging zu seiner Essensschale, doch diese war leer. Erwartungsvoll sah er Tom an. „Essen", wiederholte er miauend.

Tom tupfte die letzten Krümel der Walnusspastete vom Teller und leckte Daumen- und Zeigefingerspitze ab, dann ging er zum Kühlschrank, nahm eine Tupperdose heraus und füllte etwas daraus in Tuts Schale.

Tut senkte sofort seine Nase ins Essen. Endlich. Er schmatzte laut.

„Findest du es eigentlich nicht merkwürdig, dich immer nur von Salat zu ernähren und an deine Katze Fleisch zu verfüttern?", fragte Mäx.

Tom erstarrte, aber er bemühte sich, es sich nicht anmerken zu lassen. Er warf nur einen säuerlichen Blick auf die Überbleibsel des Buffets: Die Tischdecke war mit Gazpacho bekleckert, vom Tofukäsekuchen waren nur noch Krümel übrig. „Tut bekommt Pflanzenkost, keine Leichen. Es ist tatsächlich äußerst unlogisch, wenn Leute, die sich Tierfreunde schimpfen, Tiere abschlachten lassen, um sie an ihre Hunde und Katzen zu verfüttern. Du kannst mir ja einiges nachsagen, aber dass ich unlogisch handle, wirst du wohl nicht behaupten wollen, oder?"

Mäx nahm eine Stachelbeere, warf sie in die Luft, fing sie mit dem Mund auf und schnitt eine Grimasse, als er die saure Haut durchbiss. „Aber Katzen sind doch Fleischfresser."

„Gezwungenermaßen, es bleibt ihnen nichts anderes übrig, weil die Evolution sie nun einmal in diese Nische gedrängt hat." Er nahm eine Guave aus der Obstschale, legte sie aber wieder zurück und entschied sich stattdessen für eine Kiwihälfte. „Aber glaubst du, Tut würde sein Essen molekulargenetisch analysieren, um herauszufinden, was es ist und woher die Zutaten stammen? Solange es ihm schmeckt und alle benötigten Nährstoffe enthält ..."

„Also ich weiß nicht. Es stinkt zwar nicht so wie normales Katzenfutter, aber das ist doch irgendwie nicht natürlich."

„Im Gegensatz zu Dosennahrung, meinst du?"

„Ich meine, Katzen in freier Wildbahn ..."

„Katzen in freier Wildbahn würden Whiskas kaufen, nicht? Oder ein Schälchen Kuhmilch trinken, obwohl sie laktoseintolerant sind und dadurch krank werden. Schade, dass wir Tut nicht fragen können."

„Aber ist das denn nicht schädlich?"

„Hunde vegan zu ernähren ist kein Problem, im Gegenteil, wie bei Menschen steigt sogar die Lebenserwartung deutlich an. Katzen brauchen allerdings Taurin, eine Aminosäure, und langkettige Fettsäuren, die in Pflanzen nicht vorkommen. Taurinmangel führt zur Erblindung, oft auch zum Tod."

„Ist das dein Ernst?"

„Sicher." Tom tat, als wüsste er nicht, was Mäx meinte. „Weshalb fragst du?"

„Aber du kannst doch nicht ..."

Tom atmete hörbar aus. „Ich gebe Tuts Essen natürlich synthetisiertes Taurin bei, was dachtest du denn?"

***Achim Stößer** lebt in Bad Orb. Internet: https://achim-stoesser.de.*

Arme Katze Schnurrhaar

Es war einmal eine Katze mit dem Namen Schnurrhaar, den ihr der Mensch gegeben hatte, in dessen Häuschen sie für lange Jahre glücklich leben durfte. Als dieser aber gestorben war, konnte sie es nur noch einen einzigen Tag und eine schlaflose Nacht dort aushalten.

Schon am nächsten Morgen lief sie tieftraurig in den nahe gelegenen Wald, wo sie zwischen den Bäumen umherschlich und sich dabei immer wieder an die Stämme drückte, fast so, wie sie sich stets an die Beine des geliebten Menschen geschmiegt hatte, wenn sie von diesem gekrault und gestreichelt werden wollte.

Ein Eichkätzchen, das Schnurrhaar von oben beobachtet hatte, kam bald auf einen unteren Ast herab und ließ sich von ihrem Leid berichten. Darauf sagte es: „Ich könnte dich ja vielleicht mit den Krallen meiner kurzen Ärmchen ein wenig kraulen. Ich habe als kleineres Tier aber doch einen etwas zu großen Respekt vor dir, um dir noch näher zu kommen. Frag doch lieber mal den Hasen, der dort gerade vorbeihoppelt! Vielleicht kann er dir eine größere Hilfe sein als ich."

Sogleich hielt Schnurrhaar denselben an und erzählte ihm ihre traurige Geschichte. Dem Hasen ging das Vernommene zwar recht nahe, doch wusste er auch keinen Rat für sie und sagte nur: „Ich glaube, dass du dich doch an den Falschen gewandt hast und dass wir zwei wohl zu verschieden sind. Und da du ja im Grunde ein Raubtier bist, solltest du hier warten, bis der Fuchs vorbeikommt. Das kann nicht mehr allzu lange dauern."

Als Schnurrhaar dann den Fuchs nach einer Weile kommen sah, lief sie ihm schon entgegen, um ihm sogleich ihr Leid zu klagen. Der Fuchs, der bekannt dafür war, einen klugen Kopf zu haben, aber gerade in Eile zu sein schien, entgegnete ihr ziemlich unwirsch: „Warum belästigst du mich mit deiner Kümmernis. Such dir doch lieber einen neuen Menschen, den du umschmeicheln kannst! Der wird dir dann schon so tun, wie du es dir so sehr ersehnst."

Dies sah Schnurrhaar auch ein und lief, ihre Gedanken an diese neue Hoffnung verlierend, immer weiter in den Wald hinein, dabei ständig nur nach Menschen Ausschau haltend. So hatte sie sich schon völlig verirrt, als ihr schließlich in den Sinn kam, dass sie ja eigentlich wieder in die vertraute Gegend zurückwollte.

Während sie mit bangem Herzen vergeblich versuchte, sich zwischen all den ihr unheimlichen Baumriesen zurechtzufinden, erblickte sie auf einmal eine junge Frau, die dort gerade Beeren pflückte. Schnurrhaar sah in ihr eine Gabe des Himmels und lief hoffnungsfroh auf sie zu. Doch als sie um deren Beine streichen wollte, bemerkte die Frau sie, erschrak und trat Schnurrhaar dann gar mit Füßen, und das nicht mal völlig grundlos. Denn sie litt an einer schlimmen Katzenhaarallergie.

__Wolfgang Rödig__ lebt in Mitterfels. Er hat seit 2003 mehr als 500 belletristische Kurztexte in Anthologien, Literaturzeitschriften und Tageszeitungen veröffentlicht.

Kaspar und die Angst vor dem Fischbaum

Hej hej, mein Name ist Kaspar Katersson. Heute erzähle ich euch von meiner ersten Seefahrt.

Ich war noch ein sehr junger Kater und lebte mit meiner Menschenfamilie in Schweden. Eines Tages entdeckte ich im Zweibeinerschuppen ein Gemälde in einem geschnitzten Holzrahmen. Im ersten Moment dachte ich, es wäre ein Spiegel, denn die Ähnlichkeit zwischen dem Kater, der über der Schulter eines ebenfalls rothaarigen Wikingers lag, und mir, war verblüffend. Das Tier hatte eine schneeweiße Schnauze, einen kupferfarbenen Scheitel und orangene Ohren – genau wie ich. Habt ihr schon mal mit geschlossenen Augen in die Sonne geschaut? So müsst ihr euch mein satt leuchtendes Orange vorstellen. Aufgeregt versuchte ich, die Inschrift auf dem messingfarbenen Schildchen, das auf den Rahmen genagelt war, zu entziffern. Nun ja, leider musste ich feststellen, dass ich gar nicht lesen konnte.

Ich beschloss, mir diese Fähigkeit anzueignen. Von da an saß ich jeden Tag zwischen den Kindern und schielte in ihre Bücher, während sie die Hausaufgaben erledigten. Mit der Zeit verwandelten sich die kleinen, schwarzen Ameisen in Buchstaben. Zusammengesetzte Buchstaben ergaben Worte. Aus Worten entstanden Sätze. Bald war ich in der Lage, ganze Bücher zu verschlingen. Ich entwickelte mich vom Kater zur Ratte. Zur Leseratte! Ich frage mich bis heute, wieso man Vielleser so nennt. Leseratte? Ich kenne keine einzige lesende Ratte. Das Gleiche gilt auch für Bücherwürmer.

Durch meine neue Superkraft konnte ich endlich das Rätsel des geheimnisvollen Katers auf dem Gemälde lösen. *Erik der Rote* stand auf dem Schildchen. Und in kleineren Buchstaben darunter *Seefahrer und Entdecker von Grönland.*

Stolz, so einen berühmten Vorfahren zu haben, beschloss ich, auch Seefahrer zu werden! Ich wollte Abenteuer erleben und die Weltmeere erkunden. Eine Augenklappe, Holzbein oder sonstige Albernheiten, die einem beim Stichwort Seefahrer durch den Kopf spuken, verkniff ich mir. Einen Käpten mit Boot hatte ich schon: mein Herrchen. Er fuhr jeden Tag zum Fischen aufs Meer hinaus. „Morgen werde ich mit ihm zur See fahren“, entschied ich und bekam vor Aufregung die ganze Nacht kein Auge zu.

Im Morgengrauen wartete ich am Gartentor auf meinen Käpten.

„Kaspar, was tust du denn hier?“, fragte dieser verwundert, als ich ihn miauend begrüßte. „Willst du mich begleiten? Ich könnte einen Schiffsjungen gebrauchen“, lachte er.

„Schiffsjunge? Spinnst du? Ich kapere das Boot, dann werden wir ja sehen, wer der Junge für alles ist! Ich möchte Abenteuer erleben und neue Welten entdecken!“, miaute ich empört. Doch er hatte mir gar nicht zugehört und war schon auf dem Schiff. Ich raste den Steg entlang und sprang an Bord. Okay, vorerst war er der Käpten. Er startete den Motor und wir tuckerten davon. Ein Segelboot hätte mir zwar besser gefallen, aber für die erste Fahrt war auch ein Motorboot in Ordnung. Ich war endlich auf dem Wasser, das war die Hauptsache.

Der Wind wehte durch meine Schnurrhaare und ich fühlte mich wie ein echter Seefahrer! Ich atmete die salzige Meeresluft ein, unter die sich ein Hauch Benzin und Alge gemischt hatte. So roch das Abenteuer! Der Bug teilte das Wasser und die Wellen klatschten mit weißen Schaumkronen am Schiff entlang. Wir fuhren direkt in den Sonnenaufgang hinein. Das Meer reflektierte die ersten Strahlen wie eine in Falten gelegte Glitzerfolie.

Der Käpten drosselte die Geschwindigkeit und schaltete den Motor aus. Unser Boot tanzte im Takt des Wellengangs. Dann wurde die Angel ausgeworfen und kurz darauf wackelte die Schnur. Der erste Fisch hatte angebissen. Mein Käpten zog ihn heraus und schenkte ihn mir. Ich schnupperte an dem glänzenden Hering, der mich mit weit aufgerissenen Augen anglotzte und nach Luft schnappte. Oder schnappen Fische nach Wasser? Ich packte das arme Geschöpf mit dem Maul, denn ich war mit allen vieren damit beschäftigt, beim stärker werdenden Wellengang nicht das Gleichgewicht zu verlieren. Als der Käpten kurz wegschaute, warf ich den Hering zurück ins Wasser. Ich versuchte vergeblich, den Geschmack von Fisch und Salz auf der Zunge loszuwerden. Mir war ganz flau im Magen.

„Zum Klabautermann nochmal! Ich bin der Nachfahre eines Seefahrers und kein Weichei!“, schimpfte ich mit mir selbst. Meine Seefahrerehre stand auf dem Spiel. Ich kniff die Backen zusammen und versuchte, mich durch langsames Atmen zu beruhigen. „Ich bin nicht seekrank. Ich bin nicht seekrank!“, redete ich mir ein. Doch es half nichts. Mir war kalt und meine Beine fühlten sich an, als ob sie aus Wackelpudding waren.

„Kaspar, was ist los? Du zitterst ja!“ Der Käpten sah mich besorgt an. „Wir fahren zurück. Diese großen Wellen sind nichts für einen kleinen Kater.“

„Kleinen Kater? Ich bin der Nachfahre von Erik dem Roten!“, wollte ich ihm entgegenmiauen, bekam aber nur ein klägliches Fiepen heraus.

Ich war froh, als ich endlich wieder festen Boden unter den Pfoten hatte. Die Sonne hatte das Holz erwärmt und ich legte mich auf den Steg. Von da aus beobachtete ich eine Möwe, die mit einem zappelnden Fisch im Maul davonflog.

„Vielleicht bin ich doch nicht seekrank, sondern habe eine Fischallergie“, überlegte ich. „Aber die Möwe hat kein Problem, Fisch zu fressen ...“, grübelte ich. „... zu fressen!“

Jetzt fiel es mir wie Schuppen von den Augen: Es widerstrebte mir, Tiere zu verspeisen! Vor Mäusen hatte ich Angst und Vögel bewunderte ich wegen ihres Gesangs. Ich war ein Vegetarier, gefangen im Körper eines Raubtiers! Endlich wusste ich, warum mir schlecht geworden war. „Dann kann ich ja doch noch Seefahrer werden!“ Ich rollte mich zufrieden ein und schloss die Augen.

Aus heiterem Himmel fing es an zu stürmen und die Wellen klatschten über mir zusammen. Ich war wieder auf dem Boot und krallte mich panisch an der Reling fest. Mein Käpten stand mit dem Rücken zu mir. Er trug einen silbrigen Regenmantel, an dem das Wasser in kleinen Bächen hinunterlief.

„Lass uns zurückfahren!“, schrie ich. Keine Reaktion – zumindest nicht vom Käpten. Stattdessen grollte der Donner und Blitze zuckten am Himmel. „Ich will sofort nach Hause!“, brüllte ich erneut. Eine Welle schwappte ins Boot, direkt in mein Gesicht. Meine Augen brannten wie Feuer. Der Käpten drehte sich um. Aber es war nicht mein Herrchen! Der Mantel hatte sich in Fischschuppen verwandelt. Ich stand einem glänzenden Riesenfisch gegenüber, der mich mit eiskalten Glupschaugen anglotzte. Er öffnete sein entenschnabelförmiges Maul und ließ die spitzen Zähne blitzen. An Stelle der rechten Schwimmflosse hatte er eine Krebsschere, mit der er nach mir schnappte.

„Auaaaaa!" Ich sprang auf. Ich musste geträumt haben, aber der Schmerz war echt. Ein roter Krebs hing an meinem Schwanz! Zum Glück ließ er sich abschütteln.

Gegen Mittag kam mein Herrchen zurück und hielt mir schon wieder einen dicken Fisch vor die Schnauze. Andere Katzen hätten sich alle Tatzen danach geleckt. Mir aber war er ein Graus. Ich grübelte, wie ich das Geschenk unbemerkt verschwinden lassen konnte.

Nachts schlich ich in den Schuppen und schnappte mir den Spaten. Nachdem ich mir sicher war, dass mich auch wirklich niemand beobachtete, grub ich ein Loch in der hintersten Gartenecke. Mit angehaltenem Atem warf ich den armen Fisch hinein. Dann verteilte ich die Erde darauf und trat sie fest.

„Hoffentlich wächst im nächsten Frühjahr kein Fischbaum daraus."

In Zukunft werde ich mit dem Boot der Kinder auf Entdeckungsfahrt rudern. Bleibt zu hoffen, dass der Käpten mir keine Fische mehr schenkt.

Eva Brune *wurde 1974 in Donaueschingen geboren. Für ihr Grafik-Design Studium zog sie nach Hamburg. Dort arbeitete sie in verschiedenen Werbeagenturen als Art-Direktorin. Heute lebt sie mit ihrer Familie und zwei Katern in der Nähe von Heilbronn. In ihrer Freizeit schreibt die freiberufliche Grafikerin Kurzgeschichten, von denen schon einige in verschiedenen Anthologien veröffentlicht wurden. Wollt ihr mehr über Kater Kaspar erfahren? Dann folgt ihm auf Instagram unter kaspar_katersson.*

Rambo

Hallo, ich bin die Rambo. Richtig gelesen, die Rambo. Eigentlich war mein Name Tommy, den gaben mir meine ersten Menschen. Als ich zu Margit kam, sagte sie, dass ich jetzt Rambo heiße. Später sagte der Doktor, dass ich nicht Rambo heißen könne, allenfalls Rambine. Margit aber sagte, ich Rambo heiße und fertig.

Die Leute hier lachen, wenn sie hören, dass die süße kleine Katze Rambo heißt. Soweit ich das verstanden habe, war Rambo ein Filmmensch, den es nicht wirklich gegeben hat. Aber der war bei Weitem nicht so lieb wie ich.

Eigentlich war ich ja eine Stadtkatze, denn ich lebte in einer Stadt. Und dachte, es ist normal, dass Katzen gelegentlich Kleidung tragen und in einem Wagen gefahren werden. Ich kannte es nicht anders.

Schon sehr bald lernte ich meine erste Lektion in Sachen Menschen. Ich sollte plötzlich verschwinden, die wollten mich nicht mehr! Deshalb haben sie mich auf einem Flohmarkt verkauft. Ich hatte keine Ahnung, was das überhaupt ist, aber inzwischen habe verstanden, was das ist.

Margits Schwester war dort. Eigentlich wollte sie keine Katze kaufen. Aber als sie mein Foto an einem Stand sah, dachte sie, dass ich vielleicht ganz gut als Stallkatze mitkommen könnte, und sprach mit den Leuten. Die hatten zum Glück nur Fotos hingehängt, mir blieb der Flohmarkt erspart.

Als Dagmar kam, um mich abzuholen, hat sie sich doch sehr gewundert, weil ich Kleidung und diesen Wagen hatte.

Inzwischen weiß ich auch, dass es Puppenkleidung und ein Puppenwagen waren. Also für Spielzeuge, nicht für unsereins. Mag ja sein, dass die Kinder einfach noch zu jung und dumm waren, aber die Eltern hätten das doch wissen müssen. Ich fand das zwar nicht schlimm, aber ich wusste ja auch nicht, dass so etwas nicht normal ist.

Jetzt lebe ich hier am Dorfrand im Stall und reite auf meinen Ponys. Das ist viel toller, als im Puppenwagen zu fahren. Den Ponys gefällt es auch. Besonders, wenn ich ihnen mal wieder eine Massage verpasse. Meine Trampelmassagen sind nämlich super, das lieben sie. Da kann kein Mensch mithalten.

Margit reitet meist auf Peter und Leo darf dann immer an der Leine mitkommen, aber manchmal geht sie auch mit ihnen spazieren. Da gehe ich auch schon mal mit. Nun gibt es viele Menschen, die nicht verstehen, dass man auch mit Ponys spazieren gehen kann, nicht nur mit Hunden. Wenn dann auch noch eine Katze dabei ist, überfordert sie das dann manchmal doch.

Als ich zu Margit kam, war alles anders als vorher. Ich war eine Stadtkatze, jetzt bin ich eine Reitkatze. Musste nur erst den Ponys hier beibringen, dass sie nun Katzenspielzeuge sind. Peter musste ich nicht lange überzeugen, der ist richtig nett und für alles zu haben. Mit Leo und Anton war das schon etwas anderes. Anton und Leopold – so heißt Leo richtig – haben mich gejagt und wollten sogar in meinen Schwanz beißen. Das haben sie mit Polly, einer älteren Katze, die auch hier lebt, auch gemacht. Deshalb geht sie ihnen lieber aus dem Weg.

Aber nicht mit mir! Ich habe beide ziemlich flott um die Pfote gewickelt und konnte schon nach kurzer Zeit machen, was ich wollte. Auf dem Rücken von allen dreien sitze und liege ich ganz gerne.

So wie die Menschen hier manchmal reagieren, scheint das auch nicht so ganz der Norm zu entsprechen, aber ich weiß, dass es noch viele von uns gibt. Margit sagt, ich wäre eine Reitkatze, genauer gesagt, eine Westerwälder Reitkatze. Weil ich nämlich im Westerwald wohne. Ich jedenfalls finde es toll und werde es auch nicht aufgeben, nur weil einige Menschen zu dumm sind, das zu verstehen. Bloß, weil sie das nicht kennen.

Als ich klein war, durfte ich sogar auf Leos Kopf sitzen. Leider nur ein paar Wochen, dann ging es nicht mehr, weil ich zu groß geworden war. Leo ist ein kleines Shetlandpony, deshalb ist sein Kopf auch ziemlich klein. Außerdem sagt er, Ponyköpfe seien eigentlich nicht als Sitzplätze für Katzen gedacht. In einem Punkt waren wir uns aber einig. Damit kann man Margit so richtig ärgern. Sie hat immer versucht, das zu fotografieren, aber wir haben sie immer sabotiert. Behauptet sie. Ist doch nicht unsere Schuld, wenn da der Misthaufen im Hintergrund ist oder eine offene Tür zum Heulager. Oder der Sattel hängt über dem Zaun. Ich hänge den bestimmt nicht auf den Zaun. Und Türen öffnen wir auch nicht.

So hat sie von dieser ganzen Geschichte nur ein einziges Foto, das halbwegs gut ist. Sie ist ohnehin immer sehr kleinlich mit dem Hintergrund und beschuldigt uns dann, wir würden das extra machen. Blödsinn!

Leider fand diese Sache ja sowieso ein schnelles Ende, weil ich gewachsen bin, während Leo nicht mitgewachsen ist. Aber auf seinem Rücken ist immer noch Platz für mich.

Nur schade, dass ich nicht zu Margit nach Hause mitkommen darf. Das will sie nicht, denn da ist diese dämliche Bundesstraße. Da fahren jede Menge Autos – und die fahren ohne Rücksicht. Da sind nicht nur viele Katzen und andere Tier getötet worden, es wurden auch schon Menschen schwer verletzt. Ganz zu schweigen von den vielen Unfällen. Margit sagt, das kommt, weil die so rasen und weil da dann noch mitten im Dorf die Kreuzung ist und viele die Vorfahrt nicht beachten. Sie weiß das, weil sie ganz in der Nähe der Kreuzung wohnt und die Polizei manchmal sogar bei ihr im Hof parkt, wenn sie mal wieder kommen muss. Ich habe zwar von dem Ganzen keine Ahnung, tue aber immer so, als wüsste ich, worum es geht, wenn die Menschen sich hier am Zaun mal darüber unterhalten.

Ein bisschen Ahnung habe ich sogar wirklich. Wir können nämlich vom Stall aus diese Straße sehen, die ist ganz nahe. Und wenn dann mal wieder alle Autos stehen und gar nicht oder nur sehr langsam fahren können, dann hat es mal wieder gekracht. Manchmal kommen dann auch noch diese lärmenden und leuchtenden Autos, die Einsatzfahrzeuge genannt werden. Wenn die kommen, dann ist es schlimm. Die Polizei kommt zwar immer, aber meistens fahren die ganz normal, da erkennt man sie nur an den grün-weißen Autos.

Ich habe auch schon solche Unfälle gesehen, wir können nämlich von hier aus die Tankstelle sehen, die ist schräg gegenüber auf der anderen Straßenseite. Manchmal sind die Menschen so dumm, dass sie sich sogar auf der Tankstelle gegenseitig rammen. Oder sie passen beim Rausfahren auf die Straße nicht auf. Manche passen sogar beim Geradeausfahren nicht auf und fahren auf die anderen Autos auf.

Wenn Margit und/oder Dagmar bei solchen Gelegenheiten hier sind, haben sie dazu manchmal ganz schön krasse Sprüche drauf. Im Gegensatz zu Fremden, die uns manchmal besuchen, erschrecken sie auch nicht, wenn es mal wieder rummst, sie kennen das schon lange. Sie erkennen sogar am Geräusch ob es richtig gekracht hat oder nur ein kleiner Bums war. Dann muss Margit sich auch schon mal anhören, dass sie ein Gemüt wie ein Fleischerhund hat. Was soll das denn schon wieder?

Die Fremden sind übrigens nicht wirklich fremd, Margit und Dagmar kennen sie und sind auch dabei, wenn die hier am Stall sind. Richtig Fremde sind ebenso unerwünscht wie die Leute, die uns füttern oder den Zaun beschädigen. Wenn sie diese Sorte erwischt, dann wird es schon mal laut. Das mag sie nämlich gar nicht, weil das ja auch gefährlich für die Ponys ist. Sie sagt, das sei ihr Eigentum hier, da haben andere Menschen grundsätzlich nichts zu suchen – und das wüssten die auch. Dann sollen sie sich gefälligst auch daran halten!

Nachtrag von Margit: *Rambo wurde leider mit nur neun Monaten ein Opfer von FIP. Damals, in den frühen Neunzigern, gab es die heutigen Untersuchungsmethoden noch nicht und es wurde trotz mehrerer Tierarztbesuche zu spät erkannt, sodass ich Rambo nur noch erlösen konnte.*

Margit Günster, *Jahrgang 1963, ist Hauswirtschaftsmeisterin und in diesem Beruf seit über 30 Jahren tätig. Seit über 25 Jahren div. Veröffentlichungen (Gedichte, Geschichten und Fotos) in Zeitungen, Zeitschriften, Fachzeitschriften und Kalendern. Lebt in Boden, einem kleinen Ort im Westerwald.*

Sanfte Pfoten

Sanfte Pfoten tapsen leise
Durch das Gras
Genießen die ersten warmen Sonnenstrahlen
Verteidigen ihr Revier gegen fauchende Rivalen

Sanfte Pfoten tapsen leise
Durch die Sonne
Ruhen auch gerne mal im kühlen Schatten
Jagen des Nachts eifrig Mäuse und Ratten

Sanfte Pfoten tapsen leise
Durch das Laub
Fangen die vielen bunten fallenden Blätter
Doch verabscheuen das kalte, nasse Wetter

Sanfte Pfoten tapsen leise
Durch den Schnee
Kratzen am geschmückten Weihnachtsbaum
Jagen leuchtende Kugeln durch den Raum

Sanfte Pfoten tapsen leise
Durch mein Leben
Ohne dich wäre mein Alltag grau und trist
Weil du meine Katze und beste Freundin bist

__Annabelle Krajewski__ wurde1991 in Essen geboren und studierte Rechtswissenschaften an der Ruhr-Universität Bochum. Das Gedicht „Sanfte Pfoten" schrieb sie für ihre Katze Leni, die bereits seit zehn Jahren an ihrer Seite ist.

Ein Strauß Rosen

Mit einem Ruck fährt Anne aus dem Schlaf hoch. Endlich spürt sie, dass wir nicht alleine sind.

„Anne?"

Die Stimme lässt sie herumfahren. „Ben! Was … was tust du hier?" Anne zieht sich die Bettdecke bis zum Hals hoch. Sie atmet schwer, ihr bricht der kalte Schweiß aus. Der Eindringling mit seiner grell leuchtenden Taschenlampe betrachtet sie aus der Ecke des Zimmers heraus. Er scheint Gefallen an ihrer Angst zu finden und grinst breit.

Mich kann er nicht sehen, ich beobachte ihn vom Flur aus. Trotzdem steigen mir die Haare zu Berge. Ich ahne nichts Gutes, halte bewusst einen Sicherheitsabstand von mehreren Metern ein.

„Was Gott zusammengefügt hat, soll der Mensch nicht trennen – Markus, Kapitel zehn. Ich komme wieder", droht der Mann jetzt. Dann schwenkt er seine Taschenlampe theatralisch hin und her. Bevor dieser Ben die Wohnung wieder über den Balkon verlässt, legt er eine Rose auf die Bettdecke. Sie hat das gleiche Dunkelrot wie die Rosen, die seit wenigen Tagen in einer Vase im Wohnzimmer stehen.

Es dauert einige Minuten, bis Anne sich aus ihrem Bett wagt. Mit schlotternden Knien schließt sie die Balkontür. In der Küche schaltet sie das Licht an und lässt sie sich auf einen Stuhl fallen. Sie trinkt zitternd ein Glas Wasser. Dann drückt sie mich an sich. Ihr Herz rast, sie spricht wirr mit sich selbst, erzählt, dass sie sich nie auf diesen Ben hätte einlassen sollen. Sie seufzt, nuschelt vor sich hin: „Deshalb also die Rosen im Fahrradkorb, Briefkasten und vor der Wohnungstür. Ich hätte es wissen müssen."

Ab sofort bleiben die Balkontür und Fenster geschlossen, die Jalousien heruntergezogen. Tag und Nacht stickige Luft und künstliches Licht. Anne schleppt sich morgens mit dunklen Rändern unter den Augen aus der Wohnung. Sie kommt mit Tabletten zurück. Der Arzt habe sie mit ihrem Herzrasen vorerst aus dem Verkehr gezogen, sagt sie.

Wir dösen vor dem Fernseher: Serien, Talkshows, Dokus. Nur die Nachrichtensendungen mit den Katastrophenmeldungen rütteln uns zwischendurch wach. Bewegte Bilder aus anderen Welten.

Als Anne eines Abends den Müll herausbringen will, höre ich plötzlich Ben im Treppenhaus. „Kann ich behilflich sein?", fragt er mit zuckersüßer Stimme.

Ich ahne Schreckliches, verstecke mich sofort hinter der Garderobe. Anne dagegen sucht an der Wohnungstür Halt, die Worte bleiben ihr im Hals stecken.

„Wer sein Weib liebt, der liebt sich selbst. Brief an die Epheser 5:28", fügt dieser Ben wie ein Pastor hinzu.

Anne schüttelt den Kopf, sie wankt zurück in die Wohnung. Ihre Knie zittern, ihr Herz schlägt Alarm. Das Klingeln und Klopfen an der Wohnungstür versucht sie, zu überhören. Sie stellt das Radio laut, ist leichenblass. Kein Wunder, das Tageslicht sieht Anne ja nur noch, wenn sie sich auf den Weg zum Arzt macht oder kurz einkaufen geht.

Später telefoniert Anne mit ihrer Mutter, was sie sonst nur an Geburtstagen und an Weihnachten macht. Sie lässt kein gutes Wort an Ben. „Mama! Du hast ihm meine Anschrift gegeben? Ich fasse es nicht", brüllt sie. „Von wegen liebevoller Ehemann! Der Typ ist ein Stalker, ein schizophrener Psychopath!" Sie fasst sich mit der Hand an die Stirn. „Oh Mann, du weißt doch, warum ich so weit weggezogen bin. Ich wollte endlich meine Ruhe vor Ben haben. Aber nein, meine Mutter gibt ihm gleich die neue Adresse. Ich glaube, ich spinne. Das darf doch alles nicht wahr sein."

Dann schweigt sie, scheint der Mutter zuzuhören.

„Spaziergänge am Strand als Mittel gegen Winterdepressionen? Danach Thalasso-Anwendungen und Wellness? Du spinnst doch, Mama! Ben ist völlig gestört, nicht ich. Kannst oder willst du das immer noch nicht begreifen?"

Jetzt scheint die Mutter zu antworten, denn Anne schluckt nur noch. „Zu lebhafte Fantasie? Nee, Mama, ich steigere mich da in nichts rein", schreit sie kurz darauf in das Telefon. Ihre Stimme klingt hysterisch. „Und ich brauche auch keine Therapie, um mich von den Schatten der Vergangenheit zu befreien." Sie beendet das Gespräch, knallt wutentbrannt den Hörer auf die Gabel und verschwindet im Schlafzimmer.

Ich höre sie schluchzen, rieche Angstschweiß, kuschele mich trotzdem an sie. Es scheint zu wirken. Anne wird ruhiger, sie wirkt nachdenklich, in sich gekehrt.

„Für meine Mutter war ich immer eine graue Maus, die sich in Fantasiewelten flüchtet. Verstehst du das? Sie hat mich nie akzeptiert, wie ich war. Niemals …!“, stammelt sie.

Das plötzliche Klingeln des Telefons holt uns beide zurück in die Gegenwart. Anne eilt in den Flur.

„Was soll das heißen, zum Valentinstag für jedes Jahr unserer Ehe eine Rose?“, schreit sie. „Ich werde dich anzeigen, du Dreckskerl! Die Opferzeiten sind vorbei. Du wirst mich jetzt von einer ganz anderen Seite kennenlernen, Ben. Besser jetzt als nie!“

Doch dazu wird es nicht mehr kommen. Als Anne am nächsten Morgen die Wohnung verlassen will, um die Polizeistation aufzusuchen, steht Ben schon vor der Wohnungstür. Er drängt sie sofort zurück, schiebt sie brutal ins Wohnzimmer. Alles geht rasend schnell, ist so anders als in den vielen Fernsehkrimis, die wir in den vergangenen Wochen zusammen angesehen haben. Anne stolpert gegen den Couchtisch, sie kämpft mit dem Gleichgewicht. Gegen das Sofakissen in ihrem Gesicht hat sie keine Chance. Sie wehrt sich nicht einmal. Ben wirkt routiniert, er braucht keine fünf Minuten, bis er die Wohnung mit gefährlich blitzenden Augen wieder verlassen hat. Ich suche sicherheitshalber hinter der Badezimmertür Schutz.

Dann ist es still, totenstill, stunden-, tagelang. Ich schreie, niemand hört mich. Ich wimmere, trauere still, verfalle in einen Dämmerzustand, in dem sich Traum und Wirklichkeit nicht länger unterscheiden und das Licht zu schwinden droht.

Annes Tod wird erst bemerkt, als es in der Wohnung bereits bestialisch stinkt. Das Katzenklo ist mittlerweile völlig verdreckt, das Geschirr in der Spüle schimmelt, Fruchtfliegen schwirren um den Obstkorb. Der Polizist, der mit dem Hausmeister hereinkommt, rümpft die Nase. Er zieht sämtliche Jalousien hoch, öffnet endlich die Balkontür. Was für eine Wohltat! Ich atme tief durch, sauge die frische Luft und das wärmende Sonnenlicht in mir auf.

Tod durch Herzversagen, stellt der Arzt nach seinen Untersuchungen fest. Er zeigt auf die Tabletten. Der verwelkten Rose neben der zierlichen Leiche schenkt niemand Beachtung.

Am Anfang stand ein Strauß Rosen, am Ende ein Rosenkrieg, so lautet ein Sprichwort. Jetzt weiß ich wieder, warum ich den süßlichen Duft von Rosen nicht mag. Ich überlege kurz, ob ich dem Polizisten, der mich jetzt mit Futter und Wasser versorgt, einen Hinweis geben und ihn auf die stachelige Rose aufmerksam machen soll, entscheide mich dann aber dagegen. Wem würde es nutzen? Anne ist mausetot. Niemand außer mir wird sie ernsthaft vermissen. Nein, ich brauche jetzt wirklich meine letzte Kraft, wenn ich im Tierheim mit all den anderen Katzen und Katern überleben will.

Ulli Krebs, *geboren 1965 in Düsseldorf, Redakteurin und Hobbyautorin, Veröffentlichung mehrerer Kurzgeschichten, Gedichte und eines Regionalkrimis, wohnhaft in der Wesermarsch.*

Die Patchwork-Katze

Lara warf wütend die Patchwork-Katze in eine Ecke ihres Zimmers. „Ich will ein richtiges Haustier", dachte sie. „Nicht so ein blödes, selbst gemachtes Ding." Sie ließ sich auf ihr Bett fallen. „Überhaupt, warum hat dieses Viech zwei verschiedenfarbige Augen?", fragte sie sich. „Das ist doch doof. Kein Tier hat ein blaues und ein grünes Auge!" Sie schlüpfte unter ihre Decke und löschte das Licht. Langsam beruhigte sie sich. „Mit einer richtigen Katze könnte ich jetzt schmusen", dachte sie sehnsüchtig. „Mit einem Hund könnte ich immer Gassi gehen. Kaninchen sind einfach nur süß. Ein Vogel zwitschert fröhlich und mit einem Papagei könnte ich quatschen."

Plötzlich hörte sie kratzende Geräusche aus der Ecke, in der sie die Patchwork-Katze geworfen hatte. Ängstlich, aber auch neugierig blickte sie in die Dunkelheit. Zwei unterschiedlich farbige Punkte kamen langsam auf sie zu.

„Sind das die Augen dieser blöden Patchwork-Katze?", fragte sich Lara und beobachtete, wie das Stofftier auf ihr Bett sprang. Das war unheimlich. Die Patchwork-Katze kletterte ihr auf die Brust. Lara spürte die Pfote trotz Decke. „Sie ist jetzt viel schwerer", dachte Lara und traute sich nicht, sich zubewegen.

Die leuchtenden Augen näherten sich Laras Gesicht. Sie atmete flacher. „Du willst eine richtige Katze haben, stimmst?", fragte die Patchwork-Katze.

Lara nickte nur. Sie hatte Angst und brachte keinen Ton hervor.

„Wirf mich nie wieder irgendwohin, verstanden?", forderte die Patchwork-Katze verärgert. Wieder nickte Lara heftig. Die Patchwork-Katze machte es sich auf Laras Bett bequem und begann zu schnurren. „Gute Nacht."

„Gute Nacht", traute sich Lara, zu flüstern. Sie wurde von den Geräuschen der Katze müde. „Wäre es mit einer richtigen Katze genauso?", fragte sie sich und schlief ein.

Am Morgen staunte Lara. Die Patchwork-Katze hatte sich auf der Decke zusammengerollt. Vorsichtig berührte sie sie mit dem Finger. Nicht passierte. Sie hob sie an. „Jetzt ist sie wieder nur ein Stofftier", dachte Lara erleichtert und machte sich für die Schule fertig. „Gestern Abend war sie noch eine sitzende Katze. Jetzt liegen sie. Komisch."

Den ganzen Tag grübelte sie über ihr nächtliches Erlebnis nach. „Geträumt habe ich das bestimmt nicht", dachte sie überzeugt, „dann hätte die Katze keine andere Haltung annehmen können. Ist sie gefährlich?" Es war für sie schwierig, sich auf den Unterricht zu konzentrieren.

Als Lara für die Nacht das Licht löschte, sah sie die leuchtenden Augen wieder. Sie erschrak.

„Ich beschaffe dir eine richtige Katze." Die Patchwork-Katze streckte sich und sprang vom Bett.

„Wie willst du das schaffen?", wollte Lara wissen. „Mama möchte keine Tiere im Haus."

„Auf mir liegt ein Zauber", erklärte die Patchwork-Katze und lief zur Tür.

„Eigentlich bin ich schon zu groß, um an Magie zu glauben", dachte Lara. „Aber ob sie das wirklich hinkriegt?" Erstaunt beobachtete sie, wie sich die Tür wie von Geisterhand öffnete und die Patchwork-Katze das Zimmer verließ. „Das ist auch unheimlich, aber ich hätte gerne ein süßes Kätzchen." Sie drückte sich die Daumen, aber sie traute sich nicht, nachzusehen, warum sich die Tür von allein geöffnet hatte.

Es dauerte eine Weile, bis die Patchwork-Katze zurückkam. „Morgen nach der Schule hast du eine richtige Katze", verkündete sie.

„Echt? Das glaube ich dir nicht", sagte Lara.

„Warum nicht?", wollte Patchwork-Katze wissen.

„Weil ich meine Mama kenne", erwiderte Lara.

„Weißt du, wie das mit dem Zaubern funktioniert?", fragte die Patchwork-Katze.

„Nö", gab Lara zu.

„Wenn ich dir das jetzt erzähle, ist es wie mit den Wünschen beim Kerzenauspusten", erklärte die Patchwork-Katze. „Wenn man die Wünsche jemandem verrät, werden sie nicht wahr."

„Oh!" Lara seufzte. Sie konnte vor Aufregung nicht einschlafen. „Wie wird meine Katze wohl aussehen?", fragte sie sich.

Die Patchwork-Katze begann, zu schnurren. Wieder machten die Geräusche Lara müde.

„Werde ich morgen wirklich eine richtige Katze bekommen?" Mit diesem Gedanken schlief sie ein.

In der Schule konnte sich Lara nicht konzentrieren. Die Lehrer ermahnten sie mehrmals, dass sie nicht so herumzappeln solle. Aber wie sollte sie still sitzen, wenn sie doch wusste, was sie zu Hause erwarten könnte. „Warum vergeht die Zeit so langsam?", fragte sich Lara. „Es dauert noch ewig, bis die Schule aus ist." Sie atmete erleichtert auf, als sie endlich nach Hause gehen konnte.

„Hallo, Lara", begrüßte Mama sie. „Ich habe eine Überraschung für dich. Geh doch schon mal ins Wohnzimmer."

„Meine Katze", dachte Lara aufgeregt.

Sie lief in den Raum. Auf der Couch lag ein kleines Pelzknäuel und schnurrte vor sich hin. „Sie hört sich wie die Patchwork-Katze an", dachte Lara. „Wo ist die überhaupt? In meinem Zimmer?"

„Das ist eine Glückskatze", erklärte Mama. Sie hatte nach Lara das Zimmer betreten. „Sie hat von jeder Katze ein Stück Fell. Du solltest sie Lucky nennen."

Das Kätzchen hob den Kopf und blickte Lara aus zwei verschiedenfarbigen Augen an. Es miaute, als würde es Hallo sagen.

„Nein, ich nenne sie Patch", rief Lara erfreut. „Wie Patchwork."

Mama lachte. „Das pass auch gut."

__Nicole Gabrys,__ Jahrgang 1975 aus Duisburg. Seit 2015 veröffentlicht sie immer wieder Kurzgeschichten. Das ganzseitige Foto zeigt Marie, die Katze ihrer Tochter. Marie hat einen angeborenen Herzfehler. Das andere Bild präsentiert Flocke und Pocke. Das Geschwisterpaar wurde kurz nach der Geburt ausgesetzt und hat bei der Schwester der Autorin ein schönes Zuhause gefunden.

Ein Hamster im Katzenpelz

Alles fing an mit einem Rotkohlblatt. Einem riesengroßen Rotkohlblatt. So groß, dass der dazugehörige Rotkohlkopf sicherlich für eine Großfamilie gereicht hätte zum Sattwerden.

Dieses riesige Rotkohlblatt lag eines schönen Wintermorgens in meiner Küche. Ich hatte keinen Rotkohl eingekauft, von dem es hätte abfallen können. Ich hatte auch keinen Besuch gehabt, der einen Rotkohl eingekauft hatte, von dem es hätte abgefallen sein können.

Wie also kam dieses mysteriöse Rotkohlblatt in meine Küche?

Ein erster leiser Verdacht beschlich mich, als ich das Rotkohlblatt vom Boden aufheben wollte. Mein Kater Willi stürzte sich freudig maunzend auf das Blatt, riss es mir aus der Hand und schleppte es aus der Küche ins Wohnzimmer, wobei er weiter entzückt maunzte, was aber dank des Rotkohlblattes in seiner Schnute nun etwas gedämpft klang. Die Größe des Blattes bereitete ihm keine Probleme, schließlich war Willi ein stattlicher Norweger-Mix von knapp acht Kilo Kampfgewicht.

Bis dahin hatte ich immer gedacht, dass Katzen Jäger seien. Gut, Willi hatte mir schon des Öfteren tote – und auch lebende – Mäuse, Frösche, Fische und Vögel geschenkt. Nun aber stellte sich heraus, dass zumindest diese Katze nicht nur ein Jäger, sondern auch ein Sammler, ach was, ein wahrer Hamster war. Zum Rotkohlblatt gesellten sich über die Zeit Socken und Unterwäsche – von deren Trägern ich immer noch hoffe, dass sie nicht wissen, wo ihre privatesten Dinge gelandet sind. Auch einige Teddybärchen fanden ihren Weg in meine Küche. Auf meinen Einwand hin – ja, natürlich redete ich ständig mit meinem Kater –, dass doch jetzt bestimmt die Kinder, denen die Teddys gehörten, furchtbar traurig seien, bedachte Willi mich lediglich mit einem finster abschätzigen Blick. Kinder mochte er nicht besonders gerne.

Als der Sommer kam, war Willi wohl der Meinung, ich solle mehr Sport treiben, denn nun hielten zahllose Federbälle in meiner Küche

Einzug. Die zugehörigen Schläger solle ich mir selber kaufen, meinte er – natürlich redete auch mein Kater ständig mit mir –, die passten nicht durch die Katzenklappe. Stattdessen brachte er eines Nachts einen Knieschoner mit. Was bitte schön soll ich mit zwei Knien mit nur einem Knieschoner? Willi zuckte nur mit den Achseln – auf den zweiten Knieschoner warte ich noch heute.

Die Monate gingen ins Land und in unsere Zweier-Wohngemeinschaft zog Anton ein. Anton war ein kleiner, stahlgrauer Kater von gerade einmal fünf Wochen und damit noch ein Flaschenkind. Willi liebte den kleinen Kerl abgöttisch und konnte es kaum erwarten, dass er endlich groß genug wurde, um selber die Katzenklappe zu benutzen und mit ihm die Nachbarschaft unsicher zu machen.

Eines Abends kam ich von der Arbeit nach Hause und traf meinen Nachbarn Peter, Besitzer der roten Perserkatze Milva. Willi hatte schon immer eine Schwäche für rothaarige Damen gehabt und lungerte dementsprechend häufig bei Milva und Peter herum. An diesem Abend nun fragte mich Peter, ob ich eine neue Katze hätte? Winzig klein noch, stahlgrau mit einem weißen Fleck auf der Brust?

Stimmte, ja, aber woher wusste Peter von Anton? Der war doch noch viel zu klein für selbstständige Ausflüge!

Nun, ganz einfach: Willi hatte anscheinend das Warten satt, den Kleinen am Nackenfell gepackt und durch die Katzenklappe von unserem Hochparterre-Balkon zum nachbarlichen Hochparterre-Balkon geschleppt, um ihn dort Milva und Peter vorzustellen.

Als ich in meine Wohnung kam, lagen beide Kater friedlich schlafend auf dem Sofa, als wäre nichts gewesen.

Die nächtliche Sammlung von Gegenständen in meiner Küche wurde seit Antons Einzug kleiner. Stattdessen fand ich morgens immer häufiger tote und nur halb aufgegessene Mäuse neben den Futternäpfen. Willi brachte dem Kleinen frühzeitig bei, wie richtiges Katzenessen auszusehen hat. Aber Anton war immer noch ziemlich winzig und schon nach einer halben Maus pappsatt.

Ob Willi je mit Anton geschimpft hat, dass er gefälligst die Maus aufessen solle, sonst gäbe es keinen Nachtisch, werde ich wohl nie erfahren, denn mit noch nicht einmal einem halben Jahr starb Anton. Ganz plötzlich wurde er schwer krank und wachte eines Morgens nicht mehr auf. Noch mehr als ich hat Willi getrauert, er ist noch wochenlang suchend durch die Wohnung gelaufen.

Als Willi seine Trauer überwunden hatte, widmete er sich wieder seiner Sammelleidenschaft: Unterwäsche, Tennisbälle und Spielzeug fanden sich erneut in meiner Küche ein. Fast hätte es auch ein ganzer Weihnachtsbraten geschafft. Wie Peter mir erzählte, hatte er Willi dabei erwischt, wie er den gerade dort abgestellten Braten von seinem Balkon klauen wollte.

Aber irgendwie waren die toten Gegenstände alle kein richtiger Ersatz für den kleinen, flauschigen, quicklebendigen Anton. Da ich keine Anstalten machte, uns eine neue Katze anzuschaffen, wurde Willi selber aktiv.

Eines sonnigen Sonntagmorgens saß ich in aller Herrgottsfrühe mit meiner Tasse Kaffee auf dem Balkon. Die Vögel zwitscherten, die Sommerblumen dufteten mit dem Kaffee um die Wette und Willi war irgendwo in der Nachbarschaft unterwegs.

Plötzlich höre ich vom übernächsten Hochparterre-Balkon einen alten Herrn verzweifelt rufen: „Püppi? Püppi, wo bist du denn? Püüüppiiiiii!“ Im selben Moment springt Willi auf unseren Balkon – quer vorm Maul Püppi, sicher im Nackenfell gepackt.

Nachdem ich Willi ausreichend gelobt und mit Leckerchen bestochen hatte, gab er Püppi frei und ich konnte den winzigen Chihuahua seinem Herrchen zurückbringen.

Andrea Schilken-Raulf, *geboren 1964 – außen schon grau, dafür innen umso bunter. Im beschaulichen Velbert-Neviges lässt sie Tag für Tag mit fliegenden Fingern die Tasten klappern, sowohl für den Broterwerb als auch für eigene Geschichten. Oder wie ihre beste Freundin es einst treffend auf den Punkt brachte: Beruf und Berufung – Buchstabensuppenköchin.*

Göttliche Sorgen

In meinem Augenwinkel nehme ich eine Bewegung wahr. Ah, eines meiner ergebensten Subjekte! Ich bin sicher, gleich werde ich das süße Klappern der kalten Opfergaben hören, die mir das Speisen-Subjekt entgegenbringt. Um sicherzugehen, dass er oder sie, ich bin mir nie sicher, sie sind doch so anders gebaut, perfekt zum Dienen, die mir zustehenden Gaben präsentiert, rege ich mich ein wenig. Ich rekle mich und in einer eleganten Bewegung steige ich von meinem Thron, um mich zum Altar zu begeben, wo ich mich erwartungsvoll niederlasse. Das Speisen-Subjekt schaut ehrfurchtsvoll zu mir, murmelt etwas, es drückt wohl seine Verehrung für mich aus, und eilt in die Speisekammer, wo es einige Zeit verweilt.

Gelangweilt beschließe ich, ebenfalls in die Kammer zu gehen, nicht, dass meine Opfergabe vergessen wird. Die Subjekte haben doch so kleine Gehirne, können sie mich doch nicht verstehen und erinnern sich selten an etwas, was ich ihnen gebiete. Doch da höre ich schon das Knacken der Verpackung einer Gabe und schaue ungeduldig zu dem Speisen-Subjekt auf. Meine Opferschale wird gefüllt und meine Nase erfasst den verlockenden Duft von feinsten Vögeln. Das Speisen-Subjekt macht sich daran, die Schale zu meinem Altar zu tragen und ich begebe mich schnellstens ebenfalls dorthin, um diese köstliche Speise ohne Verzögerung genießen zu können.

Ich beginne, meine Mahlzeit einzunehmen, sie ist hervorragend gelungen, und das Speisen-Subjekt zieht sich zurück, um anderen Aufgaben nachzugehen. Dies gibt mir Zeit, um über meine aktuelle Situation zu sinnieren, denn gerade in den letzten Monden haben mir die Verständnisprobleme mit den Subjekten einige Probleme bereitet. Eines meiner liebsten Subjekte war verschwunden!

Ich weiß, Götter, denn als etwas anderes kann man mich nicht bezeichnen, sollen keine Favoriten haben, doch manche Subjekte verstehen nun einmal besser als andere, was ich ihnen mitteilen will, und insbesondere dieses Subjekt ist wegen seiner Massagekünste sehr zuvorkommend und hilfreich. Und seit nun drei ganzen Mondläufen ist das Massage-Subjekt nicht hier! Es ist normal, dass es manchmal für ein paar Tage oder Wochen nicht kommt, das verstehe ich, doch so lange war es noch nie fort und ich muss gestehen, ich mache mir Sorgen. Von der Langeweile möchte ich gar nicht erst anfangen, so ist das fehlende Subjekt doch eines der einzigen, die mich zu unterhalten wissen.

Das zeigt sich inzwischen auch an meiner Stimmung. Ich will meinen Subjekten ja nicht wehtun, wirklich nicht, aber sie sind so fragil und empfindlich und bei der leichtesten Berührung meiner Samtpfoten quillt die metallisch riechende Flüssigkeit aus ihnen heraus. Die Ehrfurcht, die auf derartige Unfälle meist folgt, hat zwar manchmal mehr Opfergaben als Konsequenz, doch ich möchte meine Subjekte nicht mit Furcht regieren. Außerdem unterlassen sie nach solchen Ausbrüchen zumeist ihre Massagen.

Doch das Massage-Subjekt ist nicht hier und ich will endlich wissen, wann es in meinen Dienst zurückkehren wird. Ich werde es riskieren müssen.

Ich wende mich ein wenig widerwillig von den köstlichen Opfergaben, deren Reste noch auf meinem Schrein liegen, ab – sie werden zu einem späteren Zeitpunkt noch dort sein. Vorsichtig pirsche ich mich an das Speisen-Subjekt an, denn es ist aktuell das einzige, welches ich in diesem Raum wahrnehme, und tatze es mit eingezogenen Krallen an der gigantischen, unbehaarten Pfote. Es schaut mich verwirrt an und brabbelt etwas in den mir bekannten, aber unverständlichen Lauten. Wieder zeigt sich die Kommunikationsschwäche der Subjekte, doch ich sehe ein, dass ihre Körper zu verschieden zu dem meinen sind, um ein Lesen der Körpersprache zu ermöglichen. Sie wurden wohl nicht nach meinem Bild geschaffen, doch das ist verständlich, da sie doch mit ihren speziellen oberen Pfoten perfekt für das Bieten von Opfergaben gebaut sind.

Doch gerade, als ich noch einen Versuch unternehmen will, um verstanden zu werden, höre ich das Rumpeln des Transportmittels, das die Untertanen bevorzugt verwenden und mithilfe dessen sie meist einen Teil des Sonnenlaufs verschwinden. Das Knallen der Eingänge der Maschine hallt laut in meinen Ohren nach. Und dann höre ich die süße Stimme meines Massage-Subjekts. Aufgeregt laufe ich zu dem Haupteingang der Subjekte, meiner ist selbstverständlich auf der anderen

Seite, und setze mich nervös daneben. Das Klicken des Schlosses lässt meine Ohren erwartungsvoll zucken. Der Eingang öffnet sich.

Das Massage-Subjekt ist endlich wieder zurück, genau dort, wo es hingehört, nämlich in meine Nähe. Ich streiche ihm liebevoll um die Beine, nicht, dass es noch auf die Idee kommt, es könnte wieder verschwinden, weil ich es nicht bräuchte oder meine Zuneigung nicht genug zeige. Es gibt ein glockenhelles Lachen von sich und obwohl ich das folgende Gebrabbel nicht verstehen kann, höre ich in seiner Stimme, dass es mich vermisst haben muss.

Ich schreite in meinen Thronraum und werfe zwischendurch alle paar Schritte einen Blick zurück, um sicherzugehen, dass das Lieblingssubjekt mir auch tatsächlich folgt. Mit einem schwungvollen Satz lasse ich mich auf meinem Thron nieder und recke dem Subjekt meinen Hals entgegen. Es hat meine Körpersprache zum Glück schon immer besser verstanden als die anderen Untertanen und fängt prompt an, mich zu streich … ähm ... mich zu massieren. Ich bin ja schließlich kein bloßes Tier, das gestreichelt werden könnte.

Ich zerfließe nahezu unter den rhythmischen Bewegungen auf meiner Haut und schließe die Augen. Das Subjekt scheint ein paar Grenzen neu lernen zu müssen, mein Bauch ist normalerweise nicht zum Anfassen. Doch heute bin ich zu froh, mein Lieblingssubjekt wieder um mich zu haben, um mich groß für solche Kleinigkeiten zu interessieren. Ich kann dem Subjekt die Grenzen morgen auf ein Neues beibringen, aber vielleicht würde ich ihm ein wenig mehr Freiraum lassen. Schließlich habe ich in den letzten Monden verstanden, dass die Subjekte doch so vergänglich sind und jeden Moment verschwinden können. Die Momente vor ihrer Vergänglichkeit müssen ausgekostet werden.

Jana Klöpperpieper *ist im Jahr 2001 in Bielefeld geboren und lebt nun in Paderborn, da sie an der Universität dort Englisch und Philosophie auf Lehramt studiert. Weil sie als Kind nicht oft genug in die Bücherei konnte, um ihren endlosen Lesehunger zu stillen, hat sie angefangen, ihre eigenen Kurzgeschichten zu verfassen. Wenn sie heutzutage nicht gerade vor einem Bildschirm sitzt und in die Tasten haut, findet man sie an ruhigen Abenden mit einer Häkelnadel, einem Wollknäuel und Kopfhörern bewaffnet auf der Couch.*

Gänseblümchen

Frau Arnold war eine Kollegin, der man nichts abschlagen konnte. Ihr umfangreiches Fachwissen, ihr ausgleichendes Naturell und ihre herzerfrischende Art, mit der sie mich schon mehr als einmal vor Fettnäpfchen bewahrt hatte, waren Gold wert!

Eigentlich hatte ich Frau Arnold lediglich ein paar Bewerbungsunterlagen ins Chefsekretariat bringen wollen, als sie mir ihr Herz ausschüttete: Überraschend war ihre Reha genehmigt worden und sie hatte noch niemanden, der in dieser Zeit ihre Katze versorgte.

Ich schluckte, denn es gab für mich nur genau zwei Möglichkeiten: entweder freimütig zu bekennen, dass ich Katzen nicht mochte, weil sie mir schon immer ein bisschen unheimlich waren – oder meine Scheu vor Vierbeinern zu überwinden und mich auf das Experiment einzulassen. Ich tat Frau Arnold den Gefallen – nichts ahnend, wie sich dadurch mein Single-Dasein verändern sollte.

Bevor Gänseblümchen samt Kratzbaum, Katzenbett, Katzenklo, Spielmäusen und Bällen für die nächsten Wochen bei mir einzog, googelte ich schon fast verzweifelt nach Ernährungsgewohnheiten und Verhaltensmustern sowie Pflegetipps für Chinchilla-Katzen.

Nach wenigen Tagen hatte ich unsere beiden Leben im Griff, was mich selbst am meisten erstaunte. Die Sanftmut und Ausgeglichenheit, mit der die hübsche Chinchilla-Dame gesegnet war, erleichterten mir den Umgang mit ihr. Schnell gewöhnten wir uns aneinander.

Ihren Namen Gänseblümchen trug die drollige Katzendame zu Recht. Ihr Fell war seidig und schimmerte wie die weißen Blütenblätter eines Gänseblümchens, während ihre großen, funkelnden Smaragdaugen mein Herz dahinschmelzen ließen.

Im Nu war mir die Katzendame so ans Herz gewachsen, dass ich mir nicht vorstellen wollte, sie jemals wieder zurückzugeben. Jeden Abend erwartete sie mich freudig an der Wohnungstür. Sie strich mir um meine ausgebeulten Hosenbeine, miaute herzallerliebst und zeigte mir damit eindrucksvoll: „Endlich bist du wieder da, ich habe dich ja sooo doll vermisst!“

Wie man eine Katze doch lieb gewinnen konnte. Bis vor Kurzem hätte ich dies nicht für möglich gehalten. Und jetzt freute ich mich diebisch, als die Reha von Frau Arnold um zwei Wochen verlängert wurde und mir Gänseblümchen weiter Gesellschaft leistete.

Voller Begeisterung baute ich einen Katzentunnel, kaufte weiteres Futter ein und reduzierte meine Bürostunden auf ein Minimum. Ich war vernarrt in Gänseblümchen. Wie sie es genoss, wenn ich sie unter dem Kinn kraulte! Dann schnurrte sie genüsslich und forderte weitere Streicheleinheiten.

Der Abschied von Gänseblümchen nahte. Betrübt gab ich sie in Frau Arnolds Obhut zurück. Zum Trost hatte ich mir selbst ein Geschenk ausgesucht. Um 18.30 Uhr sollte ich es abholen ...

Leider hatte mich Kollege Maier an diesem Abend mit seinen zahlreichen Vergleichstabellen wieder einmal unnötig lange aufgehalten. Eilig trat ich nach draußen. Ich klemmte meine Aktentasche unter den Arm, stellte meinen Mantelkragen hoch und hastete im Nieselregen zur S-Bahn-Station.

Sie hieß Katinka, war ein zwölf Wochen altes Chinchilla-Kätzchen und eroberte mein Herz im Sturm. Die nächsten Tage hatte ich mir freigenommen, denn Katinka und ich sollten uns in aller Ruhe kennenlernen. Zudem hatte ich mir für die nächsten Monate etwas einfallen lassen, was andere längst erfolgreich praktizierten: Homeoffice!

Während Katinkas große, tiefgrüne Smaragdaugen den Katzentunnel erforschten, durchströmte mich ein Glücksgefühl. Aus einer Gefälligkeit meiner Kollegin gegenüber hatte ich mich um Gänseblümchen gekümmert – und nun besaß ich selbst eine Katze.

Dass ich in meinem Alter mein Leben nochmals mit einem Lebewesen teilen würde, war mehr als eine glückliche Fügung.

__Ulrike Müller__ ist vierfache Mutter und lebt mit ihrer Familie nahe Baden-Baden. Ihren Beruf als Bürokauffrau gab sie zugunsten der Familienzeit auf, sie ist jedoch seit vielen Jahren in kirchlichen und sozialen Bereichen ehrenamtlich tätig. Ideen zum Schreiben findet sie in alltäglichen Begebenheiten und häufig auch in der Natur.

Chefsache

Zielgerichtet starrt sie mich an,
bis ich mich frage: Was will sie denn?
Guck ich dann zu meiner Katze rüber,
sie entrüstet miaut: Komm, fütter mich lieber.

Sie steht in der Tür und beginnt, zu kratzen,
ohne die Krallen zwar, nur mit den Tatzen,
jedoch quietscht es schrill und zerrt im Ohr,
Alarmstufe rot, ich sehe mich nun vor.

Denn nützt das nix, spring ich nicht gleich auf,
dann nimmt der Wahnsinn seinen Lauf.
Sie knabbert sonst die Möbel an,
um mir zu sagen: Hab Hunger, Mann!

Eile ich schnell dann in die Küche,
versorg' die Katze, geb' mir Mühe,
so rümpft sie schnäubisch ihre Nase,
und stößt sie runter, die Blumenvase.

So ist die Katz. So liebt man sie,
verstehen ganz, werd ich sie nie.
Nur eins ist klar, im Haus der Chef,
das bin nicht ich, frohlockt sie frech.

Kathinka Reusswig, *geboren am 06.10.1980 in Hessen. Abitur und danach studiert. Hobbys unter anderem Nähen und Gitarre spielen. Kathinka Reusswig hat bereits in mehreren Anthologien veröffentlicht.*

Männertag

Dog stolzierte wie ein Schauspieler dem Licht entlang. Mit seinen Samtpfoten fing er sämtliche Sonnenstrahlen der Wohnung ein und nutze seinen gewohnten Laufsteg bis hin zur Küche. Sprang auf die Anrichte und überflog den Familienkalender. Ben und Maria notierten alles, was wichtig war. Dog bekam sogar eine eigene Spalte. Als er diese überflog, stellten sich seine Katzenhaare auf und ein ketzerisches Fauchen entfuhr ihm. Ohnmächtig fiel er von der Küchenzeile. Er träumte davon, dass sie ihn kastrieren wollten. Mit Fischkeksen lockten sie ihn zu Doc Schleicher.

Dog sah sein bisheriges Singleleben wie einen Nebelschleier vorüberziehen. Die zahlreichen Katzenladys aus der Nachbarschaft, die kleine süße Affäre damals in Italien. Keine fauchte so wie sie. Wählerisch war er. Fast genauso wählerisch wie beim Jagen. Bis heute hatte er sich nicht endgültig zwischen der Mieze aus der Nachbarstraße und der edlen Persertussi von Marias Freundin Bernadette entschieden.

Sanfte Finger berührten ihn und holten ihn in die Wirklichkeit zurück. Maria beugte sich kniend über ihn und sprach beruhigend auf ihn ein. Er fauchte.

„Ist er tot? Bekomm ich jetzt einen Hund?“, schob sich der gemeine Hausherr Ben dazwischen.

„Ben, du bist so unsensibel!“ Maria hob Dog hoch und brachte ihm zum Kratzbaum. Das mochte er nicht besonders, wenn sie ihn quasi dazu aufforderte. Doch heute war es ihm ganz recht und er kratzte, was der Kratzbaum aushielt. Maria lockte ihn mit ihren zarten Beinen an. So leicht ließ er sich aber nicht einlullen. Geduldig wartete sie, bis er so weit war. Dann erst schnurrte er um ihre Beine und es tat so gut, dass er fast vergaß, dass sie ihn kastrieren lassen wollte. Auf Ben konnte er auch nicht zählen, denn der wollte lieber einen schmutzigen Straßenköter.

Dog war eine Katze. Reinrassig, mit blauem Blut. Warum dann Dog? Das war die tolle Idee von Ben gewesen. Wie oft hatte er die dummen

Blicke ertragen, wenn er gerufen wurde und alle eine große gefährliche Bulldogge oder einen spritzigen Terrier erwarteten. Stattdessen kam ein adliger Kater um die Ecke – stolz wie ein arroganter Pfau.

Mit Maria war das anders. Sie hatte Dog vom ersten Tag an geliebt und er sie. Deshalb verstand er auch nicht, was sie da im Schilde führte. Wenn es um Alimente ging, er hatte davon im Fernsehen gehört, würde er sich an den Kosten beteiligen. Sofern die Vaterschaft einwandfrei bewiesen war. Ja, er war ein schlauer Kater …

Anfangs noch nicht. Da war er wie alle Babys. Tollte umher und versuchte, das Stöckchen, das Ben warf, zu fangen und zu holen. Doch passte es nicht mal in sein Maul. Das resignierte Kopfschütteln von Ben war schlimm zu ertragen, doch Maria nahm ihn direkt auf den Arm und vergrub ihr Gesicht in seinem Fell, bis er nicht anders konnte, als zu schnurren.

Einmal, als Ben einen Grillabend mit lauter Männern in seinem Garten zelebrierte, belachten sich die Männer, dass deren Hunde keine Gelegenheit ausließen, um unbemerkt an ein Stück Fleisch zu gelangen. Dog verzog das Gesicht und ass mit Maria Sushi in der Küche. Als Ben in die Küche kam, um ein paar kühle Biere zu besorgen, fiel dessen Blick auf den Sushi-Teller von Dog.

„Wie soll je ein Mann aus ihm werden, Maria?“

„Er ist ein Kater …“

„Ja, und ich wollte einen …“

Dog strich bereits um Marias Beine. Und schnurrte laut.

„Gib ihm etwas Zeit Dog.“ Für ein paar weitere dieser Streicheleinheiten wollte Dog ihm alle Zeit der Welt geben. Nichts war besser. Außer ab und an mal eine Maus oder einen Vogel zu jagen. Dog wollte nicht allem hinterherjagen. Er wählte aus. Ebenbürtige Gegner, die den Hauch einer Chance hatten.

Manchmal schaute er auch mit Maria Fernsehen. Diesen Sushi-Meister, der ein paar geniale Messertechniken drauf hatte. Dog versuchte, diese filigran improvisiert in der Luft nachzumachen und Maria lobte ihn dann jedes Mal und gab eine kleine Vorspeise Sushi als Belohnung.

Dog fand zurück in die Gegenwart. Maria stand in der Tür und hielt eine Sporttasche in der Hand. „Ich bin mit Bernadette bis morgen unterwegs. Ihr habt einen Männerabend. Das ist wichtig, bevor Dog morgen seinen Termin hat …“

Zum ersten Mal sahen sich Ben und Dog fast ähnlich. Beiden war die

Kinnlade runtergefallen, da schloss sich schon die Tür und Maria war weg. Dog miaute kläglich.

„Das halte ich keinen Tag aus", kam es stoisch-flüsternd von Ben. Flugs ging er in den Garten und packte im Schuppen sein Angelzeug zusammen. Als er alles ins Auto lud, taucht dieser verdammte Kater auf und miaute. Ben wollte einfach losfahren, doch irgendwie tat ihm Dog leid. Denn morgen würde er entmannt. Seufzend öffnete er die Beifahrertür und Dog sprang lautlos auf den Sitz. Am Angelteich angekommen, gab Ben Dog lauter Anweisungen. „Benimm dich, Dog. Es wird nichts gefangen – außer Tiere, die an meine Fische wollen. Und leise sind wir auch. Angeln ist männliches Schweigen. Hast du das verstanden?" Dog sah ihn aus seinen Katzenaugen rätselhaft an.

Ben hatte einen guten Tag und fing zahlreiche Barsche. Dog benahm sich vorzüglich und wollte mit keinem spielen. Als Ben fluchend bemerkte, dass er sein Filetiermesser vergessen hatte, erreichte die Stimmung einen kleinen Tiefpunkt. Resigniert überlegte Ben, was er jetzt machen sollte. Das Ausnehmen der Fische hatte Maria zu Hause verboten. Er fragte Dog, ob er eine Idee hätte.

Dog dachte an den Sushi-Meister im Fernsehen und bekam seinen großen Auftritt. Vorher leckte er sich genüsslich die Samtpfoten, bevor er seine Krallen ausfuhr und den Sushi-Meister parodierte. Als der erste Fisch ausgenommen dalag und Bens verblüffter, freudiger Blick goldiger Zustimmung gleichkam, machte Dog einfach weiter. Ben wurde sein Geselle und reichte ihm Barsch für Barsch.

Ben lachte auf und streichelte Dog über das Fell: „Das war großartig, Dog! Einfach großartig."

Sie fuhren gut gelaunt nach Hause. Ben zeigte Dog alle Straßen und strich ihm immer wieder über den Kopf. Nicht ganz so sanft wie Maria, aber das machte gar nichts. Im Garten weihte Ben Dog ins Grillen ein. Dog brachte Ben ein paar Kräuter aus dem Garten, die Ben ohne Nachfrage auf den Barschen verteilte. Sie aßen im Garten und Dog bekam einen Teller. Er konnte sein Glück kaum fassen und der Barsch schmeckte wunderbar. Rauchig und fischig. Nicht so wie das Sushi, das Maria ihm immer auftischte. Das aß er, weil er sie mochte. Später saßen sie gemeinsam auf der Couch und schauten im Wechsel Fußball und den Sushi-Meister.

Als Maria heimkam, traute sie ihren Augen nicht. Ben und Dog besetzten die Couch und Dog schnurrte zufrieden, während Ben ihm zart über das Fell streichelte, bis Dog seinen Schwanz kurz wedeln ließ. „Wie schön, dass ihr einen so tollen Männertag habt. Hoffen wir, dass es so bleibt, wenn Dog morgen kastriert wird."

„Das kannst du doch nicht machen?", rief Ben entrüstet aus und schob sich beschützend vor Dog.

„Seit wann interessiert es dich?"

„Er wird nicht kastriert, verstanden? So was darfst du ihm nicht antun!"

„Ich habe Doc Schleicher bereits 80 Euro gezahlt für die Operation. Das bekomm ich nicht wieder."

Ben suchte in seinem Geheimfach nach Scheinen. Er gab Maria eine Hunderternote: „Hier. Mit Trinkgeld. Und wir werden nie wieder darüber reden, okay."

„Einverstanden", flötete Marie lächelnd und lief in die Küche. Dog folgte ihr und schmiegte sich schnurrend an ihre Beine.

Ihre Blicke trafen sich: „Als wenn ich dich jemals kastrieren lassen würde …"

Dog zwinkert ihr zu und stolziert zurück zu Ben.

***Ramona Wesselow-Krystosek** lebt mit ihrer Familie in Zürich. Die gebürtige Berlinerin findet im Schreiben den ausgleichenden Kontrast zur beruflichen Finanzbranche. Bisher lag der Fokus auf Kurzgeschichten. Sie bezeichnet sich als genre-offen und interessiert – an allen Dimensionen des Schreibens. 2021 wurde ihr Schreibfederkleid mit dem Kinderbuch „Alex' Reise nach Saphora" erstmals sichtbar. Aktuell arbeitet sie an der Entstehung eines Thrillers mit lyrischen Elementen.*

Ein langes Leben
Ode an unsere Katze

Vor der Türe sitzt die Katze – die Katze möchte rein
Die Katze läuft zum Fressnapf hin, sie möcht' gestreichelt sein.

Die Katze schläft ein Ründchen, die Katze möchte raus,
doch nur ein halbes Stündchen, dann sitzt sie vor dem Haus.

Sie sitzt ganz brav und wartet – die Katze möchte rein.
Sie läuft ganz schnell zum Fressnapf, dann fängt sie an zu schrei'n.

Der Napf ist leer! Was soll sie tun?
Sie nimmt es schwer, sie kann nicht ruh'n.

Die Katze sitzt vor ihrem Napf, ganz vorwurfsvoll und traurig,
ihr Fressbedarf ist grenzenlos. Es ist schon beinah schaurig.

Ach, Katze, musst du ständig murr'n?
Wie wär's mal mit ein bisschen schnurr'n? ... (zur Abwechslung)

Die Katze kratzt Tapeten an.
Warum sie's tut? Weil sie es kann!
Auch der Teppich ist ihr Ziel.
Danach ein kleines Flusenspiel.

Die Katze sitzt und möchte raus,
als man sie lässt, sieht's anders aus.
Sie folgt mir lieber auf dem Fuß,
weil sie schon wieder fressen muss.
Ist was im Napf, weiß sie Bescheid:
ein voller Napf ist Sicherheit.

Doch bringt sie eine Maus nach Haus,
bleibt die Begeisterung dort aus
und sie ist traurig und frustriert,
weil wirklich niemand applaudiert.
Sie kriegt kein Lob – ob man vergisst,
dass sie nun Mal 'ne Katze ist?
Man kommt ganz schnell dann zu dem Schluss,
dass sie jetzt draußen bleiben muss.
Ach, und wie gekränkt sie ist,
wenn sie die Maus nun draußen frisst.
Sie kaut nicht richtig, schlingt sie fast,
was dem Verdauungstrakt nicht passt.
Er ist gewöhnt an Konfektion
und eins, zwei fix, da spuckt sie schon.
Du arme Katze, kein Vergnügen
ist für dich das Mäuse-Kriegen.

Heute Nacht war sie im Garten,
musste an der Türe warten.
So versteht sie dann doch glatt:
„Gut, wenn man ein Zuhause hat!"
Ohne Maus darf sie ins Haus,
gleich sieht die Welt viel besser aus:
Und sie begreift mit einem Satz:
„HIER ist alles für die Katz."

Rana Welk *verbrachte ihre Kindheit in Berlin, ihre Jugend in Duisburg. Sie studierte Sozialpädagogik in Berlin und später noch Soziologie und Volkswirtschaft in Köln. Berufliche Erfahrungen sammelte sie auf verschiedenen Gebieten der Kinder-,Erwachsenen- und Behinderten-Arbeit. Seit Ende der 70er Jahre leben sie und ihr Mann in Neuss, wo auch ihre beiden Söhne aufwuchsen. Für ihre vier Enkelkinder begann sie mit dem Schreiben und Illustrieren von Kinderbüchern, was sie auch weiterhin tun wird. Auf diesem Weg fand sie auch zum Schreiben von Gedichten, Essays und Kurzgeschichten.*

Gestiefelter Kater Junior

Eines Tages kam Gestiefelter Kater Junior weinend nach Hause. Seine Mutter nahm ihn tröstend auf ihren Schoß und fragte, was passiert sei. „In der Schule für Märchengestalten behaupten alle, ich sei nicht so mutig wie mein Vater. Sie lachen sich kaputt, wenn ich während einer Rettungsaktion aus Angst nicht eingreife. Wir sind doch noch in der Ausbildung. Was ist, wenn irgendetwas schiefgeht? Alle vergleichen sie mich dauernd mit ihm. Das setzt mich unter großen Druck. Ich habe Angst zu versagen, Mutter. Was ist, wenn ich nie so werde wie er?"

„Ach, Liebling", lächelte seine Mutter. Sie wischte ihm eine Träne aus dem Gesicht. „Du musst nicht so werden wie dein Vater. Du bist du. Du bist einzigartig, so wie du bist. Irgendwann wirst du ein Beschützer für Märchenfiguren."

Die Tränen des kleinen Katers waren im Nu getrocknet. „Meinst du, Vater kehrt von seiner Mission, den Nussknacker zu retten, bald zurück? Er ist schon so lange fort."

„Da bin ich mir ganz sicher. Ehe du dich versiehst, wird er wieder mit dir zusammen das Fechten trainieren."

„Oh ja", freute sich Kater Junior. Er sprang vom Schoß seiner Mutter und ahmte wilde Fechtpositionen nach. „Irgendwann", fuhr er fort, „werde ich auch einen Degen vom König des Märchenlands bekommen, nachdem ich eine Heldentat vollbracht habe. Dann wird mich keiner mehr auslachen."

„Genau das ist die richtige Einstellung."

Während Kater Junior weiter herumtollte, klopfte es an der Tür. Seine Mutter öffnete. Vor ihr stand Schlappohr, der Abgesandte des Märchenkönigs. Schlappohr ging zu der Truhe, die hinter der Kutsche gelagert war, holte einen Degen heraus und übergab ihn mit hängenden Ohren an Katze Lili.

Schlappohr überbrachte die Nachricht, dass der Gestiefelte Kater während seiner Rettungsmission von der Eiskönigin gefangen genommen worden war. Sie war eine der gefährlichsten Bewohner des Märchenlandes.

„Wird jemand meinen Vater retten?", fragte Kater Junior.

Schlappohr schüttelte ablehnend den Kopf. „Keiner traut sich dorthin. Dein Vater wusste, dass es eine gefährliche Aktion war. Wir stehen tief in seiner Schuld. Es tut mir leid."

Nachdem Schlappohr wieder in die Kutsche gestiegen war, befestigte Lili den erhaltenen Degen an der Wand. Unter Tränen schickte sie Kater Junior in sein Bett. Kater Junior hatte tiefes Mitleid mit seiner Mutter. Er konnte nicht einfach schlafen gehen, während sie litt. Er musste irgendetwas tun. Wozu sollte die Ausbildung zu einer Heldenfigur und all die Unterrichtsstunden gut sein, wenn er nicht in der Lage war, auch nur irgendjemandem zu helfen? Eine bisher unbekannte neue Energie packte Kater Junior. Fest entschlossen holte er seine schwarzen Stiefel, seinen schwarzen Hut und packte flink einen Beutel mit Proviant zusammen. Kater Junior kritzelte hastig einige Zeilen auf ein Blatt Pergamentpapier, legte es auf den Tisch, schnappte sich den Degen des Vaters und verließ so leise es ging das Haus.

Aus dem Geschichtsunterricht wusste Kater Junior, dass man das Schloss der Eiskönigin fand, wenn man nachts dem Polarstern in Richtung Norden folgte. Tagsüber blieb Kater Junior nichts anders übrig, als nach dem Weg zu fragen. Jeder, den er fragte, zitterte bei der Erwähnung des Namens der Eiskönigin. Wie bösartig sie wohl sein mochte? Kater Junior versuchte, an etwas anderes zu denken. Für Angst war bei dieser Mission kein Platz!

Am zehnten Nachmittag erreichte Kater Junior einen Berg, von dessen Kuppe aus er in das eisige Land der Eiskönigin sehen konnte. Ein flatterndes Geräusch über seinem Kopf durchbrach die Stille. Erschrocken drehte sich Kater Junior um. Er konnte nichts Auffallendes entdecken. Doch dann hörte er aus der Luft ein gewaltiges Rauschen, und im nächsten Augenblick kam ein riesiger Adler mit mächtigen Flügelschlägen direkt auf ihn zugeflogen. Ohne zu überlegen, zog Kater Junior seinen Degen und wirbelte damit herum. Mit Bewegungen, die so schnell waren, dass man ihnen kaum mit den Augen folgen konnte, wehrte er den Adler ab, griff immer wieder an, wich einem erneuten Angriff aus, drehte sich auf der Stelle, führte einen Angriff von vorne aus und stieß den Adler dermaßen heftig mit dem Heft des Degens, dass der Adler davonflog, als wäre er betrunken.

„Nicht schlecht", ertönte eine Stimme.

„Wer ist da?", fragte Kater Junior.

„Ich bin hier unten."

Verwundert suchte Kater Junior die Gegend ab. Er sah nichts als einen Haufen Steine.

„Wie blind muss man eigentlich sein, einen Kampfstein nicht zu erkennen, wenn man ihn vor sich hat?", sagte einer der Steine.

Kater Junior hob den Stein auf. „Wozu ist denn ein Kampfstein gut?" Nun konnte Kater Junior Gesichtszüge und eine Falte erkennen, die sich wie ein Mund bewegte.

„Wenn du mich wirfst und mir sagst, was ich treffen soll, so treffe ich diese Stelle. Ich verpasse selten mein Ziel. Danach komme ich zu dir zurück. Fast wie ein Bumerang."

„Praktisch", lächelte Kater Junior. Er steckte den Stein in seine Hosentasche und setzte seinen Weg zum Schloss der Eiskönigin fort.

Nach einem langen Marsch durch ein kaltes, kahles, schneebedecktes Land erblickte Kater Junior endlich das Schloss der Eiskönigin. Einen halben Tagesmarsch später befand sich Kater Junior in einer verwinkelten Schlucht mit hohen Felswänden. Durch die Schlucht gelang Kater Junior in das Innere der Burg. Langsam stieg er die Stufen einer finsteren Wendeltreppe hinauf. Nicht ein Wachposten lief ihm über den Weg. Ein wenig seltsam fand Kater Junior die Tatsache schon, dass er von niemandem im Schloss aufgehalten wurde. Als er sich einer großen Doppeltür näherte, sah er immer wieder einen blendenden Schein dahinter aufleuchten. Kater Junior spürte stärker und stärker die dunkle, furchtbare Macht hinter der Tür. Einzig und allein der Gedanke an seine traurige Mutter trieb in weiter voran.

Die Eiskönigin blickte überrascht hoch, als sich mit einmal die Doppeltür hinter ihr öffnete. Ein Windzug fuhr durch den Raum und löschte Kerzen, die in einem Kreis aufgestellt waren. Kater Junior erkannte seinen Vater und den Nussknacker, die beide gefesselt in der Mitte des Kreises auf dem Boden lagen. Das Gesicht der Eiskönigin hatte sich zu einer hässlichen, faltigen Maske verwandelt, ihre Finger zu knorrigen Krallen. Die Krallen verlängerten augenblicklich ihre Größe, als die Eiskönigin Kater Junior vor sich sah. Schreiend griff die Eiskönigin immer wieder an, doch sie war nicht flink genug für Kater Junior. In einem geeigneten Moment griff Kater Junior in seine Hosentasche, holte den Kampfstein hervor und warf ihn in Richtung Eiskönigin.

„Brich die Fingernägel ab“

Der Kampfstein veränderte von sich aus im Flug die Richtung, sodass er nun auf die Krallenfingernägel zuschleuderte.

„Unmöglich“, keuchte die Eiskönigin, als sie auf ihre fingernagellose Hand hinabsah.

Den Moment ihrer Ablenkung nutzte Kater Junior für sich aus, um den Kampfstein abermals zu werfen.

Die Eiskönigin konnte zwar ausweichen, torkelte jedoch nach hinten, schlug mit dem Arm an eine Schale auf einem Opfertisch und warf sie um. Eine blutrote Flüssigkeit rann heraus, lief auf den Boden hinunter und bildete eine Pfütze über ihren Füßen. Schreiend drehte sie sich in der roten Pfütze, bevor ihr Körper in Flammen aufging. Kater Junior schloss entsetzt die Augen. Als er sie wieder öffnete, war von der Eiskönigin nichts mehr übrig.

Zusammen mit dem Nussknacker und seinem Vater machte sich Kater Junior auf den Weg nach Hause. Die Freude war groß, als beide vor Katze Lili standen. Für die gelungene Rettungsaktion erhielt Kater Junior seinen eigenen Degen und wurde nicht mehr in der Schule ausgelacht.

***Vanessa Boecking** aus Düren, Kauffrau im Außenhandel, Kleindarstellerin beim Fernsehen, Extremwanderin bis 100 Kilometer. Pilze sammeln, Essen, Singen, Schreiben – ihre Hobbys.*

Abschied eines Freundes

Er war zauberhaft. Sein Leben war ein Abenteuer.
Er war ein Teil meiner Familie und doch war er erst fremd für mich.
Der Kater, der aus dem Nichts kam, wurde mein bester Freud.
Seine Augen sahen mich immer traurig an.
Ich war verliebt in das fremde Tier,
das draußen saß und durch Fenster in meine Küche blickte.
Er lebte auf der Straße und schaute wie ein guter Freund nach mir.
Mal war ich nicht da – mal saß ich im Wohnzimmer
und sah ihn, wie er draußen allein saß – mein geliebter Charly!
Doch eines Tages war er nicht mehr da ... er war tot.
Freund auf vier Pfoten, ruhe in Frieden.

***Jürgen Heider** wurde 1989 in Karaganda (Kasachstan) geboren. Heute lebt er mit seiner Familie in Freiburg.*

Kitty

Da ist keine Katze, die morgens auf dem Treppenabsatz wartet,
keine Katze, die mit mir die Treppe runtergeht,
sodass ich aufpassen muss, dass ich nicht über sie stolpere,
keine Katze, die als stiller Vorwurf vor dem leeren Fressnapf sitzt,
bis sie ihr Futter hat.
Und nach dem Fressen gleich zur Terrassentür eilt,
um in den Garten gelassen zu werden.
Da sitzt auch keine Katze kurze Zeit später draußen
vor der Terrassentür und mault: „Lass mich rein!"
Beim Frühstück sitzt keine Katze neben mir,
um gestreichelt zu werden
und nach einer Weile wieder zum Fressnapf zu gehen.
Keine Katze mahnt mich, ihr ein zweites Frühstück zu geben.
Auch auf keinem ihrer Schlafplätze ist die Katze. Sie sind alle leer ...
Der Tag vergeht, am Abend will keine Katze 199 mal raus
und wieder rein.
Schließlich muss sie ja rausgehen,
um wieder reinkommen zu können.
Aber die Katze will gar nichts mehr – die Katze ist tot.

***Rana Welk** verbrachte ihre Kindheit in Berlin, ihre Jugend in Duisburg. Sie studierte Sozialpädagogik in Berlin und später noch Soziologie und Volkswirtschaft in Köln. Berufliche Erfahrungen sammelte sie auf verschiedenen Gebieten der Kinder-,Erwachsenen- und Behinderten-Arbeit. Seit Ende der 70er Jahre leben sie und ihr Mann in Neuss, wo auch ihre beiden Söhne aufwuchsen. Für ihre vier Enkelkinder begann sie mit dem Schreiben und Illustrieren von Kinderbüchern, was sie auch weiterhin tun wird. Auf diesem Weg fand sie auch zum Schreiben von Gedichten, Essays und Kurzgeschichten.*

Freiheit wider Willen

Das Tor, durch das meine kleine Dosenöffnerin immer geht, steht weit offen. Frische Luft und komische Gerüche schlagen um mein Näschen. Angst streift meine feinen Härchen. Neugier hat mein Genick fest im Griff. Meine Schnurrhaare vibrieren.

„Soll ich es wagen?", frage ich mich selbst. Ich höre sie lachen. Langsam tapse ich weiter. Ich blicke an dem Tor vorbei. Nichts von ihr. Meine Pfoten treten von dem warmen Holz auf kalte Fliesen. Ich laufe, bis ich die Stufen hinuntersehen kann. Doch ich erblicke sie noch immer nicht. Vorsichtig stehe ich ganz oben. Ein zweites Tor steht ebenfalls weit offen, von dort kommt ihre Stimme.

Unbedacht mache ich den nächsten Schritt und plötzlich falle ich. Unsanft komme ich unten an. Ich schüttel meinen Kopf, damit ich mich sortieren kann. So ein Sturz ist auch für eine Katze nicht ohne. Kurz sehe ich mich um. Dann tapse ich weiter durch das Metalltor.

Eiskalter, stinkender Wind fegt über mein Fell. Da, ein Knall! Ich zucke erschrocken zusammen. Noch mehr übel riechende Luft stößt eine komische Kiste, mit der die Dosenöffnerin sich schneller bewegt, aus.

Da steht sie endlich. Ich rufe sie freudig. Doch sie setzt sich in das Ding, versteckt sich und rast einfach davon. Hat sie mich nicht gehört? So schnell meine Pfoten können, versuche ich, hinterherzukommen, und fordere sie lautstark auf, zu mir zurückzukehren.

Erneut ertönt ein lauter Ton von so einer Kiste und ich zucke zusammen. Erschrocken drehe ich mich um. Wo bin ich auf einmal? Alles riecht ganz anders, so fremd und komisch. Nichts ist von meiner vertrauten Umgebung wahrzunehmen. In einer Einbuchtung mit Blick in ein Haus kauere ich mich hinter dunklen Kästen und schreie nach meinen Dosenöffnern. Es ist mir auch egal, wer von ihnen kommt. Hauptsache, sie holen mich ab.

Es wird immer finsterer um mich herum und meine kleine Stimme ist vergangen. Mein Näschen ist kalt und der stinkende Wind nimmt nicht ab. Suchen sie mich gar nicht? Mein Magen beginnt, zu knurren, und mein Hals ist schon ganz trocken. Diese komischen Gefühle habe ich noch nie gehabt.

„Hey, Kleines“, sagt eine fremde Dosenöffnerin und nimmt mich hoch.

„Lass mich runter, ich will das nicht“, fauche ich sie an.

Aber ihr scheint das nichts auszumachen. Sie zerrt an meinem Halsband. „Kiara“, spricht sie meinen Namen aus.

Kennt sie mich? Ihr Geruch zumindest ist mir nicht bekannt.

Weiter zupft sie an mir herum. „Uferweg neun“, meint sie dann. Sie holt diese Sprachkiste heraus. „Hey, das ist ja gar nicht so weit entfernt.“

„Ihr Ziel ist in dreihundert Metern erreicht“, kommt von einer komischen Stimme. Sie geht los und streift unsanft durch mein Fell.

Meinen Krallen weicht sie geschickt aus. „Eine kleine Kriegerin.“

Ihr Griff wird fester und ich maunze, weil es mir wehtut.

„Tut mir leid, aber ich stehe nicht auf Kratzer und du sollst nicht entkommen.“

„Noch hundert Meter.“

Wer sagt das denn?

„Sie haben ihr Ziel erreicht.“

Wieder holt sie kurz diese Sprachkiste heraus.

„So“, sagt die fremde Dosenöffnerin und steckt es weg. Sie drückt etwas und ein bekannter Ton dringt an mein Ohr. Wild zucken sie, um mehr zu hören.

„Ja?“, krächzt es.

„Sophia Mahl, ich habe eine kleine Ausreißerin gefunden.“

„Kiara!“

„Wer kennt mich bitte noch alles?“, frage ich mich verwirrt.

„Kiara“, höre ich kurz danach von meiner kleinen Dosenöffnerin.

Ich winde mich und will zu ihr.

„Da ist sie ja wieder“, kommt von der großen Dosenöffnerin.

„Danke.“ Die kleine nimmt mich endlich und ich fange an, vor Glück zu schnurren.

„Gerne.“

„Wo war sie denn?“, will die große wissen.

„Nicht wirklich weit weg. Hinter den Mülltonnen an der Bauerstraße. Ich hab sie nur am Kellerfenster gesehen, weil ich die Wäsche waschen wollte.“

„Vielen Dank. Wirklich. Von ganzem Herzen. Wir wollten grade los und sie suchen."

„Kein Problem." Unsanft streift sie über meinen Kopf. „Bleib lieber in der Wohnung oder im Haus. Da kann dir nichts passieren."

Sagte sie das zu mir? Als wenn ich vorgehabt hätte, abzuhauen. Meine Dosenöffnerin ist doch einfach abgehauen! Ich will sie anfauchen, dass sie mich in Ruhe lassen soll. Aber meine kleine Dosenöffnerin lenkt mich mit ihrem Kraulen ab.

Der stinkende Geruch ist weg. Alles ist wieder, wie ich es kenne und liebe. Dieses kleine Abenteuer hat mir eines gezeigt: Ich bin glücklich bei meinen Dosenöffnern.

__Luna Day__ wurde 1982 in Wertingen geboren und wuchs in Augsburg auf, wo sie immer noch mit ihrem Mann und ihren zwei Kindern lebt. Ihre Liebe zum Schreiben entdeckte sie durch Harry Potter und Roll-Play-Games. Sie tippt Kindergeschichten, aber auch Fantasy- und Liebesgeschichten.

Wie der traurige Clown wieder fröhlich wurde

Trudur war ein Clown. Über lange Jahre hatte er im Zirkus die Menschen zum Lachen gebracht. Es war eine schöne Aufgabe. Aber es kamen immer weniger Menschen in den Zirkus. Die Menschen fanden keine Freude mehr an einer Welt, die aus Staunen und Lachen bestand. Überhaupt war die Fantasie auf der Strecke geblieben. Viele Menschen lebten immer mehr in einer Realität, die ihnen auf das heimische Sofa transportiert wurde. Nur ein Klick oder ein Wisch über das Handy und schon bekam man alles serviert. Sogar Freundschaften konnte man so haben, ganz ohne Aufwand. Nur tragbar waren diese Freundschaften nicht. Wenn es hart auf hart kam, merkte man schnell, dass man alleine dastand. Diese Umstände machten den Clown immer trauriger. So sehr er sich auch bemühte, der Funke wollte einfach nicht mehr überspringen.

Völlig verzweifelt saß er eines Abends an einem Fluss. Da hört er ein klägliches Miauen. Ganz leise zwar, aber doch hörbar. Zwischendurch war es verschwunden. Jetzt hörte Trudur genauer hin. Sollte das Miauen vom Fluss kommen? Trudur ließ seinen Blick schweifen. Tatsächlich, da schwamm eine Katze und kämpfte um ihr Leben. Irgendetwas schien sie am Schwimmen zu hindern. Trudur überlegte nicht lange und sprang in den Fluss. Schnell erreichte er die Katze. Da sah er, was die Katze behinderte. Jemand hatte einen Stein an einer Schnur an ihr Hinterbein gebunden. Glücklicherweise war der Stein aber nicht schwer genug, um die Katze unter Wasser zu ziehen. Der Besitzer wollte ihr aber scheinbar genau dies antun.

„Wozu Menschen in der Lage sind", dachte Trudur. „Es gibt doch Tierheime. Man muss keine Tiere umbringen, um sie loszuwerden." Vorsichtig löste Trudur das Band, nahm die Katze in seine Hand und schwamm zurück zum Ufer.

Da saßen dann zwei pitschnasse Gestalten. Gut, dass Sommer war und die Sonne vom Himmel strahlte. So wurden sie schnell wieder trocken. Die Katze machte jedoch keine Anstalten wegzulaufen, sondern rekelte sich wohlig auf den Füßen von Trudur. Zum ersten Mal seit Langem huschte ein Lächeln über Trudurs Gesicht.

„Du bist wohl gekommen, um zu bleiben“, sagte er. „Da dich dein Besitzer offensichtlich nicht mehr will, werde ich dich behalten. Aber du musst einen Namen bekommen.“

Trudur schaute die Katze an. Sie hatte ein dunkles Fell und einen hellen Fleck über der Nase. Und so wurde ein Name geboren: Fleckchen.

Von diesem Tage an waren Trudur und Fleckchen unzertrennlich. Es war, als ob Fleckchen wüsste, wem sie ihr Leben zu verdanken hatte. Immer wenn Trudur traurige Gedanken hatte, kam sie, kuschelte sich an ihn und gab ihm all die Wärme, die sie als Katze geben konnte. Es war echte Zuneigung. Das konnten alle spüren, die dieses ungleiche Paar sahen. So wurde Trudur von Tag zu Tag wieder fröhlicher.

Obwohl Fleckchen viel Leid von Menschen erfahren hatte, war sie sehr freigiebig mit ihrer Zuneigung. Während der Vorstellung ließ Trudur die Katze durch den Zuschauerraum laufen. Es war, als ob Fleckchen merken würde, wer gerade eine Extraportion Wärme und Liebe brauchte.

Genau zu diesen Menschen lief Fleckchen, strich um ihre Beine und sprang auf deren Schoß, wenn sie es zuließen. Eine wohlig schnurrende Katze auf dem Schoß zu haben und das weiche Fell zu streicheln, kann ungeahnte Glücksgefühle hervorrufen.

Das ist echte Berührung und keine vorgegaukelte Beziehung. Die Menschen, die das erlebt hatten, redeten davon in ihren sozialen Netzwerken.

Und so kam es, dass sich der Zirkus wieder wachsender Beliebtheit

erfreute. Dies nicht wegen spektakulärer Nummern, sondern wegen einer kleinen Katze, die ein Stück Wärme ins Leben der Menschen brachte. Und natürlich wegen eines Clowns, der wieder Freude an seiner Arbeit hatte und das Lachen in die Gesichter der Besucher zauberte, unterstützt von treuen Mitarbeitern, die dafür sorgten, dass alles in eine fantasievolle Schönheit verpackt wurde.

__Angelika Beul,__ 1971 im Ruhrgebiet geboren und bis heute dort lebend.
Illustrationen: Erika Steinbeck, Essen.

Taies und die Hofkatzen

Eines Nachmittags spielte Beate auf der Deele mit einem fremden Kater. Er war rot getigert und hatte schöne bernsteinfarbene Augen. In den nächsten Tagen und Wochen kam er immer wieder. Neugierig folgte er uns ins Haus und schaute in jede Ecke. Wenn wir ihn streichelten, streckte er den Kopf weit nach oben und ein zufriedenes Schnurren kam aus dem weichen Körper. Wir freuten uns, endlich hatten wir wieder einen Schmusekater!

Er liebte Käse und Fischreste mit Soße aus Konserven. Als Vater ihn einmal packte und in die große Mehlkiste setzte, in der er eine Maus entdeckt hatte, rührte der Kater sie nicht an.

„Dat Daies!“, schimpfte Vater. Seitdem nannten wir den roten Kater Taies, Tier.

Zum Glück hatten wir auf dem Hof gute Mauser. Die Beste war Tina, eine mausgraueKatze. Kurz vor Weihnachten kam sie mit ihren neugeborenen Kätzchen zu uns in den Stall. Sie sprangen auf eine halbhohe Mauer und beobachteten Reinigungsschwämme, die wie Mäuse durch die Plexiglasrohre der Melkanlage flitzten. Beate füllte verdünnte Milch in eine Schale, sofort kamen die Kätzchen, tauchten ihre hellen Zungen hinein und tranken. Als Beate versuchte, sie zu streicheln, sprangen sie davon.

Taies war immer bei uns – im Haus, im Stall und auf dem Hof. Als wir an einem späten Nachmittag vom Feld zurückkamen, fanden wir Beate inmitten von neu geborenen Ferkeln. Sie hatte alle mit ihrem Lieblingsbadetuch abgerieben. Wir waren froh, dass die Sau ihr nichts getan hatte. Dann erst sahen wir Taies im Stroh liegen. Beate hob ihn hoch, hielt ihn wie ein Kind im Arm und kraulte ihm den Bauch, das hatte er besonders gern.

An einem frostigen Wintermorgen klingelte es, Vater machte auf und die Zeitungsfrau stapfte mit einer großen Tasche in die Küche. Mutter lud sie zum Frühstück ein, aber sie ging zum Herd und wärmte sich die

Hände. Da kam Taies unter der Bank hervor, rekelte sich und machte einen Buckel.

„A-e-u-a!“, frohlockte die Frau. „Da bist du ja!“ Sie hatte eine Hasenscharte und sprach undeutlich. „Moori!“, sagte sie, da kam er zu ihr an den Herd und strich um ihre Beine. Sie liebkoste ihn und schien alles um sich herum zu vergessen. „Moori!“, sagte sie ein ums andere Mal. Ich dachte, wir hätten ihn der Frau weggenommen, eigentlich gehörte er doch ihr. Ich befürchtete, nachher würde sie ihn in die große Tasche stecken und nach Hause tragen, aber der rote Kater blieb bei uns.

Eines Tages fand ich Taies im untersten Fach des Küchenschranks, wo dicke Socken und alte Pullover lagen. Ich schloss die schmale Seitentür bis auf einen Spalt, und das schien ihm zu gefallen. Das dunkle Fach war tagsüber sein Lieblingsort. Hatte er genug gedöst, stieß er die Tür auf, sprang heraus und machte einen Katzenbuckel.

Am Morgen schlief er in Heuhaufen auf der Deele, während die Hofkatzen auf dem Heuboden schliefen.

Wenn nachts eine Kuh kalbte, schütteten wir auf dem Gang hinter den Kühen Heu auf und verbrachten darauf die halbe Nacht, bis wir das Kälbchen gesund auf die Welt gebracht hatten. Während ich es mit Stroh trocken rieb, freute ich mich schon, wie ich ihm künftig die Streu aufschüttelte, es fütterte und striegelte. Am nächsten Morgen lag Taies in unserem Heu und sah mir zu, wie ich den Mist hinter den Kühen wegschaffte. Ich streichelte ihn und dachte: Das Wichtigste im Leben ist, für jemanden da zu sein.

Heinrich Dörflinger, *geboren 1956 im Emsland, lebt in Lörrach. Die Mitarbeit auf dem elterlichen Bauernhof hat die Liebe zur Natur und den Tieren geprägt. Einige Veröffentlichungen in Anthologien.*

Leben mit Katzen – Eine Momentaufnahme

Diejenigen unter den Lesern, die Katzen ihr Eigen nennen, werden wissen, wovon ich rede. Vorab: Ich habe unsere Katzen, zwei an der Zahl, wirklich sehr lieb.

Aber!

Die essenzielle Frage *Wo ist eigentlich die Katze?* stellt sich nur, falls selbige keine Möglichkeit sieht, den Ablauf ihres Herrn und Meisters – eher Butler und Futterlieferant – also mir, zu stören.

Sollte sich die Chance ergeben, samtpfotig, anmutig und galant meinen mit dem Frühstückstablett in der Hand erschwerten Weg zu kreuzen, sind sie beide da.

Woher sie kommen?

Keine Ahnung!

Vielleicht haben sie erstaunliche Fortschritte beim Beamen gemacht, vielleicht können sie sich mit annähernder Lichtgeschwindigkeit bewegen oder aber meine These stimmt: Sie können sich durch die Begrenzungen unserer Wohnung Wände, Böden, Türen und so weiter hindurchdiffundieren.

So sind sie immer sofort da, wenn ich schlaftrunken in Richtung Bad stolpere, Uromas Weltkriegsvase trage oder einfach keine Lust verspüre, über pelzige Säugetiere zu stolpern.

Ist der Fall allerdings andersherum und man sucht die entwurmten Mitbewohner, dann sind sie wie vom Erdboden verschluckt. Sofort machen sich im Familienverbund die sorgenvollen Fragen breit:

Waren alle Fenster verschlossen?

Läuft die Waschmaschine mit oder ohne Katze?

Hat es nicht eben aus der Gefriertruhe miaut?

Die Suche gestaltet sich indes, obwohl der gesamte Hausstand nebst Nachbarn, Ordnungsamt und SEK daran beteiligt ist, schwierig. In etwa so, als ob man durch bloßes mal gucken versucht, das Bernsteinzimmer zu finden.

Aussichtslos!

Wenn dann alle kurz vor dem Zusammenbruch stehen und man mit seinen Kleinkindern die Themen Tod, Sterben und Verlust früher besprechen will, als es geplant war, kommt der oder die Gesuchte – wohlgemerkt völlig unbeteiligt dreinschauend – um die Ecke und läuft ohne jeglichen Augen- und Körperkontakt an dem mittlerweile auf 25 Personen angewachsenen Mob vorbei, nur um sich kurz dem Napf mit Trockenfutter zuzuwenden und sich dann Richtung Fensterschlafplatz zu verabschieden.

Da braucht man Nerven wie Drahtseile.

Deshalb gilt: Willst du Katzenhalter sein, brauchst du bald einen Einweisungsschein.

Roger Schmidt *ist 38 Jahre alt und lebt in Altenburg/Thüringen. Seine Veröffentlichungen beschränken sich bisher nur auf einen Blog, welchen er selbst betreibt, und auf ein paar Kurzgeschichten auf Onlineplattformen. Neben dem Schreiben, welches den meisten Raum einnimmt, zählen viel Lesen, das Erlernen der Gebärdensprache und allerlei Unsinn treiben mit seinen Kindern zu seinen Hobbys.*

Die fünf Eigenheiten meines Katers

Es gibt zwei Arten von Menschen: Katzenmenschen und Hundemenschen. Ich bin ein Katzenmensch. Wenn ich die Wahl hätte, würde sich unser Haus innerhalb kürzester Zeit in ein Katzenasyl verwandeln. Im Jahr 2018 wünschte ich mir sehnlichst eine zweite Katze. Mein Vater ist ein Hundemensch. Die Vorstellung eines weiteren felligen Mitbewohners, der ihm nachts den Schlaf rauben würde, begeisterte ihn nicht gerade. Ich weiß bis heute nicht, wie es mir gelungen ist, seine Meinung zu ändern.

Der Sommer verstrich und als die Blätter anfingen, sich zu verfärben, war es so weit. Auf dem Apfelbauernhof in unserer Nähe wuchsen in einem Bretterverschlag fünf Kätzchen heran. Ich durfte mir eines aussuchen. Schnell hielt ich einen getigerten Kater in den Armen. Das kleine Fellbüschel begann sofort, glücklich zu schnurren. Ich glaube fest daran, dass jeder Mensch sein Seelentier findet. Für mich war es dieser Kater. Ich dachte lange über einen Namen nach. Er sollte Stärke ausstrahlen und ihn beschützen. Meine Wahl fiel auf Sylvester – nach dem Zauberkater in der Bibi Blocksberg-Folge Nummer 22. Keiner aus meiner Familie hatte einen besseren Vorschlag und so blieb es dabei. In der Serie kann der Zauberkater sprechen. Sylvester war sehr anhänglich und miaute ständig. Er suchte immer meine Nähe.

Viele Monate vergingen. Aus meinem kleinen Kater wurde ein großer Kater. Er versüßte mir den Alltag und war meine Kompassnadel in schwierigen Zeiten. Dann kam das Jahr 2021. Mein Seelentier wurde krank. Wir kämpften fast ein halbes Jahr, doch es reichte nicht. An einem lauen Abend Mitte Juni kniete ich bitterlich weinend vor unserer Tierarztpraxis und spürte, wie mein Herz in Tausende Stücke zersplitterte.

Sylvester wurde nur knapp drei Jahre alt. Heute ist mein wertvollster Besitz sein Lieblingsspielzeug. Die wunderschönen Erinnerungen werden mich mein Leben lang begleiten. Sylvester brachte mich oft zum

Lachen. Hier möchte ich fünf Eigenheiten auflisten, die ihn so einzigartig machten.

1. Katzenspiele

Ich habe nie eine schnellere Katze gesehen als meinen Sylvester. Er war so beweglich und flink, dass jeder, der ihn in Aktion erlebte, mir zustimmen musste. Im Winter raste er durch das Wohnzimmer und sprang abwechselnd auf Sofa und Fensterbrett. Im Sommer spielten meine Brüder und ich im Garten mit ihm. Dafür band ich eine kleine Stoffmaus an eine lange Schnur und zog sie durch das Gras. Das Spiel funktionierte auch mit einem dünnen Ast, doch nichts machte so viel Spaß, als mit der Schnur vor dem Kater wegzurennen. In Hochgeschwindigkeit raste er hinter uns her, nur wenige Zentimeter hinter der Maus. Am Ende erwischte er das Spielzeug immer. Stundenlang ging das so. Gerne verfolgte er auch seinen eigenen Schwanz. Dabei drehte er sich so schnell im Kreis, dass er am Ende erschöpft hechelte.

2. Trockenfutterjunkie

Jeden Sommer verbringe ich mit meiner Familie einige Wochen in den Bergen. Seit meiner Kindheit fahren wir auf die gleiche Almhütte. Unsere Katze Kiara ist fester Bestandteil des Gepäcks. In den Wäldern wird sie zur Wildkatze und mordet sich durch den gesamten Mäusebestand. Sylvester war noch zu jung, um mitkommen zu dürfen. Außerdem wollten wir Kiara eine Auszeit von ihm gönnen. Sylvester jagte sie ständig. So blieb mein Kater zu Hause, wo unsere Nachbarin Heidi ihn liebevoll betreute. Sie war es auch, die ihm den Spitznamen Trockenfutterjunkie verlieh. Der Name hatte seine Berechtigung. Sylvester fraß praktisch nichts anderes als Trockenfutter. Am liebsten die teuren Marken. Mein Vater kaufte es bereitwillig. Er ist am Schluss doch ein wenig zum Katzenmenschen geworden.

3. Der Batman des Hausflures

Wehe dem, der sich nachts aus seinem Zimmer wagte! Der Flur gehörte bei Dunkelheit dem Kater. Sylvester liebte das Attackieren von Füßen und Waden. Normalerweise schlief er im Wohnzimmer, manchmal aber auch auf einem der Fußteppiche im Flur. Das Schlafzimmer meiner Eltern liegt im Erdgeschoss. Nicht nur einmal beklagte sich meine Mutter beim Frühstück über ihre zerkratzten Beine. Ich nahm Sylvester in Schutz. Was konnte er für sein fehlgeleitetes Beuteverhalten? Aber auch ich bekam die Krallen meines Haustieres oft genug zu spüren, vor allem an den Händen. Ich konnte ihm nicht lange böse sein. Dafür war er einfach zu süß. Selbst mit seinen nadelspitzen Krallen.

4. Schlittenfahren

Anfang 2019 bekamen wir ein neues Sofa in mausgrauer Farbe. Ein Sofa mit sehr feinen Fäden, die sich hervorragend herausziehen lassen. Meine Eltern hatten große Angst, dass Sylvester es als Kratzbaum missbrauchen würde. Wir bewaffneten uns mit einer kleinen gelben Sprühflasche, die aber nie zum Einsatz kam. Der Kater machte sich über das Sofa her, wenn niemand hinsah. Dafür legte er sich auf die Seite, hackte seine Krallen in den Stoff und zog sich von einer Seite zur anderen. Kiara macht es heute noch genauso. Vielleicht schaute Sylvester sich diese Unart von ihr ab. Schlittenfahren nannten wir dieses Spiel. Es schien ein faszinierendes Spiel zu sein. Für das Sofa war es weniger faszinierend. Heute sieht es nicht mehr neu aus.

5. Regenwetter

Sylvester hasste Regentage. Vom Morgen bis zum Abend fauchte er und wollte nichts mit uns zu tun haben. Seine Lieblingsbeschäftigung an Regentagen war es, in der offenen Haustür zu sitzen und die nassen Tropfen zu beobachten, die vom Himmel fielen. Er saß regungslos da wie eine Sphinx aus dem alten Ägypten. Das einzige Lebenszeichen war der Katzenschwanz, der über den Boden fegte. Manchmal setzte ich mich im Schneidersitz neben ihn. Dann schauten wir beide dem Regen zu. Ich habe mich immer gefragt, über was er dabei nachdachte. Über die Mäuse in ihren kleinen Höhlen? Jagte er einer fetten Amsel hinterher? Möglicherweise träumte er einfach von besserem Wetter. Ich erinnere mich gerne an diese Tage. In meinen Träumen sehe ich mein Seelentier durch grüne Wiesen pirschen. Dann bin ich glücklich.

__Viktoria Haas,__ 20 Jahre alt, lebt in Kärnten.

Was will sie von mir?

Zu Katzen habe ich seit jeher ein gespaltenes – oder sagen wir es ehrlich – überhaupt kein Verhältnis, keinen Draht.

Aufgewachsen bin ich mit riesengroßen Hunden, harmlosen Deutschen Doggen im Haus meiner Großeltern. Liebevoll gingen sie mit mir um und ich mit ihnen. Man konnte ihnen auch mal kräftig auf den Rücken klopfen, ohne dass sie gleich vor Schreck umgefallen wären. Und wenn ich einem der Hunde mal auf die großen Pfoten getreten bin, aus Versehen, das steckten sie, ohne zu knurren oder wehleidig zu jaulen, einfach weg.

Nun habe ich seit drei Jahren Kontakt mit der Katze meiner Tochter. Siamkatze. Dieser Katzenart geht der Ruf voraus, dass sie noch eigensinniger ist als ihre normalen Artgenossen, die Hauskatzen.

So richtig haben wir uns nie annähern können, sie will überhaupt keine Beziehung zu fremden Besuchern aufbauen. Aber ich lasse sie nicht in Ruhe, wenn ich zu Besuch bin. Ich will es nicht akzeptieren, dass sie nur Streicheleinheiten bekommen möchte, wenn sie es will.

Von den Hunden bin ich anderes gewöhnt. Immer wieder versuche ich, das Katzentier umzustimmen. Dreimal über den Kopf streicheln, das geht, aber dann beginnt es, zu schniefen, und die Flanken bewegen sich schnell. Höchste Zeit, sich zurückzuziehen. „Gleich beißt, faucht oder kratzt sie", meint meine Tochter.

Merkwürdig ist es aber, dass Katze trotzdem abends beim Fernsehen ungefragt über meine Oberschenkel stolziert, als sei es ihr Revier, und sich bei mir zwischen Rumpf und Oberschenkeln zusammenrollt und friedlich schläft. Was will Katze mir damit sagen oder beweisen? Hat sie ihre Liebe zu mir entdeckt? Mag sie mich oder möchte sie mir sagen: „Ich bin hier der Chef."

Kürzlich war ich zu einem Seminar und saß beim Abendessen in einem alten Bauernhaus mit anderen Frauen zusammen am Tisch. Eine Katze lief umher und ehe ich mich versah, sprang sie, ohne zu zögern, gezielt auf meinen Schoß. Ich glaube, alle Katzen haben sich miteinander verbündet und wollen mir etwas sagen. Nur – was?

Christine Leitl, *geboren in Hessen, lebt seit 40 Jahren im Landkreis Fürth. Schreiben ist ihre große Leidenschaft, vier Romane und sieben Kinderbücher hat sie verfasst. Auch in zahlreichen Anthologien sind ihre Kurzgeschichten erschienen.*

Liebreiche Begegnung

Ich kenn' dich doch,
du Schmeichlerin auf weichen Pfoten,
wenn du mir um die Beine streichst.

Dein Liebreiz wäre lautlos,
wenn nicht ein schnurrendes Geräusch
von deinen Lebensgeistern kündet
und Wohlbehagen um dich breitet.

Ich nehme teil und bin zufrieden
und fühle mich geborgen
im Umkreis deines Wirkens,
das selbstlos du vermittelst,
und warm' Empfinden bleibt zurück,
wenn du auf deinem Wege
in froher Laune weiterschreitest.

__Wolfgang Rinn,__ geboren und aufgewachsen in Tübingen, Abitur, Lehrerstudium, über 40 Jahre als Sonderschullehrer in der Behindertenarbeit tätig, verschiedene Veröffentlichungen von Gedichten, lebt heute in Reutlingen.

Katzen sind die besseren Menschen

An einem kühlen Sommermorgen standen mein Freund und ich aufgeregt auf der Suche nach einer Katze vor dem Gittertor des örtlichen Tierheims.

„Bitte füllen Sie diesen Fragebogen aus, damit wir euch geeignete Schätze vorstellen können“, kicherte die blauhaarige Frau hinter dem Tresen im Eingangsbereich, während sie mir einen Zettel in die Hand drückte.

Mein Freund warf einen genervten Blick darauf: „All das muss man angeben, nur um sich eine Katze angucken zu können?“, stöhnte er.

Ich lächelte ihn an und ahmte die Stimme der zierlichen Frau nach: „Natürlich. Oder glaubst du, die geben jedem x-beliebigen Menschen einen Schatz?“

Auf dem Fragebogen befanden sich 14 Fragen, die man alle so genau wie möglich beantworten sollte. Darunter Standardfragen wie: *Wie groß ist Ihre Wohnung?* Aber auch: *Würden Sie auch chronisch kranke Katzen adoptieren?*

Als mein Freund die Hunde, die vor dem Eingang wie auf einer Modenschau vorgeführt wurden, beobachtete, kreuzte ich heimlich die Frage *Würden Sie auch chronisch kranke Katzen adoptieren?* mit *Ja* an, tippelte danach zur euphorischen Frau zum Tresen zurück und drückte ihr den Fragebogen mit einem kleinen Lächeln auf den Lippen in die Hand.

Nach kurzer Zeit kam Sie zu uns. „Eigentlich haben wir momentan keine Katzen, die wir vermitteln können, aber zum Glück haben Sie angegeben, dass Sie auch chronisch kranke Schätze nehmen, da hätten wir ein zuckersüßes Pärchen für Sie!“

Mein Freund fiel aus allen Wolken und gab mir einen Stups mit seinem Arm. Ich ignorierte das. „Ja, super gerne! Wir haben absolut kein Problem mit kranken Kätzchen“, entgegnete ich und schaute in die Richtung meines Freundes, der die Augen zusammenkniff.

Die Blauhaarige lächelte bis zu den Ohren und gab uns ein Signal, dass wir ihr folgen sollten. Zufrieden mit meinem Undercover-Kreuz schlenderte ich ihr hinterher, durch die Käfige mit jaulenden, miauenden und unglaublich traurig aussehenden, armen Tierchen, die ich am liebsten alle mitgenommen hätte.

Sie blieb vor einem maroden Betongebäude stehen und schloss die dicke Eisentür mit einem kleinen Schlüssel auf. Sofort schoss uns der Geruch von Katzenfutter und benutztem Katzenstreu entgegen. „So, da wären wir! Ich lasse euch mal alleine, damit ihr die Schätzchen kennenlernen könnt. Wenn ihr fertig seid, könnt ihr einfach wieder zu mir nach vorne kommen, um mir ein Feedback zu geben." Sie öffnete die Gittertür zum Gehege und schwebte wie eine Fee aus dem Gebäude.

„Sag mal, das hatten wir vorher aber nicht so besprochen! Kennst du dich überhaupt mit der Krankheit aus? Und was für eine Krankheit haben die überhaupt?", zischte mein Freund.

Ich strich meine Finger über die Karteikarte, die mit Klemmen an den Stahlsträngen befestigt war. Dann fauchte ich ihn an: „Beruhig dich doch mal, der kleine Kater hat nur Diabetes. Ich war in der Altenpflege!"

Er räusperte sich, während ich ins Gehege schlich.

„Psspssst ... Pssst, Mäuschen wo seid ihr?", flüsterte ich und kniete mich hin. Das Gefängnis der beiden war nur ungefähr vier Quadratmeter groß. Ich sah funkelnde Augen, die sich aus der Kratztonne, welche von einem Handtuch bedeckt war, herausstreckten. „Oh, hallo! Du siehst aus wie ein Moritz!", freute ich mich.

Eine dicke, weiße Glückskatze kroch aus dem Kratzbaum, streckte sich und rieb sich dann mit erhobenem Schwanz an meinem Bein. Dann schlich sie zu ihrem Futterplatz, setzte sich vor ihren Futternapf und aß Trockenfutter.

„Wo ist denn die andere Katze?", fragte mein Freund.

Ich zuckte mit den Schultern, nahm etwas vom Trockenfutter und ging vorsichtig zur Kratztonne, bis ich ein Fauchen hörte. „Scheinbar hier drin", stellte ich fest. Langsam hob ich das Handtuch und sah einen ängstlichen, getigerten Kater darin. „Alles gut, Maus. Wir wollen euch adoptieren", sprach ich mit sanfter Stimme.

Mein Freund betrat währenddessen ebenfalls das Gehege und streichelte die dicke Katze. Ich führte langsam meine Hand mit dem Trockenfutter in die Kratztonne. Der Kater schnupperte daran, bis er aus meiner Hand fraß. „Du bist aber ein lieber Kater, lässt du dich streicheln?“, fragte ich ihn. Er schnurrte und bewegte sich langsam aus der Kratztonne heraus. Ich war mir sicher, dass wir beste Freunde werden würden.

Nachdem wir zwei Stunden lang mit ihnen gespielt hatten, gingen wir zurück zum Tresen.

„Und, wie gefallen euch die Mäuse?“, fragte die Blauhaarige gespannt. Sie schien aufgeregter zu sein, als wir es waren.

Ich schaute meinen Freund kurz an, er nickte nur. „Ich hab mich verliebt, wir möchten beide adoptieren“, grinste ich. Die Frau sprang in die Luft und klatschte. „Super! Moritz, also der getigerte, befindet sich sogar derzeit im Honeymoon, das heißt, er braucht momentan kein Insulin. Wir messen aber viermal am Tag den Blutzucker …“, sie klärte uns über alles auf, was wir wissen mussten.

Zu Hause angekommen, stellte mein Freund beide Transportboxen keuchend in den Flur. Das Öffnen der Boxen war der Beginn einer langen, spannenden Reise für zwei alte Katzen, die wahrscheinlich dachten, sie würden ewig gefangen bleiben, und der Beginn einer langen Freundschaft zwischen Mensch und Tier, deren Bindung nichts auf der Welt jemals hätte ersetzen können.

Sarah Bongartz, *geboren 2000 in Paderborn, seit 2018 lebt sie in Duisburg. Schreibt seit 2012 Lyrik, Prosa, Krimi- und Kurzgeschichten. Bereits veröffentlicht in zahlreichen Anthologien, darunter auch in „Young Stories Frankfurt“ Und „SchönWortSchätze“.*

Beginn eines neuen Lebens

Meow! Erst mal ein großes *Hallo* an alle Leserinnen und Leser, die gerade bei dieser Geschichte angelangt sind.

Ich stelle mich wohl am besten mal vor: Ich heiße Luna, wurde im April 15 Katzenjahre alt und meine Hobbys sind unter anderem, meine Mitbewohner zu nerven, die Natur zu genießen und Vögeln von ihren Federn zu befreien. Meine Zweibeiner-Haushälterin mag das zwar gar nicht, aber die hat ja auch noch nie ein Vögelchen gekostet.

In diesem Text dürfen alle einen kurzen Blick auf mein Leben und auf dessen Veränderungen werfen – fühlt euch geehrt, das macht nicht jede Katze!

Geboren wurde ich im Frühling 2019 auf einem Hof. Ich war von klein auf aktiv und streunte immer nach Herzenslust in der näheren Umgebung herum. Gerne trieb ich mich auf den Feldern herum und jagte diese kleinen, grauen Dinger, die ich zu meinem Bedauern nicht immer fangen konnte, so flink wie sie waren. Nach meinen Ausflügen legte ich mich gerne aufs Stroh und ruhte mich aus.

So verging die Zeit und ich wurde immer wagemutiger bei meinen Streifzügen, sodass ich auch den nahe gelegenen Parkplatz hin und wieder mit meiner Anwesenheit beehrte.

Diese Aktion veränderte mein Leben drastisch.

An jenem Tag – es war Herbst und schon kälter – hatte ich Hunger. Ich lief auf den Parkplatz und rief um eine Mahlzeit. Anscheinend hörte mich ein anderes Lebewesen, denn nach kurzer Zeit erschienen drei Zweibeiner aus einer Öffnung in der Wand. Natürlich war ich neugierig und ließ mich von ihnen in die Armen schließen und streicheln. Ich erwartete eigentlich, wieder auf dem Boden abgesetzt zu werden, doch zu meinem Erstaunen wurde ich durch die Öffnung in der Wand getragen und in einen Raum gebracht, in dem ich etwas Milch und Wurst zu fressen bekam. Ich hatte so einen Hunger, dass ich gar nicht genug davon bekommen konnte.

Zwei dieser merkwürdigen Zweibeiner kamen immer wieder zu mir und beobachteten mich. Diese Aufmerksamkeit tat mir gut. Ach, wie gerne ich doch im Mittelpunkt stehe! Ich mag es, wenn mir alle dabei zusehen, wie ich einfach das mache, was Katzen nun mal so machen. Warum das für die Zweibeiner allerdings so interessant ist, habe ich bis heute nicht verstanden – Zweibeiner sind echt komische Wesen, das muss man ihnen lassen.

Aber nun weiter im Text. Nachdem ich von den Zweibeinern mit Nahrung versorgt worden war, kam ich in einen anderen Raum, wo eine netten Zweibeinerin saß, die anscheinend auch verrückt nach Katzen war. Ihre Gesellschaft war angenehm für mich, ich konnte mich in Ruhe hinlegen und mich verwöhnen lassen. Was will man mehr?

Bald wurde die Ruhe im Büro gegen etwas Beunruhigendes getauscht: Da wurde ich doch einfach wie ein Stück Gepäck auf einen fahrbaren Untersatz gesetzt, der laut war und komische Geräusche von sich gab! Ich hatte furchtbare Angst! Wo um alles in der Welt war ich hier bloß? Und wohin sollte die Reise nur gehen?

Als ich dann endlich wieder Tageslicht sah, war ich mehr als erleichtert. Neugierig streckte ich meinen Kopf und betrachtete meine neue Umgebung. Nett sah es aus, aber ganz anders, als ich es gewohnt war … Und was war das denn für ein merkwürdig vertrauter Geruch? Es roch nach Katzen! Und einen Hund konnte ich auch ausmachen! Was ging hier bloß vor sich? Oje, ich werde ja gleich wieder ganz aufgeregt, wenn ich darüber nachdenke. Aber ich will euch mal alles in Ruhe der Reihe nach erzählen. Wartet einen Moment. Ich schnurre ein bisschen, damit ich runterkomme, dann geht's weiter.

Die Zweibeiner hatten mich also in dieser Klapperkiste an einen anderen Ort transportiert, an dem ich zuvor noch nie gewesen war. Bis auf die Störenfriede schien es dort ganz nett zu sein. Zuallererst wollte ich die ganze, neue Umgebung erkunden und meine neuen Mitbewohner kennenlernen. Mein erster Eindruck? Der eine sah aus wie eine alte dicke Kugel … So wie der sich bewegte, lag ich damit wohl auch richtig. Und der andere Störenfried war diese nervige kleine Kläffe, die es nicht mal schaffte, auf ein Sofa zu springen, mich den ganzen Tag verfolgte und ihre Nase ständig in meinen Hintern stecken wollte. Fauch! Komm' mir bloß nicht zu nahe, Fellkugel, ich warne dich!

So, das ist jetzt mal das Wichtigste … Oh, Moment – vom Essen kann ich auch noch berichten. Wobei, sonderlich lecker ist es nun doch nicht. Der einzige Vorteil dieser trockenen Köttel ist es doch, sie nicht selbst zu fangen zu müssen. Nicht zu vergleichen mit einer saftigen Maus oder einem dicken Vogel!

Da hat wohl ein neuer Lebensabschnitt für mich angefangen: neue Unterkunft, neue Mitbewohner, Zweibeiner. An letztere kann ich mich gut gewöhnen. Die scheinen nett zu sein und sich um mich zu sorgen – und das hatte ich auch dringend nötig! Ich war untergewichtig und hörte nicht mehr so gut, Essen konnte ich auch nicht bei mir behalten. Es ging alles wieder schnell hinten raus, igitt. Das bemerkten die Zweibeiner auch schnell, steckten und mich wieder in eine Kiste und hoben mich in das fahrende Monster. Als ich wieder aus dieser Kiste befreit wurde, nahmen mich fremde Zweibeiner in einer komischen Umgebung in die Mangel, die an mir herumwerkelten und mir einen Pikser verpassten. Autsch!

„Wann ist diese Tortur endlich vorbei, ich will hier weg", dachte ich mir. Es konnte mir nicht schnell genug gehen! Zwar musste ich wieder eine Fahrt in diesem lauten Monster über mich ergehen lassen, aber es brachte mich in meine neue Heimat – genau, das war mir wichtig!

Leider habe ich am Anfang bei meinen ausgelassenen Erkundungen meinen Orientierungssinn etwas überschätzt und mich verlaufen, was mir eine Leinenpflicht von ungefähr einer Woche, sorgenvolle Zweibeiner und ein vorübergehendes Heim bei einem Fremden einbrachte. Als mich meine Zweibeiner dann endlich fanden, war ich heilfroh und glücklich, wieder nach Hause zu kommen.

Aber auch liegt bereits in der Vergangenheit. Inzwischen habe ich mich voll und ganz in meinem neuen Heim eingelebt und meine Streifzüge in die mir bekannte Umgebung verlegt. Ich bin froh, dass ich es so gut habe und durch reines Glück ein komfortables wie gutes Zuhause gefunden habe. Nun lebe ich schon zweieinhalb Jahre hier und genieße es in vollen Zügen – im Gegensatz zu den Vögeln. Die genießen es sicher nicht, wenn ich ihnen an die Federn rücke.

Mit schnurrenden Grüßen
Luna

Melanie Rappitsch, *aus Judenburg, liebt Katzen, nur das Katzenklo auszuputzen nicht so sehr.*

Verbotene Früchte

Früher Sommermorgen auf der Wasserkuppe. Katzengleich gleitet Ludwig Leichtfuß den Abhang hinunter. Er spürt, wie seine Muskeln sich straffen, er spürt Kribbeln im Bauch. Ein Lächeln huscht über sein Gesicht. Auf seinem Weg stellt er fest, wie Wildblumen, die er niedergetreten hat, sich hinter ihm wieder aufrichten, wie eine wilde Rose ihm ihre Blüten entgegenstreckt und nur darauf zu warten scheint, ihm ihre spitzen Stacheln in den Leib zu bohren. Er macht einen weiten Bogen um diesen Rosenstrauch. Sein Blick fällt auf einen Granitfelsen, der in der Morgensonne wie in Silber getaucht aufleuchtet und zum Klettern einlädt.

„Jetzt nicht, ein andermal", geht ihm durch den Kopf – Ludwig Leichtfuß, dem geübten Gipfelstürmer.

Er erreicht Nachbars Garten, stoppt vor dem Gartenzaun und atmet tief durch. Vor ihm liegt ein Paradies mit verbotenen Früchten. Äpfel haben in der Sommerhitze eine rot-gelbe Färbung angenommen, Pflaumen eine weiche Beschaffenheit, die Süße verspricht, erreicht. Beeren, in vielen Farben, locken zwischen grünen Blättern versteckt. Der Gemüsegarten ist üppig bestellt: sattgrüner Salat, Mangold, rote Beete, Weißkohl und vieles andere wächst dicht nebeneinander. Darüber sieht Ludwig Leichtfuß hinweg. Davon möchte er nicht naschen. Obst und Gemüse können Vegetariern den Mund wässrig machen, seinen Mund nicht. Fleischlos glücklich sein, das möchte er nicht. Ihm geht es um die Nachbarin, sie zu sehen, in ihre Farben, Schwarz und Weiß, einzutauchen, an ihrer Haut, an ihrem Haar zu schnuppern, sie für sich einzunehmen und zu besitzen, diese Schöne, wenn's geht heute gleich. Ist sie zu dieser Stunde schon im Garten?

Tags zuvor hat Ludwig Leichtfuß die Nachbarin, sie war neu zugezogen, zum ersten Mal gesehen. Seine sanft-braunen Mandelaugen tauchten in ihre weit aufgerissenen blassblauen Augen tief ein. Die Sonne hatte sich gerade eine Lücke durch die Wolkendecke gebahnt und warf auf die sich unerwartet gegenseitig Betrachtenden einen goldenen Schleier. Ludwig Leichtfuß war wie verzaubert, rührte sich nicht vom Fleck, starrte die Nachbarin nur an, leckte sich die Lippen.

„Wie nahe das Glück doch sein kann“, ging ihm durch den Kopf.

Die Nachbarin zwinkerte einmal kurz mit den Augen, drehte ihm dann den Rücken zu und eilte, ohne einen Ton von sich zu geben, ins Haus. Am liebsten hätte er ihr zugerufen: „Unter Nachbarn sollte man sich kennenlernen, ein kleiner Spaziergang gefällig?“ Dafür war es zu spät. Gern wäre er ihr hinterher gestiegen, wie er es bei anderen Nachbarinnen oft genug getan hatte.

Diesmal nicht. Der Hausherr schien anwesend zu sein. Hatte der nicht gerade um die Ecke gelugt? Der würde seinen Besitz mit ihm sicherlich nicht teilen wollen. Ludwig Leichtfuß hatte eine Menge solcher Hausherren kennengelernt. Er weiß nur zu gut, wie die ihren Schatz verteidigen. Die nehmen kein Blatt vor den Mund und fassen Rivalen auch nicht mit Samthandschuhen an. Die brüllen einfach drauflos, fahren ihre Krallen aus und zeigen Zähne. Einige Blessuren hatte er sich im Laufe der Jahre im Streit zugezogen. Mehrmals war ein Arzt gefragt gewesen, um seine Wunden mit Nadel und Faden zu schließen. Aber deswegen darauf verzichten, Nachbarinnen nachzustellen, sie zu umgarnen für ein nettes Techtelmechtel, das kommt für ihn nicht infrage.

„Wer hat hier überhaupt Besitzansprüche anzumelden?“, fragt er sich nun. „Wem gehören eigentlich die Nachbarinnen? Doch nur sich selbst! Also auch mir! Hatten sie nicht Zeichen gegeben, dass sie wollten … wirklich … mit mir … na ja.“

Ludwig Leichtfuß lauert an Nachbars Gartenzaun. Dort hat er sich in die Büsche geschlagen, getarnt wie ein Jäger, der mit der Flinte im Anschlag vom Wild nicht sofort entdeckt werden möchte. Er sieht, wie der Hausherr die Terrassentür aufstößt und durch den Garten stolziert. Vor einem Apfelbaum macht der Halt und lässt einen Strahl ab. Dann stolziert er zurück zur Terrasse, rülpst laut, sucht einen Liegestuhl auf und macht sich dort breit. Die Nachbarin tappst durch die Tür, sieht sich kurz um, schnuppert, blinzelt mit den Augen. Am Rande des Gartens erkennt sie, wie Zweige von Büschen hin und her schwingen, obwohl gerade Windstille herrscht. Hinter dem Gebüsch entdeckt sie den Gaffer trotz seiner Tarnung. Sie blickt auf den Hausherrn, raunt ihm etwas zu. Der rührt sich nicht. Ist wohl eingeschlafen … oder lustlos. Die Nachbarin eilt durch den Garten. Als gelte es, eine Bresche zu schlagen,

gibt sie der Gartenpforte einen kräftigen Stoß und baut sich breitbeinig vor dem Gaffer auf, die Augen zu einem Schlitz verkleinert. Sie wartet ab, sagt aber keinen Ton.

Ludwig Leichtfuß möchte etwas stammeln, was die aufgebrachte Nachbarin beruhigen könnte. Ihm fällt nichts ein. Sprachlos zieht er den Kopf ein, bückt sich wie zum Start für einen Wettkampfsprint und saust wie ein geölter Blitz dorthin zurück, von wo er gekommen ist.

Keuchend erreicht Ludwig Leichtfuß das Haus, in dem er wohnt. Die Eingangstür ist verschlossen. Einen Schlüssel hat er nicht. Durch lautes Rufen versucht er, auf sich aufmerksam zu machen. Nichts geschieht. Er springt hoch, um einen Blick ins Hausinnere zu werfen und um zu zeigen, dass er da ist. Beim Hochspringen reißt er Blumentöpfe von den Fenstersimsen, die Töpfe aus Ton gehen zu Bruch, ein Blumenstrauß ergießt sich zwischen den Scherben. Der eisernen Gießkanne gibt er einen Stoß, sie rollt gegen die Hauswand, ein dumpfer Ton wie von einem Gong hallt zurück. Das hilft. Jemand öffnet, endlich. Ludwig Leichtfuß grüßt nicht, saust an der Person vorbei, die ihm geöffnet hat, in den Flur, weiter in die Küche und macht sich auf der Esstischbank breit. Wieder schreit er laut, verlangt nach Frühstück. Nicht nach Müsli, noch nach knackigen Brötchen mit Butter und Honig. Das mag er nicht, er ist kein Vegetarier. Frisches Fleisch und frische Leber, das will er. Hier gilt sein Kommando, hier ist er der Hausherr: Kater Ludwig Leichtfuß.

__Volkmar Trepte,__ Jahrgang 1947, Diplom-Psychologe, lebt in der Seestadt Bremerhaven und in Thièfosse (Vogesen, Frankreich), schreibt Gedichte und Kurzgeschichten, hat in Anthologien und literarischen Zeitschriften veröffentlicht, mag den salzigen Duft und den unerbittlichen Gegenwind am Deich an der Nordseeküste, wie auch die unzähligen unterschiedlichen Ansichten, die sich bei Bergwanderungen eröffnen. Die Zeichnungen stammen von Barbara Steegmüller.

Holunderbusch

Der Holunderbusch stand ganz am Ende unseres Gartens. Er wucherte gegen den Nachbarzaun, erfreute uns im Frühjahr mit seinen üppigen weißen Blüten und produzierte im Herbst massenhaft blauschwarze Beeren.

Obwohl wir eigentlich alle möglichen Pflanzen aus unserem Garten nutzten, war der Holunderbusch für uns Kinder tabu. Wir durften nicht in seiner Nähe spielen, geschweige denn seine Beeren essen und selbst meine Mutter mied die aromatischen Blüten, buk uns keine Holunderpfannekuchen, deren Teig ja bekannterweise sein Aroma von den hineingetunkten Blüten erhält.

Doch wie so oft hat gerade das Verbotene seinen Reiz, gesteigert noch dazu, dass meine Mutter keinerlei Gründe für ihr Verbot nannte. Stundenlang beobachtete ich also den Strauch in der Hoffnung, etwas Ungewöhnliches an ihm zu entdecken. Doch der Strauch gab kein Geheimnis preis. Gerade das aber stachelte meinen Entdeckergeist an und ich verbrachte Abende am Fenster meines Kinderzimmers und beäugte den Busch.

Die einzige Unterbrechung dieser tristen Beobachtungen lieferte mir die Nachbarskatze, ein schwarz-weißes Tier, deren weiße Flecken auf ihrem Körper sehr ungewöhnlich angeordnet waren. Sie wirkten fast wie eine Zeichnung auf schwarzem Grund, insbesondere in ihrem Gesicht verliehen sie dem Tier ein nahezu menschliches Antlitz – mit weißumrandeten Kulleraugen und einem ewig lächelnden Mund. Komischerweise sah ich die Katze nie auf der Straße oder in den Vorgärten, sodass ich vermutete, sie gehöre zu dem Haus hinter unserem Garten. Als ich meine Mutter nach dem Haus und den darin lebenden Nachbarn fragte, schaute sie mich nur irritiert an.

„Da gibt es kein Haus, da wohnt auch niemand, das ist doch nur ein verwildertes Gartengrundstück."

Ihr strenger Blick traf mich.

„Und untersteh dich, dort hinzugehen", fügte sie eindrücklich hinzu.

Das wiederum brachte meine Neugier schier zum Platzen, sah ich doch deutlich Dach und Schornstein hinter dem Holunderbusch herausragen.

Die Katze zeigte sich meist in der Dämmerung, verschwand hinter dem Busch, um nach einer gewissen Zeit wieder aufzutauchen. Dann, so schien es mir, schluckte sie die letzten Bissen einer geheimen Mahlzeit herunter, putze sich ihr ewig lächelndes Maul und verschwand.

An einem Herbstabend hielt ich es nicht mehr aus. Ich schlich mich aus dem Haus und zwängte mich hinter den Holunderbusch. Der Raum war begrenzt. Außer den üppigen Beeren war hier nichts Essbares zu erkennen.

Ich hockte mich in eine Ecke und hoffte, dass die Katze trotz meiner Anwesenheit erscheinen würde. Doch die witterte mich wohl und hielt sich heute dem Busch fern.

Nachdem ich über eine Stunde ausgeharrt hatte, nutzte ich die einbrechende Dunkelheit und kletterte über den Zaun. Vor mir in dem verwilderten Garten lag ein winziger Gartenteich. Daran saß eine Frau, die sich deutlich vor dem dahinter liegenden Haus abzeichnete. Sie trug ein schwarzes Kleid mit einer weißen Schürze, ihr Kopf bedeckte ein weißes Häubchen.

Das Mondlicht spiegelte sich im Wasser und so erkannte ich, dass die Frau einen Köder an die Wasseroberfläche hielt. Direkt tauchte ein kleiner Fisch auf, der nach dem Köder schnappte. Doch kaum hatte er diesen im Maul, so griff sich die Frau das nun zappende Tier, führte es mit einer schnellen Geste zum Mund und schluckte es am Stück hinunter. Sofort griff sie in den Eimer nach einem neuen Köder und wiederholte den Vorgang.

Nach dem fünften oder sechsten Fisch schaute die Frau auf und erblickte mich. Sie lächelte mich an, erhob sich und ging langsam auf mich zu. Vor Schreck konnte ich mich kaum rühren. Mit einem starren Lächeln zeigte sie mir den Eimer. Die Holunderbeeren darin schimmerten im Mondlicht wie Turmaline und verbreiteten einen betörenden Duft.

Die Hand, die nun in den Eimer griff und mir einige Beeren anbot, war viel größer als eine Menschenhand. Doch das machte den Köder noch attraktiver. Gierig griff ich nach den Beeren und steckte sie mir in den Mund.

Ein riesenhafter Schatten verdunkelte augenblicklich das Mondlicht, Finger schlossen sich wie eine eiserne Schelle um meinen Körper, es knackte und es gab nur noch Dunkelheit.

***Ellen Norten,** geboren 1957 in Gelsenkirchen ist promovierte Biologin. Als freie Wissenschaftsjournalistin arbeitete sie zunächst bei verschiedenen Hörfunksendern, danach folgte eine mehrjährige Tätigkeit bei der Fernsehsendung „Hobbythek“, auch vor der Kamera. In dieser Zeit entstanden ein Dutzend Sachbücher und Ratgeber. Anschließend war Ellen Norten Redakteurin beim Bayerischen Rundfunk in München und moderierte dort u. a. die Fernsehsendung „Alpha Forum“. Seit 2010 tourt sie zusammen mit ihrem Mann Zaubi M. Saubert mit dem Wohnmobil durch die Welt und schreibt Kurzgeschichten, die in diversen Anthologien und Zeitschriften veröffentlich werden. Unter dem Pseudonym Conni Mainzelmann ist 2015 das Reisebuch „Wie ich die Welt sehe“ erschienen. Außerdem verfasst sie Rezensionen, beteiligt sich an Poetry-Slams und Science-Slams (erster Platz Oktober 2017 in Berlin) und arbeitet als Herausgeberin der Reihe „Das Alien tanzt …“ im gleichen Verlag. Als Witwe von Hubert Katzmarz betreut sie dessen literarischen Nachlass und hat 2013 sein Gesamtwerk veröffentlicht. Passend zum Science-Slam und ihrer Doktorarbeit zeichnete und textete sie ihr Buch „Mein süßer Parasit“.*

Lulu

Kleines Tigermädchen, liegst auf meinem Schoß.
Zählst so viele Jahre, kenn' Dich Momente bloß.

Hast so viel Vertrauen, willst hier nie wieder weg.
Doch ich fühl' seit Tagen, nicht mehr lang ist unser Weg.

Konnten nur ein kurzes Stück des Wegs gemeinsam gehen.
Hab' genossen jeden Schritt, konnt' mich nicht satt an Dir sehen.

Du hast Dich im Sturm in mein zerrissenes Herz geschmust.
Als hätt' der Himmel Dich geschickt, als hättest Du darum gewusst.

Verrückt, Deine Ideen, Dein Humor ganz ohne Gleichen.
Pures Glück, Dir zuzusehen, Trübsinn muss Dir weichen.

Hast in jeden Tag gelebt. Kein großer Lebensplan.
Und mir willensstark gezeigt, was alles gehen kann.

Kleines Füchschen, machtest nie das, was Du solltest.
Strenge Mutter, wusstest immer, was Du wolltest.

Doch in Deinem Jungen wirst Du weiterleben.
Mit strenger Pfote ihn gelehrt und ihm Liebe gegeben.

In seine Pfötchen legst Du das Zepter nun hinein.
Seine Zeit ist jetzt gekommen, jetzt muss er erwachsen sein.

Ersetzen kann Dich niemand, wenn Du jetzt gehst, kleine Person.
Dein Platz bleibt leer zurück, erfüllt ist nun Deine Mission.

Die Kerben in Deinen Ohren könnten mir so viel berichten.
Sie stehen für Dein Leben, für so viele Geschichten.

Gekonnte Jägerin auf Deinen nächtlichen Wegen.
Couragierte Kämpferin furchtlos und verwegen.

Bist so perfekt gemacht, liebe jedes Haar an Dir.
Keins davon ist unbedacht, wünscht, Du bliebst für immer hier.

Gab' Dir immer neue Namen, kleine Fluse.
Sag sie leise in Dein Ohr, wenn ich mit Dir schmuse.

Versuch', Dich festzuhalten, präg' mir jede Faser ein.
Will kein Detail vergessen, sollst in mir für immer sein.

Es ist der Tag gekommen, die Stunden sich nun neigen.
Gezählt sind die Minuten, die uns zusammen bleiben.

Deine Augen, die schielen, schauen mich so müde an.
Jeder Schritt fällt Dir jetzt schwer, bevor steht nun Dein letzter Gang.

Tausend liebe Worte sag' ich leis, in Deine ausgefransten Ohren.
Werd' auch den Rest des Weges mit Dir gehen',
das hab' ich Dir geschworen.

Und ich seh' in Deinen Augen, dass Du weißt, Du musst nun geh'n.
Hoff' so sehr, dass wir uns eines fernen Tages wiedersehen.

Wartest Du dann an der Brücke, wirst mir Deine Pfote reichen?
Läufst mit mir über die Wiesen, nicht von meiner Seite weichen?

Kleines Tigermädchen, wiege Dich in meinem Arm.
Fühle Deinen Herzschlag, Dein weiches Fell so warm.

Kannst Dich auf mich verlassen, geb' auf Deinen Jungen Acht.
Lass' nun los und tiger frei in die stille Nacht.

Einen Kuss geb' ich Dir mit, er soll Deine Seele geleiten.
In meine Liebe eingehüllt fliegt sie nun in ferne Weiten.

Den Moment, in dem Dein Herz hat aufgehört zu schlagen,
werd' ich nie vergessen, werd' ihn immer in mir tragen.

Dein Kopf, so klein und schwer, ruht nun in meiner Hand.
Bist nicht mehr hier bei mir. Bist längst im Regenbogenland.

Läufst leicht und ohne Schmerzen, voller Neugier mit dem Wind.
Trägst mich hoffentlich im Herzen, fühlst, dass wir verbunden sind.

In meinen Träumen lebst Du fort, kann Dich immer sehn'.
Auf einer Pirsch, auf heißer Spur, über die Felder geh'n.

Ganz egal, wie weit entfernt uns're Seelen nun auch sind.
Werd' Dein Bild in mir bewahren. Voller Liebe. Katzenkind.

Ich red' von Dir und denk an Dich noch heute immerzu.
Als wärst Du hier. Doch fehlst so sehr. Mein Schatz.
Kleine Lulu.

Dorothée M. Wirth *ist 49 Jahre alt und lebt mit ihrem Partner im niederrheinischen Schwalmtal. Sie arbeitet derzeit im Verkauf sowie als Büroassistentin. Ihre Hobbys sind neben dem Schreiben auch ihr Garten sowie das Backen. 2008 verfasste sie ihre ersten redaktionellen Texte und humorvollen Kolumnen. Seit 2020 arbeitet sie an ihrem ersten Buch und verfasst Gedichte, Kolumnen und Songtexte in deutscher und englischer Sprache. Veröffentlichungen fanden in Kunden- und Mitarbeiterzeitschriften sowie bei Opinio (Rheinische Post) statt. In dem Gedicht „Lulu" beschreibt sie den Abschied von ihrer Katze, die 2019 im Alter von 21 Jahren starb. Sie hatten diese gemeinsam mit ihrem Sohn, dem Kater Fredo, ein Jahr zuvor aus dem Tierheim adoptiert. Fredo lebt im Alter von 22 Jahren heute noch bei ihnen.*

Der schönste Name der Welt

Seitdem ich denken konnte, lebte ich auf der Straße und Namen … Namen hatte ich schon viele. Da waren die Menschen einfallsreich: Mieze, Paul, Tom, Pepe, Carl, Findling und einmal sogar Bob. Nach dem berühmten Streuner aus London. Mike, das einzige Kind der Familie, bei der ich einige Zeit lebte, hatte gerade das Buch über James Bowen und den roten Kater zum Geburtstag geschenkt bekommen. Der Junge war schon in Ordnung. Er las mir ständig aus dem Roman vor und kraulte mich dabei hinter den Ohren. Das mochte ich am liebsten. Das Beste an dem Kleinen war sein Hang, mich mit Leckereien vollzustopfen. Leider bestand Mikes Mutter darauf, mich kastrieren zu lassen, und bevor ich wusste, was das bedeutete, war es auch schon passiert. Ich hätte als Bob sicher ein gutes Leben gehabt, aber Mike wollte partout nicht kapieren, dass sich nicht jede Fellnase über einen Schal freute und diesen stolz trug. Auch weigerte ich mich auf seinen Schultern zu hocken, um von ihm durch die Gegend getragen zu werden. Irgendwann reichte es mir und ich zog weiter.

Und ja, ich habe es manchmal bereut. Gerade jetzt würde ich viel dafür geben, zu Mike zurückkehren zu können.

Stimmen rissen mich aus meinen Gedanken und übertönten die Geräusche, die aus meinem Magen kamen.

„Janas Nervengewebe ist nicht durchtrennt. Sie hat eine Chance, wieder gehen zu können“, hörte ich einen Mann sagen.

„Sie muss es aber auch wollen, Klaus! Im Moment lässt sie die Therapien über sich ergehen, sie arbeitet nicht wirklich mit.“ Die Stimme einer Frau klang enttäuscht.

Ich öffnete meine Augen und schaute mich um. Ein paar Meter entfernt von dem Strauch, unter dem ich mich ausgeruht hatte, saß das Paar auf einer Terrasse. Ich hob meine Nase in den Wind, konnte aber keinen Köter riechen. Diese sabbernden Viecher verursachten mir feuchte Pfoten, aber hier lebte keiner.

„Ich weiß das, Annette! Kannst du sie nicht verstehen? Ihre Mutter ist bei dem Verkehrsunfall gestorben und sie wurde schwer verletzt. Und als ob das nicht schrecklich genug wäre, wissen wir rein gar nichts über den Verbleib von Cindy. Schwesterherz, ich weiß, du meinst es gut und hast als Ärztin die nötige Kompetenz, trotzdem bitte ich dich um Geduld mit deiner Nichte. Jana braucht Zeit.“

Ich sah, wie sich der Mann nach vorne beugte und nach der Hand seiner rothaarigen Schwester griff.

Sie nickte und stand auf. „Ich frage sie, ob sie sich zu uns setzen möchte.“

Meine Neugierde war geweckt. Das Haus, in dem sie verschwand, sah nobel aus und der Garten war gepflegt. Die vielen Beete würden sich wunderbar für alles Mögliche eignen.

Ein lautes Knurren aus meinen Eingeweiden erinnerte mich an mein Problem. Wenn ich nicht bald etwas zum Fressen fangen würde, brauchte ich mir über gemütliche Plätze zum Verscharren keine Gedanken mehr machen.

Annette kehrte mit einem vollen Tablett in ihren Händen zurück. „Sie kommt“, sagte sie, während sie Geschirr auf dem Tisch verteilte. Klaus stand auf und öffnete eine zweite Tür. Er platzierte eine kleine Rampe als Schwellenbrücke.

Meine Schnurrhaare vibrierten, als ein Mädchen in einem Rollstuhl im Türrahmen erschien. Es gefiel mir sofort. Sein dickes, schwarzes Haar war in zwei Zöpfen geflochten. Weiße Bänder verhinderten, dass sie sich lösten. Das passte wunderbar zu meinem Fell.

Ich erschrak, als Jana an den Tisch heranfuhr und ich in ihr zartes Gesicht schauen konnte. Große, braune Augen in tiefen Höhlen blickten traurig in meine Richtung, ohne mich wahrzunehmen.

„Jana, ich freue mich. Magst du ein Stück Erdbeerkuchen mit Sahne? Tante Annette hat gebacken."

Ich sah, wie Jana nickte, und hätte am liebsten auch genickt. Mit Sahne klang verführerisch.

„Dann mach ich dir einen Kakao", sagte er und ging ins Haus. Janas Tante wollte ihm gerade folgen, als eine Spitzmaus nur wenige Meter an mir vorbeieilte.

Alle Vorsicht vergessend, sprang ich aus meinem Versteck und rannte dem Leckerbissen hinterher. Annette schrie erschreckt auf und lachte dann. „Nur eine Katze", hörte ich sie in dem Moment sagen, als meine Kralle meine Mahlzeit sicherte.

Schnell brachte ich mich und meine Beute außer Sichtweite der Menschen. Meine Lebenserfahrung hatte mich gelehrt, dass unsere Art zwar als Mäusefänger beliebt war, aber dass die Menschen nicht dabei zusehen wollten, wie wir töteten und fraßen.

Die Sonne war untergegangen und der verwaiste Garten gehörte einem großen Igel und mir. Dieser stachelige Zeitgenosse bediente sich genüsslich am Rande der Terrasse an einem bereitgestellten Napf. Ich traute meiner Nase nicht. Er fraß Katzenfutter und es sah nicht so aus, als wenn er etwas übrig lassen würde. Meine allererste Begegnung mit einem seiner Artgenossen lag lang zurück. Nie wieder würde ich einem zu nahe kommen. Mit gebührendem Abstand beobachte ich ihn und begann, mich zu putzen, als sich die Tür öffnete und Janas Vater mit einer Schale in der Hand in meinem Blickfeld erschien. Er schaute mich an und stellte dann das Gefäß auf den Holzboden. Wortlos verschwand er im Haus. Die Tür schloss sich wieder.

Das war der Beginn einer wunderbaren Freundschaft mit der elfjährigen Jana und ihrem Vater.

Meine kleine Seelenverwandte hatte knapp zehn Monate zuvor ihre Mutter bei einem schweren Verkehrsunfall auf der A 43 nahe Dülmen verloren. Die beiden waren auf dem Rückweg von einem Reitturnier, an dem Jana mit ihrer Stute Cindy teilgenommen hatte.

Das Schicksal hatte grausam zugeschlagen. Janas Mutter verstarb noch an der Unfallstelle und Cindy flüchtete, kaum dass sie von einem Helfer aus dem Anhänger befreit worden war. Einige Male wurde das Pferd gesehen, aber niemand konnte es einfangen. Irgendwann verlor sich die Spur. Monate später kehrte Jana traumatisiert als Pflegefall ins Emsland zu ihrem Vater zurück.

Das alles war jetzt fünf Jahre her und Jana und ich genossen jeden Moment.

Meine Zeit auf Erden ging zu Ende, das konnte ich mit jeder Faser spüren. Gemäß meiner Bestimmung würde ich das Haus ohne Rückkehr verlassen. Meine Freundin schien das zu spüren und setzte alles daran, jeden Tag ein bisschen länger ihre Beine zu nutzen. Sie wollte mir folgen können.

Mittlerweile war ich fast den ganzen Tag müde und lag auf der Couch, als ein unerwarteter Aufschrei mich aus meiner Lethargie riss.

„Papa, schau! Das ist Cindy!" Jana lachte und weinte gleichzeitig und ich brauchte eine Weile, um zu verstehen, was sie gesehen hatte.

Im Fernsehen lief eine Reportage über den Herzog von Croy, sein Gestüt und seine berühmten Wildpferde. Jana hatte in einem der Tiere ihre vermisste Cindy erkannt.

Zwei Tage später machten sich Jana und ihr Vater auf den Weg nach Dülmen. In dem Naturschutzgebiet Merfelder Bruch lebte die Herde Wildpferde.

Ein Telefonat mit der Forstoberinspektorin machte den beiden Hoffnung. Seit mehreren Jahren lebte eine Stute in der Herde, auf die Cindys Beschreibung passte, und sie hatte ein Fohlen.

Ich hörte den Wagen von Janas Vater die Auffahrt heraufkommen. Kraftlos hob ich den Kopf, als meine Weggefährtin ohne Gehhilfe das Wohnzimmer betrat. Sie lachte glücklich und ihre Augen funkelten vor Freude. Jana würde ihren Weg gehen und mich, ihren Kater Lidl, niemals vergessen.

Ich wehrte mich nicht mehr, als sich meine Lider schlossen und ich mich mit dem schönsten Namen der Welt auf den Weg über die Regenbogenbrücke machte.

Birgit Hedemann *wurde 1965 in Münster/Westfalen geboren. In ihrer Freizeit engagiert sie sich ehrenamtlich in der Hospizgruppe Billerbeck e. V.. Um ihrer Leidenschaft, Geschichten zu erzählen, den richtigen Rahmen zu geben, erlernte sie 2015 das Handwerk für das kreative Schreiben in einer Schreibschule. Sie wohnt mit Mann und Kater Lidl in Billerbeck. Ihr idyllischer Wohnort wird auch als „Perle der Baumberge“ bezeichnet. Er dient als Kulisse für ihre düsteren Familiengeschichten. Korruption, Intrigen und Mord. Das schöne, beschauliche Münsterland als Ort des Verbrechens: „Emily – Ein Billerbeck-Krimi“ von 2019 und „Schatten des Todes – Ein Billerbeck-Thriller“ von 2021. Weitere Infos: www. birgithedemann-billerbeck.de.*

Grüße aus Zeeland

Schöne Feriengrüße aus Zeeland, wo das Leben gut ist.

Wir wohnen nahe an Strand und Meer. Wir begegnen netten Leuten, die hier für den Urlaub ein Appartement mieten. Mein Herrchen, mein Frauchen und ich wohnen hier das ganze Jahr in solch einem Appartement im ersten Stock. Ich liege am liebsten auf der Fensterbank. So behalte ich alles scharf im Blick, zum Beispiel den frechen grauen Kater, der auch heute Morgen wieder entlangschlich.

Es ist manchmal richtig aufregend. Es gibt Katzenfreunde, die mich streicheln, aber auch Leute, die einen Hund mitbringen. Ich kann vieles ertragen, aber nicht eine lärmende Jack-Russell-Hündin, die Eva heißt. Wenn sie mich wittert bei meinem täglichen Bummel auf meinem Territorium, muss ich schnell dafür sorgen, dass ich wegkomme. Vorbei mit der Ruhe! Ich flitze, mit Eva auf meinen Fersen, ins Treppenhaus, durch den Laubengang und lande sicher auf unserem Fensterbrett. Von diesem Platz kann ich besser hauen. Evchen denkt wohl, dass ich mich vor ihr fürchte. So ist das mit den kleinen Terriern. Tsss, welch ein Heidenlärm, typisch Zwerg. Madam will unbedingt zeigen, wer hier auf meinem eigenen Boden die Herrin ist. Aber: DAS BIN ICH. Ich fauche und zische wie eine Kobra.

Wegen dieses Tumults kommen meine lieben Menschen mir zu Hilfe und schicken Eva weg. Das gefällt mir. Schadenfroh schleiche ich hinterher. Sofort werde ich zurückgerufen. Ach … sie haben recht. Manchmal muss man dem Feind einen würdevollen Abgang gönnen.

Da ist noch Mathilde, eine liebenswerte Frau aus Deutschland. Sobald ich sie sehe, gehe ich zu ihr und begrüße sie mit hundert *Köpfchen*. Das hat Erfolg. – Jeden Morgen ein Näpfchen Milch. – Von Frauchen bekomme ich nur Wasser. Zwar trinke ich aus einer Royal Catswood-Schale, na ja. Aber Wasser sei besser für mich. Ich meine aber: mit Milch mehr Miepie. Und der Nachbar unten kauft eigens Schinken für mich. So übersteht man den Sommer prima!

Nachts schlafe ich im Dachgeschoss auf Frauchens Bett. Im Sommer kann es da sehr warm sein, deshalb ist das Dachfenster immer einen Spalt geöffnet.

An diesem Tag im August, ganz früh morgens, lief etwas Schwarzes gegen meinen Rücken. Ich döste noch glückselig und … ich traute meinen Augen nicht und war so erschrocken, dass ich gleichzeitig mit dem schwarzen Ding hinunterfiel. Kurz waren wir benommen, dann versuchte der Heimtücker, sich unter dem Nachtschränkchen zu verkriechen. Ich wollte ihn aufhalten. Mann, war ich aufgeregt! Ich fing an, das berühmte Mäuselied zu singen.

Frauchen wurde sofort wach. Waaass …?? Eine Maus im Schlafzimmer …?? Sie guckte mich aus dem Bett erstaunt an. Als ich mit einer neckischen Pranke das jetzt reglose, schwarze Geschöpf antippte, sah sie, dass sich danach etwas bewegte. Ohne ihre Brille kam sie aber nicht weit. Die lag auf dem Schminktisch. Nun musste sie zuerst mit nackten Füßen über mein neues Spielzeug steigen. Ha! Sie wagte es nicht. Ich freute mich schon auf ein leckeres Häppchen.

Pustekuchen! Ihr nervöses Wimmern weckte Herrchen auf und machte ihn mobil. Mit einem Schwung wurde ich hochgehoben und im anderen Zimmer eingesperrt. Da ging meine Beute! Ich hörte, wie die zwei damit beschäftigt waren, den Eindringling zu fangen. Als sie mich endlich freiließen, war der fortgeflogen. Ich tobte. Nicht jeden Tag erwischt man so etwas Besonderes!

Ich erlebe daheim wirklich genug und muss nicht unbedingt verreisen. Lieber lasse ich mir die Zeeuwse Sonne auf meinen Bauch scheinen. Mein Herrchen sagt sehr oft: „Unsere Katze besitzt nichts, aber hat alles.“ Ja, so ist es. Mit ihm kann ich jedenfalls reden, Miau!

Nur weiß ich immer noch nicht, wie Fledermaus nun eigentlich schmeckt. Hundert *Köpfchen* von MIEPIE!

Willemina Preiß, *1953 in Holland geboren. Lebt seit 2003 in Coburg. Seit 2017 eingebürgert. Absolvierte Fernkurse (Prosa, Gedichte). Schreibt Kurzprosa, Haiku und Senryu und ab und zu ein Sonett. „Ich bin der Liebe wegen hierhergekommen und geblieben und fühle mich in Franken sehr wohl. Schon früh habe ich angefangen mit Dichten. Ich schreibe gern über Erlebnisse im täglichen Leben, habe aber eine Schwäche für Poesie und light verse.“*

Meine Katze plaudert.

„Hör jetzt endlich auf!"

Ich pflege zu Gesprächen mit meiner Katze zu neigen, wir sprechen nur aneinander vorbei. Sie erzählt mit wortgewandt und laut ihre Miaus und ich schimpfe sie. Sie blickt dann aus dem Fenster und miaut eben die vorbeifliegende Amsel an.

Meine Katze!

Meine Katze ist eine Ratschtante!

Nie würde mir in den Sinn kommen, Leuten einfach ins Wort zu fallen, wenn sie reden, sich unterhalten.

Nicht so meine Katze!

Meine Freundin und ich unterhalten uns gerade bei Kaffee und Kuchen über den Vorteil von einem Kurzhaarschnitt, da stellt sich meine Katze zwischen uns und plärrt ihr: „Mauuuu."

Will sie damit andeuten, ich hätte keine Ahnung von Kurzhaarschnitten mit meinen schulterlangen Haaren?

„Katze, also jetzt bitte ...!", rufe ich meiner Katze unter dem Tisch zu.

Leni interessiert es nicht!

Wie auch? Ihr Körper geht in die Richtung ihres Blickes jetzt. Ich folge ihr mit meinem Blicken. Sie tigert zum Fressnapf.

„Mauuuuuuuuu", ertönt es munter wieder!

„Miaaaaau." Diesmal ein Grollen aus ihrem Bauch heraus.

„Ja, Katze, es gibt Trockenfutter jetzt!", flüstere ich in das vorwurfsvoll lang gezogene: „Mauuu."

Sie klagt ihr Leiden sofort der Amsel wieder, die vorbeifliegt. Oder ist es eine Nachbarin der vorherigen Amsel? Fragen über Fragen!

Eine Frage drängt sich mir auf. „Leni, warum nervst du gerade so?"

Mein Mann kommt zur Türe herein.

„MAUUUUUUUU"!

Ich fange das Lachen an!

„Leni, schimpfe Herrchen nicht schon wieder!"

Mein Mann muss ja schließlich seinem Beruf nachgehen. Sein Chef hätte es sicher nicht gerne, wenn er Leni mitnimmt zur Arbeit, damit sie guter Dinge ist und ihr Herrchen rund um die Uhr sehen kann.

Ob ich dann auch mit darf?

„Leni, stellen wir einen Antrag?" Ich sehe zu meinem Mann und verwerfe den Gedanken so schnell wieder, wie er in mir gekommen ist.

„Ach, Leni, Katze, DU Schreihals!"

Ich rede ihr wieder gut zu und hole dann ein Stück Schinken aus dem Kühlschrank für sie.

Nein, erzogen hat uns Leni nicht, wir sind noch selbstständiges Katzenpersonal!

***Dani Karl-Lorenz,** geboren im Herbst 1967, Mutter eines Sohnes. Verheiratet. Ihre Hobbys sind Fotografieren, Malen und Schreiben. Sie wohnt in Bayern. Hat in verschiedenen Anthologien veröffentlicht. Ihr erstes Buch trägt den Titel: „Die Abenteuer des Katers Casar" erschienen in Papierfresserchens MTM-Verlag.*

Das graue Loch

Eine Implosion – so muss sich das anfühlen …

Alles in mir fällt zusammen, meine Gedärme, mein Magen und schließlich sogar mein Herz. Ein unermesslich großes, graues Loch tut sich in mir auf und verschluckt jede Empfindung. Das Loch meint es gnädig mit mir. Hätte es sich in diesem Moment nicht aufgetan und diesen übermächtigen Schmerz eingesaugt, wäre ich auf der Stelle verrückt geworden oder augenblicklich an meinem gebrochenen Herzen gestorben.

Ein halbes Jahr liegt dieses Ereignis zurück und immer noch spüre ich Wehmut, Schmerz und Tränen in mir hochkriechen. Das schützende graue Loch ist längst verschwunden und ich musste – und muss – mich meinen Gefühlen stellen. Tagtäglich werde ich an dich erinnert. Bilder von dir hängen an der Wand, entzückende Bilder von dir wunderbarem Wesen, das mein Herz so öffnen konnte, mit dieser liebenswerten Art, die mich dahinschmelzen ließ, die mich vertrauen ließ.

Dein Anblick auf dem Gleisbett ist unerträglich. Von Weitem sehe ich deine Silhouette. Meine Freundin Martha, die mir hilft, nach dir zu suchen, bewahrt mich vor dem Schlimmsten, indem sie mich zurückhält. Sie weiß nur zu gut, dass ich Blut nicht sehen kann und auf gar keinen Fall eine vom Zug zerteilte schwarze Katze in ihrem roten Blut. Auch mein Herzensblut hat sich erschöpft. Ich bin grau, äußerlich und innerlich.

Als gebrochene Frau schleppe ich mich die dreißig Meter zu unserem Haus, von Martha gestützt. Das graue Loch übernimmt das Kommando und mein verwirrtes Hirn bastelt sich abstruse Gedankenkonstrukte zusammen.

Nein, das kannst nicht du gewesen sein! Ich weigere mich, anzunehmen, was ist, stelle mir vor, wie du jeden Moment um die Ecke schleichst und mich freundlich und liebevoll begrüßt. Meine Fantasien kreisen wild und suchen nach Ausflüchten, nach Auswegen, um sich nicht mit diesem Verlust auseinandersetzen zu müssen. Nicht noch ein Verlust – nicht noch dein Verlust!

So viele sind schon gestorben, Mutter, Vater, Großeltern und viele geliebte andere Wesen, Menschen und Tiere. Einige davon starben einen Tod, der mehr oder weniger akzeptabel war: Opa war im vierundachtzigsten Lebensjahr, er wünschte sich achtzig, den Rest sah er als gütige Zugabe. Papa wurde neunundsiebzig und im Vollbesitz seiner geistigen Kräfte überlebte er die Herzoperation nicht, doch im Grunde hatte er sein Leben gelebt. Etwas früher, bereits mit einundsiebzig, erwischte es meine Großmutter. Reichlicher Zigarettenkonsum, regelmäßiger Alkoholverzehr und eine ungesunde Lebensweise gestatteten ihr leider nicht, die Altersskala höher zu erklimmen. Bei drei Schlaganfällen, zwei Herzinfarkten, einer Totaloperation und Diabetes wundert es ohnehin, dass sie überhaupt einundsiebzig wurde. Ganz und gar nicht akzeptabel war, dass sie ihre Tochter und ich damit meine Mutter verlor. Das größte Trauma, das Eltern erleben können, denn die richtige Reihenfolge wird nicht eingehalten. Oma war sechzig, Mama einundvierzig und ich war erst acht Jahre alt. Obwohl der Ablauf für mich zeitlich stimmte, dass meine Mutter vor mir ging, war es nur entsetzlich, denn es war einfach zu früh.

Aus mancherlei Gründen wuchs ich bei meinen Großeltern auf, die durch den Verlust ihrer Tochter desillusioniert waren. So fand meine Kinderseele nicht immer den Schutz und die Zuflucht, die sie gebraucht hätte. Doch meine Tiere, vor allem meine Katzen, retteten mich. Sie trugen maßgeblich dazu bei, halbwegs ohne Macken erwachsen zu werden, sorgten für mein Seelenheil und hörten geduldig zu, wenn ich ihnen mein Leid klagte. Voller Vertrauen kuschelten wir zusammen und bei ihnen spürte ich die Wärme und Liebe, die mir die Erwachsenen oft nicht geben konnten. Dabei gab es immer wieder Tiere, die mir besonders viel bedeuteten.

Mein Mann birgt den halben Leichnam von den Gleisen, wickelt deinen Rest liebevoll in ein Tuch und trägt dich vorsichtig nach Hause. Er hebt ein Grab für dich im Garten aus. Ich bin ihm unglaublich dankbar, dass er das alleine bewältigt. Mir ist es unmöglich, auch nur einen Finger zu rühren.

Ein sonniger, warmer Dienstag im August, unser zweiter Urlaubstag – das hatten wir uns anders vorgestellt.

Immer noch gefühlstaub stehe ich an dem kleinen Erdhügel. Unvorstellbar, dass du in dem kühlen Boden liegst mit deinem schwarzen, seidigen Fell, das mich äußerlich wärmte. Mit deiner speziellen Art, die mich innerlich wärmte. Unbegreiflich, dass ich dich nie mehr in den Armen halten kann, nie mehr dein Schnurren, dein zutrauliches Maunzen höre, nie mehr in deine wunderschönen grünen Augen sehe, die bis auf den Grund meiner Seele blicken konnten. Unfassbar, dieser Verlust. Du fehlst mir so sehr!

Mit deinem Tod werden mir alle Verluste, die ich erlitten habe, noch einmal bewusst. Nicht sofort, nein, das graue Loch verschwindet nicht von einem Tag auf den anderen. Doch die Wahrnehmung, die Wahrheit wird deutlicher, je kleiner das graue Loch wird, und der Schmerz wird noch einmal erlebt. Bittere Tränen rollen über meine Wangen bei fast jedem Gedanken an dich. Ein bittersüßes Ziehen umwabert mein Herz.

Stellvertretend für alle Verlorenen in meinem Leben beweine ich dich schmerzlich. Dich, meine kleine sanfte Kameradin, werde ich in diesem Leben nicht wiedersehen, doch ich erinnere mich voller Dankbarkeit und Liebe an dein Sein, dein Für-mich-da-Sein.

Leben heißt, alles nehmen, das Gute und das Schlechte. Mal ist es viel von dem einen, wenig von dem anderen und umgekehrt. Man muss die Dinge, die unumstößlich sind, akzeptieren, wie sie kommen. Trauer und Schmerz wollen ebenso gefühlt werden wie Freude und Liebe, und so spüre ich, dass nach dem dunklen Schatten wieder ein helles Licht in mein Leben kommt. Durch den Reigen meiner Ahnen – über meine Großmutter, meine Mutter und mich – eröffnet mir meine geliebte Tochter, dass nun auch sie Mutter wird! Ein neues Wesen findet den Weg in unsere Familie und ich freue mich darauf, dem kleinen Menschen fürsorglich und achtsam zu begegnen, ihm weitherzig meine großmütterliche Liebe zu schenken.

Eines Tages werde ich ihm Geschichten erzählen – von seinen Vorfahren, den treuen Tieren, die mein Leben so geprägt haben, und ganz bestimmt von dir, meiner zauberhaften, schwarzen Katze. Bullibu.

***Diana Krause,** geboren 1964, Abitur 1984, Kaufmännische Ausbildung, verheiratet, eine Tochter, zwei Enkel. Autorin des Buchs „Katzenvogel", Schauspielerin beim Impro-Ensemble „Lafalott". Katzen begleiten sie von Kindheit an.*

Eine Diva auf Samtpfoten

Es war an einem heißen Sommerabend im August. Ich lag mit ausgestreckten Beinen auf der Couch und ließ den Tag mit einem Glas Wein ausklingen, als ich plötzlich von draußen Geräusche hörte. Neugierig ging ich ans Fenster und sah ein lautstark miauendes Fellknäuel, das etwas desorientiert durch meinen Garten lief.

„Nur irgendeine Katze", dachte ich und widmete mich wieder dem erholsamen Nichtstun.

Als ich am nächsten Morgen verschlafen in die Küche latschte, hörte ich es schon wieder: Miau, Miau, Miau in der Endlosschleife. Diesmal lief die Katze, die am Vorabend hinter dem Haus im Garten gewesen war, vorne am Haus herum. Ich zog mir schnell was drüber und flitze nach draußen, um nachzusehen, warum sie so jämmerlich jammerte.

Auf den ersten Blick konnte ich nichts Außergewöhnliches oder irgendwelche Verletzungen erkennen. Vorsichtig näherte ich mich und sie starrte mich mit ihren großen Augen an. Es war eine dreifarbige Katze, die man auch Glückskatze nennt. Ihre linke Gesichtshälfte war hellbraun und die andere dunkelgrau, fast schwarz. Ihr Körper war weiß, hellbraun und schwarz gefleckt. Sie war eine besonders schöne Katze, aber ich hatte keine Ahnung, warum sie ständig miaute.

Auf den Versuch hin, sie anzufassen, folgte ein Schlag mit ihrer samtigen Pfote – natürlich mit ausgefahrenen Krallen. Mir war klar, dass ich das besser lassen sollte, und zog meine zerkratze Hand wieder zurück. Da es in den letzten Tagen sehr heiß gewesen war, lag meine Vermutung nahe, dass sie vielleicht Durst haben könnte. Ich wollte also ins Haus, um ihr ein Schälchen mit Wasser zu holen.

Ging aber nicht.

Haustüre war zu und der Schlüssel drinnen. Ich ging dann erst mal zur Nachbarin rüber, um von dort aus den Schlüsseldienst anzurufen. Der war echt teuer. Danach brachte ich der Katze das Wasser, das sie scheinbar gar nicht wollte, da sie es vollkommen ignorierte.

An den folgenden Tagen lief die Katze immer wieder um das Haus herum oder saß in meinem Garten und ich begann die Suche nach ihrem Besitzer. Ich rief im Tierheim an, fragte alle Nachbarn, verteilte Flyer in den umliegenden Geschäften, aber niemand wusste etwas.

Danach beschloss ich, Katzenfutter zu kaufen. Nachdem Lucy, wie ich die Katze inzwischen nannte, fast vier Wochen in meinem Garten lebte und kein Besitzer aufgetaucht war, hielt ich es für richtig, sie ins Haus zu lassen. Etwas zögerlich folgte sie mir und meinen Leckerchen nach drinnen. Laut miauend lief sie durch die ganze Wohnung, klar, dass sie auf den Küchentisch sprang und ich frage mich, warum sie ständig miaute. Wollte sie mir etwas erzählen?

Nach der Begutachtung ihres wahrscheinlich neuen Zuhauses schlang sie das bereit gestellte Futter in ungefähr drei Sekunden herunter. Danach ging sie zielstrebig ins Wohnzimmer. Ich hatte für sie ein Körbchen mit Kuscheldecken bereitgestellt, aber sie zog es vor, auf der Couch Platz zu nehmen.

Lucy schlief sofort ein. Sie schlief sehr lange, den Rest des Tages und die ganze Nacht. Blöd war nur, dass meine Couch eine Schlafcouch war, auf der ich normalerweise schlief. Um sie nicht zu stören, legte ich mich auf das ausklappbare Gästebett und war froh, dass sie endlich mal still war.

Als Lucy aufwachte, ging das Miauen sofort wieder los. Und ich gebe zu, es nervte mich, aber ich hatte auch Sorge, dass irgendetwas nicht stimmte oder sie vielleicht Schmerzen hatte. Noch am selben Tag besorgte ich eine Transportbox. Da Lucy sehr verfressen war, hatte ich keine Mühe, sie mit Futter in die Box zu locken ... und ab zum Tierarzt.

Ich bat den Tierarzt, sehr vorsichtig zu sein, da diese Katze wahrscheinlich beißen oder kratzen würde, und war deswegen ziemlich nervös. Aber Lucy machte gar nichts. Tiefenentspannt ließ sie sich vom Tierarzt anfassen und ich kam mir vor wie ein Trottel.

Sie hatte keinen Chip, also blieb der Vorbesitzer weiterhin unbekannt. Bei der Untersuchung wurde nichts festgestellt. Lucy war circa acht Jahre alt und kerngesund. Natürlich fragte ich den Tierarzt auch, warum sie ständig miauen würde.

„Sie ist halt sehr gesprächig“, antwortete er.

„Ne Quasselstrippe“, dachte ich und war erst mal zufrieden.

Leider hielt meine Zufriedenheit nicht allzu lange an, denn Lucys Gequassel fing an, mir auf die Nerven zu gehen. Manchmal hörte es sich an, wie das Wehklagen eines geschundenen Tieres, und die Nachbarn guckten schon komisch.

Während ich mich liebevoll darum bemühte, ihr alles recht zu machen, wurde Lucy zum Albtraum. Sie kratzte mich, wenn ich sie anfassen wollte. Sie jammerte draußen, wenn sie rein wollte, und jammerte drinnen, wenn sie raus wollte. Sie verteilte ungefähr eine Million Haare in der ganzen Wohnung, jeden Tag. Statt in ihrem Körbchen schlief sie auf der Couch, während ich auf dem Gästebett lag. Jede Art von Katzenspielzeug war ihr scheinbar zu blöde. Falls sie es überhaupt beachtete, folgte meiner Spielaufforderung nur eine Geste der Ablehnung in Form eines Schlages mit ihrer Pfote. Sie jagte lieber Mäuse, die sie mir wie ein Präsent vor die Haustüre legte. Durch ihr divenhaftes Verhalten gab sie mir das Gefühl, ihr Tür- und Dosenöffner zu sein, mehr nicht.

Enttäuscht musste ich feststellen, dass ein schönes äußeres Erscheinungsbild nicht gleichbedeutend war mit einem angenehmen Charakter, und ich dachte ernsthaft darüber nach, sie ins Tierheim zu bringen. Einerseits war ich zwar froh, nach längerer Zeit wieder einmal einen tierischen Mitbewohner zu haben, andererseits hatte ich Zweifel, dass Lucy die richtige Katze für mich war.

Wenn ich aber darüber nachdachte, sie abzugeben und zu schauen, ob eine andere Katze besser zu mir passte, fühlte es sich an, als würde

ich eine fehlerhafte Ware umtauschen – und das gefiel mir gar nicht. Also blieb sie bei mir.

Lucy und ich brauchten eine Weile, bis wir ein Team wurden. Erst nachdem ich akzeptiert hatte, dass sie nicht das süße Schmusekätzchen war, sondern Lucy die Schreckliche, fing ich an, sie wirklich gerne zu haben. Sie wusste immer genau, was sie wollte und was sie nicht wollte, und hatte keine Mühe, das durchzusetzen. Darin war sie eindeutig besser als ich. Ihre komischen Macken brachten mich oft zum Lachen und mit der Zeit wurde sie ruhiger, nicht viel, aber erträglich. Miau.

Rosi Tremanns, *geboren 1958 in Korschenbroich am Niederrhein. Dort machte sie nach dem Schulabschluss eine Ausbildung zur Zahnarzthelferin. 1983 Umzug nach Düren. Nach mehrjähriger Teilnahme an Lehrveranstaltungen einer Kunstschule arbeitete sie viele Jahre kreativ mit Kindern und war in einer Dürener Kunstgalerie beschäftigt. 2020 Pandemiebedingter Umzug zurück nach Korschenbroich. Ehrenamtlich engagiert sie sich im Tierschutz.*

Shari, die Buddhakatze

Hallo, liebe Menschenfreunde! Ich bin Shari, die Buddhakatze! Mein weiblicher Lieblingsmensch nennt mich auch Engelchen. Mein männlicher Lieblingsmensch nennt mich Prinzessin oder Chefin. Meine beiden Lieblingsmenschen haben mit ihren Kosenamen natürlich völlig recht. Jedenfalls meistens!

Doch ihr wollt sicher wissen, was mich über diese netten Spitznamen hinaus zu einer richtigen Buddhakatze macht? Nun, zunächst einmal lebe ich in einem buddhistischen Haushalt und ich bin eindeutig die, die hier am meisten meditiert. Wenn ich nicht gerade schlafe, fresse oder Streicheleinheiten einfordere, meditiere ich eigentlich nahezu den ganzen Tag. Im Winter begebe ich mich auf meinem Kratzbaum in tiefe Versenkung. Im Sommer ruhe ich auch mal auf dem Balkon. Manchmal meditiere ich zusammen mit meinem Lieblingsmenschen und kuschele mich in seinen Schoß. Man sollte also meinen, ich bin der Erleuchtung schon ziemlich nah.

Der zweite Grund, weshalb ich im Grunde schon als Buddhakatze geboren wurde, ist meine edle Abstammung. Ich bin eine heilige Bir-

Enter

makatze. Ehrlich, ich finde diesen Beinamen gar nicht so übertrieben. Wir heiligen Birmas sind nämlich echte Samtpfoten. Wir sind äußerst sanftmütig, menschenfreundlich, intelligent und – das sagen aber die anderen – wunderschön!

Ich selbst bilde mir natürlich nichts auf meine Schönheit ein, denn das wäre ja eindeutig ein Zeichen von viel zu viel Ego! Das Ego ist die Quelle von Leid, sagen die Belehrungen. Da ich ganz offensichtlich weniger Ego habe als meine beiden Menschen, besitze ich gutes Karma, kann tagsüber, so oft ich mag, ein Nickerchen halten, mein seidiges Fell bürsten lassen und köstlichen Thunfisch verspeisen, während meine Menschen arbeiten müssen.

Ich frage mich manchmal, warum die Menschen glauben, sie wären die Krone der Schöpfung. Ganz davon abgesehen, dass die Tiere auf diesem Planeten weniger Unheil anrichten als die menschliche Rasse, bin ich doch der Meinung, in der privilegierteren Position zu sein. Aber jeder so, wie er es mag! Ihr wollt Mensch sein und ich eben Katze! Jedem das Seine! Ihr seid fühlende Wesen wie wir auch! Darüber hinaus haben wir ja alle die Buddhanatur!

Meine Lieblingsmenschen könnten von mir als Buddhakatze noch manches lernen, aber das haben sie noch nicht begriffen. Menschen sind – von wegen Krone der Schöpfung und so – uns Tieren gegenüber manchmal etwas dünkelhaft, deswegen verstehen sie uns oft nicht. Ich will jetzt nicht genauso dünkelhaft erscheinen, aber manche Qualitäten habe ich nun einmal ganz offensichtlich schon verwirklicht. Bei den Buddhisten gilt Gleichmut beispielsweise als eine hohe Tugend!

Ihr Menschen seid rastlos und getrieben. Entweder stöhnt und jammert ihr über Dinge, die ihr tun müsst und nicht mögt. Oder ihr eilt von einer Beschäftigung zur nächsten, weil etwas eure Begierde weckt. Derweil strecke ich entspannt alle viere von mir, gähne und beobachte mit halb geschlossenen Augen euer unablässiges Treiben. Ich warte geduldig darauf, dass ihr eines Tages erkennt, dass ich den Gleichmut schon verwirklicht habe, und ihr euch darum ruhig ein Beispiel an mir nehmen dürft.

Denn glaubt es oder nicht, aber ich liebe meine Menschen. Das zeige ich nicht nur, indem ich schnurre, mein Köpfchen an ihnen reibe, mit meinen Krallen wohlig auf ihrem Schoß tretel oder ihr nicht vorhandenes Fell ablecke, sondern ich möchte ihnen natürlich auch die Früchte meiner Meditationspraxis nicht vorenthalten. Sie wollen doch auch ihr volles Potenzial verwirklichen. Ich helfe meinem Menschen darüber hinaus dabei, gutes Karma aufzubauen, indem sie mir Gutes tun. Denn das, was ihr einem anderen zuteilwerden lasst, kommt irgendwann zu euch zurück. Das ist die Lehre von Ursache und Wirkung.

Doch bevor ihr mich nun tatsächlich für eine stolze Prinzessin haltet, will ich gerne einräumen, dass es auch Augenblicke gibt, in denen ich keineswegs die Chefin des Hauses oder die privilegierte Prinzessin bin. Wenn meine Menschen beispielsweise verreisen, tragen sie mich ganz einfach in die Katzenpension. Das passt mir gar nicht in den Kram. Da gibt es so viele unkultivierte Katzen, die fauchen und toben. Aber meine Menschen stecken mich einfach in den Katzenkorb und ab geht die Post. Es ist mir völlig unverständlich, wieso sie eine schöne Zeit ohne mich verbringen können, obgleich ich selbst mir doch nichts mehr wünsche, als ihnen nah zu sein. Das ist dann schon ein Knick für mein eigenes Ego und dann merke ich wieder, dass ich doch noch nicht erleuchtet, sondern wie alle anderen hier in Samsara gefangen bin. Falls ihr es nicht wisst: Samsara ist der leidvolle Daseinskreislauf und eben nicht das Paradies! Ich finde jedoch, es spricht für mich, dass ich ihnen solche seltsamen Verhaltensweisen vergebe. Anders als manche Artgenossen bin ich nämlich keine besonders nachtragende Katze. Om …

Ich gebe aber zu, dass ich Eifersucht durchaus kenne! Als mein auserwählter Mensch mit einem anderen Zweibeiner in eine gemeinsame Wohnung zog, da dauerte es eine ganze Weile, bis ich ihn zähneknirschend als Teil unserer kleinen Familie anerkannte. Aber ihr wisst ja, mittlerweile ist er mein zweiter Lieblingsmensch. Ich habe meine Eifersucht überwunden und beiße ihn jetzt nicht mehr in die Ferse.

Wollt ihr noch erfahren, wie ich meinen weiblichen Menschen fand? Das war natürlich kein Zufall, sondern der eigentliche Grund lag in unserer karmischen Verbindung. Da wir alle schon unendlich viele Male hier auf dieser Erde waren, kennen wir uns bereits aus früheren Leben. Wir haben es bloß vergessen. Wenn eine Verbindung sehr eng war, empfinden wir Anziehung und Sympathie. Als ich meinen Menschen zum ersten Mal sah, kam er mir gleich vertraut vor. Wer weiß, vielleicht war ich in einem vergangenen Leben ja mal die Mutter meines weiblichen Lieblingsmenschen oder sie war meine beste Freundin oder so! Ich bin also auf sie zugelaufen und ihr nicht mehr von ihrer Seite gewichen. Ich habe ihr auf diese Weise gezeigt, dass ich sie erwählt habe. Denn das ist eine goldene Regel: Die Katze sucht sich ihren Menschen aus und nicht der Mensch die Katze! Das ist so, weil wir Tiere uns nicht von Äußerlichkeiten blenden lassen, sondern sofort spüren, zu wem wir gehören.

Wisst ihr, wie viele Menschen einsam sind, nur weil sie sich bei der Suche nach ihrem eigenen Lieblingsmenschen von dummen Äußerlichkeiten leiten lassen und vergessen, auf ihr Herz zu hören? Andere wieder wollen etwas erzwingen, dabei ist ihr Karma vielleicht noch nicht reif für eine neue Verbindung. Deshalb ist es wichtig, dass ihr Geduld und Gleichmut entwickelt.

Ich habe fürchterliche Geschichten von Haustieren gehört, die Lückenbüßer geworden sind, weil ihr Mensch sich nach Liebe sehnte. Die Tiere öffneten ihnen ihr Herz, doch einige Monate später wurde ihnen ihr Tier dann zu langweilig, zu teuer oder zu eigenwillig und sie schoben es ab.

Dabei wollen wir Tiere etwas, was sich wohl die meisten Wesen wünschen. Wir wollen unsere Familie am liebsten behalten und wenn wir einmal sterben, dann hoffen wir, dass die Lieblingsmenschen da sind und uns die Pfote streicheln.

Was danach geschieht, das wissen wir nicht. Ihr und ich, wir werden einmal eine völlig andere Gestalt annehmen und uns auf die eine oder andere Weise sicherlich wiedersehen. Seid gewiss, wir werden uns finden! Seid nicht traurig, wenn ich vor euch gehe, sondern denkt immer an die guten Dinge, die wir in unserem Leben geteilt haben. Alles Gute und Schöne wird nach dem Tod der Same sein, der wächst und wieder Früchte hervorbringt. Denn das ist das Geheimnis, dass wir uns unzählige Male begegnen werden, ehe wir in das Regenbogenlicht eintauchen.

Olivia Stahlenburg, *geboren 1971, Förderschullehrerin, lebt, lehrt und schreibt in der Metropolregion Rhein-Ruhr. Sie hat bislang Kurzgeschichten für Kinder, Jugendliche und Erwachsene veröffentlicht. Die Geschichte „Shari, die Buddhakatze" erzählt Alltägliches gemixt mit buddhistischen Weisheiten aus der Perspektive ihrer zwölfjährigen Birma-Katze Shari.*

Katzenaugen

Deine Augen,
unsagbar schön,
haben so vieles
vom Leben gesehen!

Du schleichst leise
wie ein Dieb durch die Nacht,
hast eine Maus
ums Leben gebracht!

Stolz legst du sie
vor meine Füße.
Dein Blick sagt:
„Ich sende dir Grüße!"

Deine Pfoten so sanft,
ein weiches Kissen.
Dein leises Schnurren
möcht ich nicht missen!

Hast sieben Leben,
so sagen die Leute,
lebst nicht im Gestern
lebst nur im Heute!

Dörte Müller, *geboren 1967, schreibt und illustriert Kinderbücher. Sie lebt mit ihrer Familie in Bonn und unterrichtet an einer Gesamtschule.*

Die Draußen-Katze

Als mein Mann und ich das Haus renovierten, in das wir einziehen wollten, entdeckte ich eines Abends einen Igel an der Terrasse. Er sah etwas dünn aus. Damit er sich gut auf seinen Winterschlaf vorbereiten und an Gewicht zulegen konnte, besorgte ich für ihn Katzenfutter. Ab und zu sahen wir ihn abends fressen. Sein Teller war am nächsten Morgen stets saubergeleckt.

Nach unserem Einzug sahen wir den Igel noch ein paar Mal. Dann ließ er sich nicht mehr blicken. Sein Teller wurde trotzdem über Nacht immer geleert. An einem Herbstabend sahen wir plötzlich eine rote Katze, die am Haus umherschlich. Sie schaute uns misstrauisch an und hielt viele Meter Abstand. Vom Wohnzimmer aus konnten wir auf die Terrasse blicken und beobachten, dass sich die Katze vorsichtig näherte und gierig das Katzenfutter fraß. Das erklärte, warum das Futter für den Igel immer weg war.

Die Katze schien kein Zuhause zu haben. Sie war dünn und struppig – und sehr hungrig. Da sie mir leidtat, bekam sie von mir nun größere Portionen. Eine Katze brauchte schließlich mehr Futter als ein Igel. Durch die Terrassentür konnte ich sie gut beobachten, aber sobald ich die Tür aufmachte, lief sie schnell fort. Nach ein paar Tagen rannte sie nicht mehr weg, sondern versteckte sich unter einem Busch in der Nähe. Von dort schaute sie zu, wie ich das Futter für sie hinstellte. Sie wartete mit dem Fressen, bis ich wieder im Haus war und die Tür zugemacht hatte. Mittlerweile kam die Katze jeden Abend ungefähr zur gleichen Zeit. Ich versuchte, ihr zu zeigen, dass sie keine Angst vor uns haben musste. Um sie an uns zu gewöhnen, ließen wir die Terrassentür weit offen, wenn wir ihr das Futter hingestellt hatten. Das gefiel ihr natürlich nicht. Aber der Hunger war stärker – und dem duftenden Futter konnte sie nicht widerstehen. Sie fraß sehr schnell und schaute dabei immer wieder zu uns. Sie traute uns immer noch nicht. Sobald sie ein Geräusch hörte, das aus unserem Haus kam, lief sie weg.

Meinem Mann gefiel es nicht so gut, dass ich die Katze fütterte. Er wollte nicht, dass sie ins Haus kam. Wir hatten beide noch nie eine Katze als Haustier gehabt. Mir hingegen machte es Freude, dass die Katze immer zutraulicher wurde. Bald konnten wir auf der Terrasse sitzen, während sie neben uns fraß. Bis auf einen Meter konnten wir uns schon der Katze nähern.

Eines Tages streckte ich meine Hand aus und strich ihr über den Rücken, während sie fraß. Das verschreckte sie so sehr, dass sie mich kratzte und weglief. An dem Abend sah ich sie nicht mehr. Das fand ich sehr schade. Ich befürchtete schon, sie würde nicht wiederkommen. Aber am nächsten Abend war sie zu meiner Erleichterung wieder da.

Das mit dem Anfassen übte ich nun täglich mit ihr, solange sie fraß. Ohne Leckerlis lief sie jedes Mal, wenn ich sie berührte, ein paar Meter weit weg, aber nach ein paar Tagen hatte sie sich daran gewöhnt. Da sich das Fell stumpf anfühlte und nicht glänzte, erkundigte ich mich beim Tierarzt, was ich tun sollte. Die Katze konnte ich leider nicht in die Praxis bringen, da sie so scheu war. Er vermutete, dass sie Würmer

hatte, und gab mir Tabletten, die ich ins Futter mischte. Da die Katze so gierig war, fraß sie das Wurmmittel ohne Probleme.

Mit der Zeit gewöhnte sich mein Mann daran, dass die Katze zum Fressen auf die Terrasse kam. Da der Winter nahte, baute er ihr eine Holzhütte, die er auf die Terrasse gegenüber der Tür stellte. Damit die Katze es auch gemütlich hatte, kaufte ich ihr ein dickes Kissen. Es dauerte nur einen Tag, dann hatte unsere Katze ihre neue Behausung angenommen. Wir konnten vom Wohnzimmer aus sehen, dass sie auch tagsüber in der Hütte war. Sie schien uns zu beobachten. Sobald wir auf die Terrasse kamen, lief sie uns entgegen, in der Hoffnung, Leckerlis zu bekommen.

Ich fand, dass es Zeit war, unserer Katze einen Namen zu geben, zumal wir sie bereits seit vielen Wochen fütterten und sie in ihrer Hütte schlief. Da mein Mann immer noch nicht wollte, dass sie ins Haus kam, schlug er vor, die Katze einfach Draußen-Katze zu nennen. Denn das war sie ja auch. Ich fand den Namen etwas lieblos und schlug vor, den langen Namen abzukürzen. Somit bekam unsere Katze den Namen Draka.

Wir hatten uns in den letzten Wochen intensiv mit der Katzenhaltung beschäftigt und viel gelesen. So entdeckten wir auch, dass Draka gar keine Katze, sondern ein Kater war. Der Name passte trotzdem gut zu dem Tier, das mittlerweile ein schönes Fell bekommen hatte und nicht mehr so mager war. Das gute Futter und die Mittel gegen Würmer taten ihm gut.

Da es mittlerweile draußen sehr kalt geworden war, versuchte ich, Draka langsam ans Haus zu gewöhnen. Dafür stellte ich den Futtertopf fortan ins Wohnzimmer, sodass unser roter Kater zum Fressen ins Haus kommen musste. Nur wenn die Terrassentür ganz weit geöffnet war, traute er sich hinein. Sobald er mit dem Fressen fertig war, lief er schnell wieder ins Freie. Zu Anfang war er sehr nervös, aber der Hunger trieb ihn hinein. Nach ein paar Tagen wurde Draka ruhiger. Ich konnte sehen, dass der Kater nicht mehr so hektisch das Futter verschlang. Bald konnte die Terrassentür, wenn unsere Draußen-Katze im Haus war, schon für ein paar Minuten geschlossen werden. Das war auch gut so, da es ziemlich kalt im Wohnzimmer wurde, wenn im Winter die Terrassentür so weit aufstand. Wenn Draka wieder raus wollte, setzte er sich vor die Terrassentür und jaulte.

Mit dem Anfassen und Streicheln war es anfangs schwierig, da Draka das scheinbar nicht gewohnt war. Aber wir gaben nicht auf und versuchten immer wieder, ihn sanft zu berühren, wenn sich eine Gelegenheit bot. Dafür brauchten wir viel Ruhe und Geduld. Nach so einigen Kratzern, die wir uns einfingen, hatte Draka endlich verstanden, dass wir ihm nichts Böses wollten. Manchmal hat er uns gekratzt, wenn er sich erschrocken hatte. Aber mit der Zeit fasste Draka immer mehr Vertrauen zu uns, was uns sehr freute. Im Frühling war unser Kater schon so zahm, dass wir ihn streicheln konnten, ohne ihn mit Futter oder Leckerlis zu locken. Wenn wir ihn kraulten, schnurrte er. Das war ein langer Weg bis dahin.

Bald fühlte sich Draka auch im Haus wohl, sogar dann, wenn die Terrassentür geschlossen war. Sein Lieblingsplatz wurde schnell das Sofa, wo er gerne schlief. Freunde von uns schlugen vor, Draka nun Drika, also Drinnen-Katze, zu nennen, weil sie ja nun im Haus wohnte. Aber da der Kater schon auf Draka hörte, blieb es bei dem Namen. Wenn wir ihn im Garten riefen, kam er gleich angerannt, auch wenn er gerade in der Sonne gedöst hatte.

Als unser Kater noch zutraulicher wurde, stand der erste Tierarztbesuch an. Uns war es wichtig, dass Draka geimpft, gechipt und kastriert wurde. Der Tierarzt strahlte viel Ruhe aus, die sich auch auf unseren Kater übertrug. Draka blieb bei der Untersuchung ganz cool. Weder biss noch kratze er. Die Leckerlis, die der Tierdoktor ihm zur Belohnung gab, nahm er gerne. Er schätzte unseren Kater auf etwa acht Jahre. Über den Namen Draka wie Draußen-Katze hatte sich der Tierarzt sehr amüsiert. So hieß noch nie ein Kater oder eine Katze, die er behandelt hatte, sagte er. Auch wir haben den Namen Draka bisher kein zweites Mal gehört.

Draka lebte noch viele Jahre bei uns und hat uns sehr viel Freude bereitet. Aus dem einst wilden, scheuen Tier wurde ein zutraulicher Kater, der es liebte, gestreichelt zu werden. Wenn man Draka mit einem Wort beschreiben sollte, so war es dieses: tiefenentspannt.

Jandra Schröder, *geboren 1974 in Bremen, schreibt Kurzgeschichten und Gedichte. Sie ist in Bremen aufgewachsen und hat dort an der Universität Sozial- und Wirtschaftsgeografie studiert. Seit 2007 lebt sie zwischen Bremen und Hamburg und kann sich seit ihrer Erfahrung mit Draka nicht mehr vorstellen, ohne Katzen zu leben.*

David gegen Goliath

Er war groß und athletisch gebaut. Besaß Charisma und wirkte äußerst gepflegt. Beim ersten Blick in seine hellgrünen Augen war es um mich geschehen.

Bald zog Goliath bei mir ein. Der kombinierte Wohn- und Schlafraum mit separater Küche reichte für unsere traute Zweisamkeit völlig aus. Tagsüber war ich meist unterwegs. Was Goli in dieser Zeit trieb, entzog sich meiner Kenntnis. Abends begrüßte er mich stets freudig an der Tür. Wir kuschelten uns aufs Sofa, schauten fern oder lasen ein Buch. Ich konnte mit ihm über alles reden, vertraute ihm meine Sorgen und Freuden an. Die Beziehung verlief absolut harmonisch, bis zu dem Abend, an dem Goli sein wahres Gesicht zeigte.

Ein paar Stunden zuvor war meine Schulfreundin Nadja aus der Nachbarstadt eingetroffen. Wir quatschten bis zum Umfallen und ich schlug vor, sie könne bei mir übernachten. Meine ausziehbare Couch bot Platz für zwei. Goli würde sich arrangieren. Hundemüde löschte ich das Licht. Ich murmelte: „Gute Nacht“, und schloss die Augen.

Wumms!

„Auaaaa!“ Nadjas Stimme klang panisch.

Ich fuhr hoch und tastete nach dem Schalter der Stehlampe.

Nadja stand neben dem Bett und schnaubte: „Dein Panther hat mich attackiert. Hat der ’nen Knall?“ Ihr Blick ging am Schrank hoch. „Von da oben muss er sich auf mich gestürzt haben. Quasi wie Tarzan, nur ohne Liane. Dabei heißt er doch Goliath, oder?“

Ich nickte.

Goli rekelte sich auf der frei gewordenen Fläche. Dann rollte er sich zusammen und begann, zu schnurren.

Nadja untersuchte derweil ihren Oberschenkel. „Das gibt einen großen blauen Fleck, das sage ich dir.“

„Goli, mach die Biege!“, zischte ich meinem Mitbewohner zu und drängte ihn aus dem Bett.

Ich wandte mich an Nadja. „Und du legst dich wieder hin! Ich will schlafen."

„Kommt nicht in die Tüte." Ihre Stimme bebte. „Nicht, solange dieser Riesenkater im Raum ist. Lieber penne ich auf der Straße. Also: er oder ich. Was sagst du?"

Meine Antwort ließ einen Moment zu lange auf sich warten. Sie schnappte sich Kopfkissen und Decke und stapfte hinaus. Kurz darauf vernahm ich ein Rumpeln aus der Küche. Offenbar räumte Nadja das alte Sofa frei.

Ich drehte Goliath, der ins Bett zurückgekehrt war, den Rücken zu. Was fiel ihm ein, meine Freundin zu attackieren? Musste ich ihn in Zukunft um Erlaubnis bitten, wenn ich Gäste beherbergen wollte? Ich mochte den Kater wirklich gut leiden, aber das ging zu weit!

Am nächsten Morgen frühstückte ich mit Nadja bei geschlossener Tür in der Küche. Sie klagte immer noch über ein Ziehen im Oberschenkel. „Wenn ich das nächste Mal zu dir komme, nehme ich die letzte Bahn nach Hause", grummelte sie.

Einige Zeit später kündigte sich Besuch aus Schottland an. Ich bot Kathlyn und Jim mein Appartement als Nachtquartier an und zog derweil zu einer Nachbarin. Aber konnte ich es wagen, Goli mit wildfremden Menschen allein zu lassen?

Als ich am nächsten Morgen die Wohnungstür aufschloss, war es drinnen mucksmäuschenstill. Ich schlich auf Zehenspitzen zur Zimmertür und öffnete sie einen Spaltbreit. Kathlyn lag auf der einen Bettkante, ihr Freund auf der anderen. Mittendrin Goli, alle viere von sich gestreckt, die Augen fest geschlossen.

Beim Frühstück schwärmten die Schotten: „What a nice cat."

Klar, Goli war ein ganz Lieber, die Meinung vertrat ich ja auch. Aber wovon hing es ab, wen er gut leiden mochte und wen nicht? Die Frage, die ich mir außerdem stellte: War es Eifersucht, die ihn umtrieb? Oder ging es gar nicht um mich, sondern um einen gemütlichen Schlafplatz? Und wollte ich mir in Zukunft vorschreiben lassen, wer bei mir übernachten durfte und wer nicht?

Ein paar Wochen danach ließ ich es noch einmal darauf ankommen. Wieder setzte Goli nachts zum Sprung an, verfehlte aber sein Ziel, da mein Übernachtungsgast dem schweren Geschoss im letzten Moment ausweichen konnte, woraufhin Goli schnell Ruhe gab.

Eines Tages fragte man mich im Tierheim – ich half dort am Wochenende aus –, ob ich kurzfristig einen kleinen Kater aufnehmen könnte. Ein Notfall quasi. Das Kerlchen bekam den Namen David verpasst und ich trug ihn in meine Wohnung. Nachdem er die Transportbox verlassen hatte, beobachtete Goli ihn mit Argusaugen, verhielt sich aber friedlich. David zeigte sich unbeeindruckt von dem großen Artgenossen.

Irgendwann, ich konnte nicht sagen, wie spät es war, wurde ich von einem Donnergrollen geweckt. Ich lauschte. Schaute aus dem Fenster. Keine Blitze, die den Himmel erhellten. Da! Schon wieder dieses seltsame Geräusch. Die Matratze bebte. Ich drehte mich zur Seite, machte Licht und traute meinen Augen kaum. David saß breitbeinig auf der Bettkante und stieß gutturale Laute aus. Er blickte auf den schwarzen Riesen hinab, der mit gesenktem Haupt auf dem Teppich hockte. Die Machtfrage war offenbar auch ohne Steinschleuder geklärt. Glück für Goli, dass der Winzling bald in ein neues Zuhause umzog. Goli tigerte danach allerdings ungewöhnlich oft durchs Appartement und blickte in jeden Winkel. Er schien den Kleinen trotz allem zu vermissen. Immer öfter meldete sich mein schlechtes Gewissen, dass Goli tagein, tagaus allein in der Wohnung saß.

Ich beschloss, ihm ein wenig Abwechslung zu gönnen, und unternahm mit ihm eine Reise in die Eifel. Im Haus meiner Eltern lernte er einen Retriever-Welpen namens Aika kennen. Die beiden hatten zu dem Zeitpunkt fast die gleiche Schulterhöhe und streiften meist Seite an Seite durchs Gebäude. Sie nahmen die Mahlzeiten gemeinsam ein und schliefen im selben Raum. Entzückt von so viel Harmonie, beschlossen wir, dass Goli fortan bei Aika wohnen sollte. Selbst als sie ihn um etliche Zentimeter überragte, verstanden die beiden sich immer noch prächtig.

Ich kam oft zu Besuch und Goli schien mir nicht böse zu sein, dass ich ihn umquartiert hatte. Auf dem Land ging es ihm richtig gut. Er hatte tolle Gesellschaft. Aika war es dann auch, die an Golis Seite wachte, als er sich Jahre später auf den Weg in den Katzenhimmel begab.

__Monika Arend,__ geboren 1964 in Köln, lebt mit ihrem Mann im Oberbergischen. Die Fremdsprachenkorrespondentin hat ein Studium in kreativem Schreiben absolviert. Sie verfasst kurze und lange Geschichten in diversen Genres. Monika Arend fährt gerne Mountainbike und ist sehr naturverbunden. Ihre Romane „Auszeit in die Liebe“ und „Einmal Steinzeit und zurück …“ sind im Herzsprung-Verlag erschienen. Im Frühjahr 2022 wurde ihr erster Krimi „Ruhe sanft am IJsselmeer“ ebenfalls von diesem Verlag veröffentlicht.

Der Eindringling

Was war das? Ein lautes Geräusch hatte Tom aus seinem Schlaf gerissen. Instinktiv hielt er den Atem an und lauschte in die Stille der Nacht. Sein Puls hatte sich verdoppelt. Seine Augen suchten in der Dunkelheit nach Helene, wobei sie sie, seelenruhig schlafend, im Bett fanden. Offenbar hatte sie nichts gehört. Hatte er sich das Geräusch bloß eingebildet? Er lauschte noch eine Zeit lang, doch nachdem Tom nichts weiter hörte, beruhigte sich sein Puls wieder. Seine Lider wurden schwerer. Er war kurz davor abermals in einen Schlaf zu fallen.

Doch plötzlich, kurz bevor die Traumwelt ihn wiederhatte, hörte er das Geräusch erneut. Nun deutlicher. Jetzt war er hellwach. Er versuchte, zu lokalisieren, woher der Lärm kam. Es musste jemand im Haus sein. Ein ungebetener Gast. Sollte er Helene alarmieren? Er entschied sich dagegen. Er würde sich selbst darum kümmern. Immerhin musste er, als Herr des Hauses, Helenes Schutz garantieren. Nichts und niemand hatte das Recht, hier ungebeten einzudringen!

Langsam schlich Tom aus dem Schlafzimmer in den Flur. Nun konnte er auch zuordnen, woher das Geräusch kam – aus der Küche. Leise pirschte er weiter. Sein Puls wieder erhöht. Seine Sinne geschärft. Bei der Küchentür angekommen, wagte er einen vorsichtigen Blick in den Raum. Er versuchte, die Quelle des Lärms ausfindig zu machen.

Und da!

Tatsächlich!

Ganz deutlich sah Tom den Eindringling vor sich. Der Räuber hatte ihm die Rückseite zugewandt und ahnte nicht, dass Tom ihn bereits beobachtete. Tom durfte jetzt nicht vorschnell reagieren. Er musste sich eine Taktik überlegen, um den Eindringling zu überwältigen. Doch eines war gewiss! Er würde den Dieb Gerechtigkeit spüren lassen. Tom beobachtete ihn – der Eindringling bediente sich ganz selbstverständlich an ihren Habseligkeiten. Als wäre es sein Eigentum. Das ging zu weit!

Toms Blutdurst war geweckt. Der Dieb hatte hier nichts zu suchen! Tom pirschte sich an den Einbrecher heran. Ganz langsam. Er wollte ihn von hinten attackieren. Ganz leise. Er durfte sich keinen Fehler erlauben. Der Dieb durfte ihn nicht hören, durfte nicht ahnen, dass Tom ihm auflauerte. Immer näher. Und dann – Angriff!

Angstgeschrei, eine Verfolgungsjagd, ein fallendes Glas, Scherben, ein Kampf und plötzlich der Geruch von Blut in Toms Nase. Der Dieb verabschiedete sich mit einem letzten Atemzug von seinem Leben. Nun lag der Einbrecher leblos vor ihm. Auf einmal hörte Tom hinter sich einen Schrei. Er rotierte vor Schreck und sah Helene, die im Türrahmen stand. Sie war durch den Lärm aufgewacht.

„Was ist denn hier los?", brüllte sie schockiert.

Tom präsentierte ihr voller Stolz sein Opfer. Angewidert blickte Helene auf den toten Körper des Eindringlings – eine Maus, die sich an ihren Lebensmittelvorräten zu schaffen gemacht hatte. Dann wendete sie sich an Tom und sagte: „Du bist ein braver Kerl, Tom. So ein guter Kater! Schön, dass ich so einen tollen Aufpasser habe, der uns das diebische Ungeziefer aus dem Haus fernhält!"

Manuela Nimmervoll *wurde 1991 in Wien geboren. Nach ihrer Ausbildung zur Kindergartenpädagogin hat sie das Studium der Technischen Chemie abgeschlossen. Nebenbei hat sie hobbymäßig den Fernlehrgang Belletristik absolviert und damit eine große Leidenschaft entdeckt, die sie weiterhin eifrig ausübt. Publikationen ihrer Arbeiten findet man in den Literaturzeitschriften „Etcetera Heft 73", „Reibeisen Nr. 36", „Radieschen Nr. 52" sowie in den Anthologien des 5. und 6. Bubenreuther Literaturwettbewerbs und den Weltentor Kurzgeschichten-Anthologien 2019 und 2020.*

Der Katzenkäfig

Oh nein, der Katzenkäfig steht im Zimmer bereit. Hilfe! Hallo, liebe Leseratte, ich heiße Mia und bin eine zwei Jahre alte Tigerkatze. Ich werde gerade das blöde Gefühl nicht los, dass der dumme Katzenkäfig für mich hier steht. So quasi – ich soll hier rein, denn jetzt gehts zum Tierarzt. Aber, mein lieber Sklave, das muss ich dir jetzt wirklich mal sagen! Ich mag heute nicht zum Tierarzt. Ich bin ja nicht krank. Ich muss ja nur dorthin, wenn es irgendwelche Untersuchungen gibt oder eben wieder einmal Krallen schneiden, impfen oder sonstiger Unsinn. Das letzte Mal, Sklave, bin ich mit einem Trichter nach Hause gekommen und ich war am Bauch ganz kahl! Du, mein Lieber, bekommst mich heute garantiert nicht in den Käfig. Ich muss das jetzt klarstellen! So jedenfalls nicht!

Mit einem Satz hüpf ich auch schon von meinem gerade ach so tollen Kratzbaum Richtung Boden hinunter. Nicht dass du meinst, liebe Leseratte, ich geh in den Käfig und tue dem Sklaven einen Gefallen. Obwohl der Sklave, der sich ja auch gerade im Zimmer aufhält, meinte, dass ich da freiwillig reingehe! Träum weiter, Sklave!!! Nein, ich geh jetzt an die frische Luft! Schließlich sind da draußen heute so viele Vögel.

Ach herrlich. Weg bin ich auch schon. Draußen am Balkon, wenn du es genauer wissen willst. Na, soll mich halt der Sklave suchen. Jetzt lieg ich halt mal gemütlich auf dem Liegestuhl, hier scheint gerade die Sonne her. Es gibt ja nichts Schöneres!

Ich hör auch schon: „Mialein, komm herein!“ So höre ich meinen Sklaven schreien. Jetzt stört der auch noch meine schöne Katzenruhe. Aber wehe, ich störe ihn. Beim Fernsehen – genauer gesagt beim Fußball schauen. Na, jemand muss ja auch vorm Fernseher herumhüpfen und das kleine Ding, was sich da bewegt, zu fangen probieren. Ja, weil dann musst du dir vorstellen, kommt er mit dem Laserpointer und ich Depp verfolg dann immer den roten Punkt. Und das macht der Sklave immer so schlau, dass er mich dann aus dem Raum haben will.

Zack macht dann einfach die Türe zu! Da kennt er auch nichts! Aber ich jetzt! Er kennt heute echt keine Katzengnade! Einen Hund hätte er sich zulegen sollen, der wäre schon gekommen. Ich bin ja kein Hund, also brauch ich auch nicht kommen! Sondern ich komme, wann ich will, und nicht dann, wenn er meint, dass er mich gerade braucht! So einfach. Ich komm in ein paar Stunden, Sklave! Da hilft ihm auch die Futterschüssel im Katzenkäfig nichts. Ich hab jetzt keinen Hunger! Ich glaube, das ist bei ihm noch nicht so ganz durchgedrungen. Ich schlaf wieder ein, denn hier in der Sonne ist es ja so gemütlich.

„Mia, komm komm!", höre ich ihn in einem saften Ton schreien.

Was bitte, lieber Sklave, ist denn so wichtig? Es stört nur meine Katzenruhe!

„Mia, Fußball ist!", schreit er.

Mhm, ja genau, träum weiter. Das glaubt er wohl selber nicht. In den Katzenkäfig will er mich locken, das ist alles! Ich will aber nicht. Sorry, wirklich nicht dringend! Er öffnet die Balkontüre. Was macht er jetzt?! Nicht sein Ernst. Mit dem Futter spielt man nicht! Stell dir vor, liebe Leseratte, er legt gerade sämtliche Leckerlis auf dem Boden. Und die Spur geht zum Katzenkäfig. Ne, sicher nicht. Bin ich ein Hund oder was?! Wäre ich ein Hund, ja. Aber ich bin keiner. Da, mein lieber Sklave, kannst du lange warten. Ach, auf dem Liegestuhl ist es ja so schön und sehr warm! Warum sollte ich den Platz verlassen? Ich sehe hier keinen dringenden Anlass dafür.

Jetzt kommt er raus. Ich fauche ihn gleich an. Damit er kapiert – heute nicht. Er geht schon wieder. Ah, er hat es verstanden. Siehe da, ich kann es sehen. Er räumt den Käfig weg. Ich bin erleichtert. Endlich, geht doch. Ich warte noch ein wenig, um sicherzustellen, dass hier keine Gefahr mehr besteht. Okay, Gefahr gebannt. Ich werde jetzt der Leckerlispur folgen.

Sklave sitzt gerade seelenruhig in seinem Chillsessel und liest ein Buch. Super, er bekommt es eh nicht mit. Und drinnen bin ich wieder. Lecker. Oh nein, der Sklave steht auf! Macht die Türe hinter mir zu. Wie nett. Ah, jetzt will er spielen, denn jetzt kommt er mit der Spielmaus am Stecken. So quasi Versöhnungsspiel. Ja, auch nicht schlecht. Mir macht es sogar spaß gerade. Nach der Spielmaus kommt immer der rote Laserpointer. Wo ist der Punkt? Dem muss ich jetzt folgen. Ich renne gerade durch den ganzen Raum. Hey, finster. Mist. Es war eine Falle. Ich drehe mich um. Stell dir vor, ich bin im Katzenkäfig. Wie das gegangen ist, weiß ich nicht. Aber es ist alles so schnell passiert! Komisch, denn er hat doch den Käfig weggegeben! Ach, das war eine Falle! Dieser Schlingel. Sklave, lass mich sofort raus. Ich fauch auch schon. Damit er es versteht.

„Sorry, Mia, aber deine Krallen sind wirklich schon sehr lange!", meint der Sklave und deutet auf einen Kratzer, der offensichtlich von mir stammt. „Auf geht es zum Krallenschneiden!", sagt er fröhlich. Aber Hauptsache, er ist fröhlich und ich bin sauer.

Christl Riemi, *geboren 1990. Hobbys: Schreiben, Radfahren.*

Heimweh

Hallo, liebe Leute! Ich bin ein Kater und erzähle euch meine unglaubliche Geschichte. Ich bin auf den tollen Namen Balu getauft worden. Meine Besitzerin Gloria hat ihn mir gegeben. Der ist kein üblicher Katzenname, denke ich, aber mir gefällt er sehr gut. Und auch einen lieben, kleinen Jungen namens Leon hat sie.

Nun zurück zu meiner Geschichte. Ich bin in ihre schöne Wohnung aufgenommen worden. Einen Garten hatten sie auch. Dort konnte ich immer schlafen, essen und mit Leon spielen. Er ist immer so süß zu mir. Eine Maus brachte ich ihnen zum Glück nie. Darüber war Gloria sehr erleichtert.

Sie wohnten nicht lange in der Wohnung, denn schon zwei Jahre später konnten sie ein Haus ihr Eigenheim nennen. Das gefiel mir auch richtig gut. Dort gab es viel Neues zu entdecken. Mehr Räume zum Toben und Ausruhen. Ich durfte noch nicht raus, denn ich musste mich zuerst an die neue Umgebung gewöhnen. Das war irgendwie nicht toll, aber Leon machte mir die Zeit leicht. Er spielte immer wieder mit mir und versteckte sich sogar. Meine Besitzerin suchte ihn nämlich eines Tages auch, als wir dies taten. Das war lustig! Nein, Leon ist natürlich nichts passiert.

Monate vergingen und ich freute mich auf jeden Tag voller Schlafen und Spielen, doch dann geschah etwas Seltsames. Gloria kam nach Hause mit einer Kiste. Ich fragte mich, was da wohl drin war? Als sie sie abstellte, sah ich es. Ein Kater war drin. Sie gaben ihm den Namen Cosmo. Ich erschrak. Wie konnten sie nur eine neue Katze zu sich holen?! War ich nicht genug? Dass Cosmo ein neues Familienmitglied werden sollte, gefiel mir überhaupt nicht. Ich war so wütend. Nein, Cosmo wollte ich einfach nicht in diesem schönen Haus willkommen heißen. Sein grau getigertes Fell gefiel mir so gar nicht. Wenn sie schon eine neue Katze hatten, dann brauchten sie mich wohl nicht mehr. Meine Güte war ich traurig.

Eines Abends sah ich, dass die Tür ein wenig offen stand. Das war die perfekte Gelegenheit, mich aus dem Staub zu machen! Ehe ich den Satz zu Ende denken konnte, schlupfte ich schon durch die Tür.

Auf der Straße fiel mir auf, wie fremd mir doch alles war. Wo waren die anderen Katzen geblieben, die ich kannte? Mit vorsichtigen Schritten tapste ich den Hügel runter. Wo war die alte Wohnung nur hin? Ich wollte meine alte Umgebung haben, ohne Cosmo!

Minute um Minute entfernte ich mich mehr und mehr von dem Haus. So weit, dass es nur noch Ameisengröße hatte. Irgendwie überkam mich Heimweh, doch als ich an Cosmo dachte, verflog dieses Gefühl gleich wieder. Nein, ich wollte meine alte Wohnung wiederhaben! Dort schien mein Leben perfekt gewesen zu sein, ohne neues Haustier.

Beim Fuße des Hügels angekommen, schaute ich nach links und nach rechts. Es schien mir immer noch fremd zu sein.

Doch Halt! Vor mir tat sich ein kleiner Garten auf. Ich erinnerte mich an diesen! Sofort lief ich auf das Fleckchen Wiese zu. Ja, die Blumen waren mit bekannt! Freudig schnupperte ich an den Blüten. Wie frisch sie doch dufteten.

Plötzlich hörte ich ein lautes Bellen. Als ich mich umdrehte, sah ich in die Augen eines Hundes. Der schien nicht gerade glücklich zu sein. War das sein Garten? Ehe ich diesen Gedanken weiterspinnen konnte, kläffte er erneut. Oje, das war gar nicht gut. Zeit, sich aus dem Staub zu machen!

Ich rannte und rannte und sah nicht, dass sich ein Fluss vor mir auftat. Ehe ich bremsen konnte, plumpste ich ins Wasser.

Ach, war das kalt! Plötzlich trieb ich weg. Oh, nein! Ich würde die alte Wohnung so niemals finden! Es war untertrieben, dass ich nicht doch etwas Angst hatte. Die Umgebung wurde rauer und düsterer. Äste hingen wie Speere über mir. Der Mond funkelte bedrohlich grell am Himmel. Ein Geräusch war zu hören. War das ein Vogel? Es hörte sich wie ein Krächzen an. Wie bange mir doch war! Ich dachte an meine liebe Familie. Wie gern wäre ich jetzt bei Leon gewesen, um mit ihm zu spielen! Ab und zu tauchte ich mit dem Kopf unter Wasser. Das war keine Absicht, es passierte einfach.

Wie lange ich den Fluss hinteruntertrieb, wusste ich später nicht mehr. Nach und nach lichteten sich die Bäume. Endlich wurde das Wasser weniger und weniger. Ein Baumstamm ragte im tosenden Wasser.

Welch ein Glück! Sofort rettete ich mich ans Ufer.

Nachdem ich mich ausgiebig geschüttelt hatte, blickte ich um mich. Wo war ich nur? Einzelne Häuser konnte ich ausmachen. Ob da die alte Wohnung dabei war?

Neugierig und etwas trockener schritt ich zu den Häusern. Ich klapperte ein Gebäude nach dem anderen ab. Je weiter ich ging, umso vertrauter wurde mir die Umgebung.

Und ja! Die Straße kannte ich nur zu gut! Ich freute mich wie verrückt.

Dann endlich sah ich das Gebäude. Ja, das war das Haus, wo die damalige Wohnung meines Frauchens war. Ich lief den Weg entlang zum Garten, doch etwas war nicht in Ordnung. Ich trat näher und sah Blumentöpfe auf der Terrasse. Gloria hatte nie Töpfe dort stehen gehabt. Es standen sonst immer Spielautos und Gartenmöbel dort. Warum nur jetzt so etwas? Gelächter hörte ich von Nahem.

Als ich durch die Terrassentür blickte, entdeckte ich eine Frau mit einem kleinen Mädchen. Ich erkannte das an den süßen Zöpfen. Ein Mann stellte etwas auf den Tisch. Es wurde weiter gequatscht. Aus den

Augenwinkeln erspähte ich eine Katze. Sie sprang dem Mädchen auf den Schoß und ließ sich von ihm streicheln. Sofort verspürte ich Heimweh. Wie glücklich sie wirkten. Traurig wandte ich mich ab. Wie gern würde ich jetzt bei Leon sein und mich von ihm kraulen lassen. Wie sehr fehlte mir meine Besitzerin mit dem leckeren Essen und die kuschelige Schlafecke.

Ich wusste, ich wollte wieder nach Hause, egal, ob Cosmo da war oder nicht. Was war so schlimm, wenn ein zweiter Kater bei uns lebte?

Die Sonne stand hoch am Himmel, als ich den Hügel zurück zum Haus entlangging. Zum Glück kannte ich jetzt den Weg und so war es mir leicht, Leon und die anderen wiederzufinden.

Links und recht erkannte ich kleine Zettel. Mein Foto war darauf zu sehen. Oh, sie hatten mich vermisst! Das Heimweh wurde stärker und ich rannte, so schnell ich konnte, zur Tür. Gerade in diesem Moment ging sie auf und Leon stand vor mir. Er strahlte übers ganze Gesicht und nahm mich sofort in seine Arme.

Auch Gloria kam und freute sich. Aber etwas passte nicht. Sprach sie über Cosmo? Meinte sie wirklich, dass er ebenfalls gegangen war? Wie es aussah, schlupfte er eines Tages ebenfalls aus der Tür und fand wohl nicht mehr nach Hause. So wie ich beinahe.

Als wir ins Haus gingen, dachte ich bei mir: „Ob es Cosmo wohl gut geht?"

__Michaela Secklehner__ (34) aus Sankt Georgen an der Gusen stammend, kam auf diese Geschichte durch ihren Neffen, der ebendiesen Kater bei sich zu Hause hat. Nicht nur Malen (mittels Leinwand und Acrylfarben) und Zeichnen (vor allem mit Bleistift und Kohle) gehören zu ihren Leidenschaften, in ihrer Freizeit widmet sie sich auch dem Theaterspielen sowie dem Schreiben von Geschichten.

Eine Katze hat mindestens drei Leben

Katzen haben sieben Leben, heißt es in einem alten deutschen Sprichwort. Bei unseren Nachbarn in Großbritannien spricht man sogar von ganzen neun Leben. Ob nun sieben oder neun, seit Kurzem steht für mich außer Zweifel, dass manche Katzen ganz bestimmt mehr als ein Leben haben müssen, um genau zu sein: mindestens drei. Vielleicht fragen Sie sich nun, was ich mit dieser Aussage genau meine. Aber lassen Sie mich Ihnen eine kurze Geschichte erzählen:

Meine erste Katze war gar keine Katze, sondern ein Kater und stammte von dem Hof meiner Oma. Der Körper des Katers glich dem eines Eisbären, nur sein oberer Rücken und der Kopf waren von grauen, eisschollenartigen Flecken geziert. Manchmal, besonders in den kalten Wintertagen, stellte ich mir gerne vor, wie der schneeweiße Vierbeiner in aller Frühe, wenn alle im Haus noch schliefen, sich einen dunklen, samtweichen Anorak überstreifen würde.

Fast jeden Morgen saß der kleine König neben meinem Schulranzen im Gang. Saß neben mir auf der Terrasse, als ich weinend die nächste versemmelte Geografieklausur in den Händen hielt. Ja, mit diesem kleinen Wicht verbinde ich so einiges. Aber eines Tages stellt man eben auch fest, dass aus dem jungen Streuner mittlerweile ein gemütlicher Opa geworden ist. Die Treppen werden steiler – ach, getragen zu werden, ist doch eh viel schöner. Worauf das hinauslaufen würde, hatten wir alle gespürt, aber niemand hatte es so richtig wahrhaben wollen. Dabei ist es eigentlich ganz einfach, so ein Katzenleben ist nun mal, genauso wie das eines Menschen, zeitlich begrenzt. Und während wir bei einem Menschen im besten Fall die Möglichkeit haben, diesen über mehrere Jahrzehnte kennenzulernen, bleibt uns bei unseren Vierbeinern nicht ganz so viel Zeit.

An dem Abend, von dem ich nicht wusste, dass er unser letzter gemeinsamer sein würde, saß der kleine Streuner auf einem der vier Gartenstuhlpolster, den Blick unverwandt auf die nahe gelegenen Wiesen gerichtet. Sein Gesicht war vom Leben gezeichnet und ruhte auf einer vernarbten Wunde an der linken Pfote.

Am nächsten Tag war er spurlos verschwunden. Hätte man mir damals gesagt, dass sich nur drei Wochen später ein anderer Strolch – oder sollte ich lieber sagen eine kleine Strolchin – bei uns vorstellen würde, hätte ich nur ungläubig den Kopf geschüttelt. Mit einem Fell so schwarz wie die Nacht, kleinen goldenen Sprenkeln und einem halben bernsteinfarbenen Gesicht war sie, rein optisch gesehen, das komplette Gegenteil zu dem kleinen Eisbären. Aber schon nach einigen Tagen hatte sie begonnen, sich bei uns zu Hause zu fühlen.

Einmal hatte ich sie während des Kochens kurz aus den Augen verloren. Umso mehr war ich erstaunt, als ich sie eine Stunde später auf dem kastanienbraunen Schrank im Wohnzimmer wiederentdeckte. Ich kann verstehen, dass Sie sich an dieser Stelle wundern, warum ich jene Begebenheit überhaupt für erwähnenswert halte, aber schließlich habe ich Ihnen auch ein kleines, aber entscheidendes Detail vorenthalten: Die Katze saß nicht irgendwo auf der Schrankablage, nein, sie hatte sich direkt neben einem Foto von dem weißen Eisbären niedergelassen. Es mag vielleicht kitschig klingen, aber ich bildete mir ein, dass das ein kleines Zeichen sein musste.

In den darauffolgenden Tagen verkrümelte sie sich am liebsten an ein stilles Plätzchen und lauschte den sanften Klängen des Radios oder meinen mittelguten Gesangseinlagen. Einige Wochen später trug es sich zu, dass der Nachbar aus der gegenüberliegenden Wohnung auszog. Woran ich das gemerkt habe, fragen Sie sich? Nicht, wie Sie wohl vermuten würden, an den viel zu großen Umzugskartons oder den vielen Umzugshelfern, auch nicht an den zwei Transportern, die tagelang an der Straße geparkt hatten. Nein, das erste Mal fiel mir das so richtig auf, als ich eines Mittags die Terrassentür öffnete und mich plötzlich nicht mehr nur ein, sondern zwei große Katzenaugenpaare anstarrten. Der orangene Garfield hatte den Umzug wohl nicht mehr begleiten dürfen. Dieses andere Kätzchen – ja Garfield war eine Katze – war alt, sehr alt. So alt, dass sie manchmal die Orientierung verlor und blindlinks in den nächstbesten Türrahmen stolperte. Natürlich erwies sich ihre Anwesenheit als eine neue Herausforderung. Was aber nicht neu war, war die Art und Weise, wie sie sich nur sieben Monate später von uns verabschiedete: still und leise.

Die Zeit hat es nun mal an sich, für niemanden anzuhalten, auch nicht für unsere kleine schwarzen Pantherin einige Jahre später. Eine vermeintlich kleine Kratzwunde am linken Auge sollte sich kurze Zeit später als seltener Augentumor entpuppen. Der Tumor schwächte das kleine Wesen zusehends und regelmäßige Tierarztbesuche hielten uns monatelang in Atem. Es stand nicht gut um sie. Wärmeflaschen und das Füttern mit dem Löffel konnten den Verlauf der Krankheit letztendlich auch nicht mehr aufhalten.

Eines Morgens, es muss sechs Uhr gewesen sein, fand ich die kleine Pantherin im taudurchnässten Gartenlaub neben dem großen Pflaumenbaum regungslos liegen. Im Halbschlaf stolperte ich in Richtung des flauschigen Flecks, der sich aus dem moosgrünen Blättergestrüpp erhob. Aus verschiedensten Büchern wusste ich mittlerweile, dass Katzen zum Sterben das Umfeld verlassen, um es nicht weiter in Gefahr zu bringen. Aber das hier war doch nicht irgendeine beliebige Katze aus einem zerfledderten Tierlexikon, das war meine kleine Pantherin, die nie, und ich meine wirklich nie, allein sein wollte. Seit sie bei uns war, hatte sie den heimischen Garten nicht mehr verlassen.

Leise sagte ich ihr: „Du musst das hier nicht alleine machen." Und als hätte sie mich verstanden, vernahm ich wenige Sekunden später ihr leises dumpfes Schnurren. Es mag seltsam klingen, aber nach ihrem Tod hatte ich die Hoffnung, dass sie es meinem kleinen Eisbären gleichtun würde und mir ebenfalls einen anderen Engel zuschicken würde.

Und was soll ich Ihnen sagen, alles begann vor sieben Tagen. Der Garten wirkte immer noch trostlos. Kein Streuner, keine Pantherin, kein Garfield, er war einfach nur leer. Doch niemand konnte ahnen, dass jener Tag noch eine kuriose, aber weiche Wendung nehmen sollte.

Was ich damit meine? Na, dann lassen Sie mich mal genauer erzählen. Es muss etwa achtzehn Uhr gewesen sein, ein klarer Juniabend. Vier weiße Pfoten tappeln aufgeregt den lauwarmen Teerboden entlang. Zwei Kilometer entfernt die rauschende Autobahn. Rennen nach links, rennen nach rechts, schließlich ein kurzer Halt auf irgendeinem Bürgersteig. Ein alter Mann schiebt sein Fahrrad. Wo er wohl hin will? Falsche Richtung. Und jetzt? Drei Minuten später ein Haus. Eine Frau gießt im Garten die Blumen, ein warmer Luftzug. Der kleine Teddybär lässt sich erschöpft in das nasse Gras fallen. Zum ersten Mal landet mein Blick auf dem kleinen Wollknäuel mit dem auffallend dichten Fell und ich stelle erstaunt fest: der Kopf – so schwarz wie der eines Panthers. Ihre vier Pfoten, der Bauch und die Schnauze – schneeweiß wie bei einem Eisbären, und ihr schmaler Rücken, orange gestreift genau wie bei Garfield. Es schien fast so, als würde diese Katze mindestens drei Katzenleben in sich tragen. Ich glaube nicht wirklich an übernatürliche Fügungen, aber jetzt, nach diesen sieben Tagen, bin ich mir fast sicher, dass manche Dinge zu schön sind, um einfach nur so zu passieren.

__Melanie Bäreis__ ist 25 Jahre alt. Sie lebt in der Nähe von Erlangen und studiert an der Friedrich-Alexander-Universität Erlangen-Nürnberg den Masterstudiengang English Studies.

Die Samtpfote

Ich bin deine Liebe, dein Ruhepol,
dein Trost, dein Nasenkissen,
deine Sanftmut in Person.

Wir sind wie Geschwister,
verstehen uns ohne Worte,
ein Blick, eine Geste, eine Stimmung
springt über.

Hasch mich nicht, ich will, wenn ich es zeige,
fütter' mich, wenn ich es will.
Spiel mit mir, wenn ich toll bin,
wenn ich schlaf', dann bleibst du hier.

PS: Reisen gehört generell verboten!

Anna-Katharina Bissantz, *Künstlerin, Autorin, Katzenliebhaberin, Rheinländerin – mal sehen, was noch kommt.*

Herr Pitty

Es regnete seit drei Tagen und kein Ende war in Sicht. Auf den Wiesen hinter unserem Grundstück stand das Wasser und jeden Tag stieg es etwas höher. Am Gartenzaun sah man nur noch die oberen Latten. Der kleine Bach jetzt ein reißender Fluss. Der Teich in unserem Garten gehörte zu einem großen Ozean, was nicht fest angebunden war, trieb ab und entschwand unseren Blicken. Abends, wenn die Stille Einzug hielt, hörten wir das Rauschen, bis es uns in den Schlaf wiegte. Wir hatten wieder einmal Hochwasser. Unsere Kinder warteten darauf, dass sich das Wasser wieder in das Flussbett zurückzog und nur noch auf den Wiesen stand. Dann kam ihre Zeit – in Wannen aus Plaste ruderten sie auf der Pfütze hinter unserem Haus. Kleine Piratenschiffe kämpften um angeschwemmte Plasteschüsseln, eroberten aus wenigen Grasbüscheln bestehende Inseln. Ein Spiel mit Kindheitserinnerungen für die Ewigkeit.

Und es regnete sieben Tage lang. Am dritten Tag kam trotz des verregneten Wetters eine ältere Frau, die uns schon öfters in der Galerie besucht hatte. Mit einem großen Regenschirm in den Farben des Regenbogens stand sie vor der Tür, als sie eintrat, trug sie eine pitschnasse kleine Katze auf dem Arm. „Die Kleine habe ich vor eurem Tor gefunden. Ist die nicht süß?“

„Oh, eine getigerte und so nass. Die weicht ja gleich auf.“

Auf dem Arm meiner Frau fing sie an, zu schnurren, und ein klägliches Miau zeigte an: „Hier würde ich gern bleiben.“ Mit Handtüchern trockneten wir das Fell, dann landete sie in einem Schaltuch, das sich meine Frau umband. Wir hatten von afrikanischen Frauen gelernt, es ging also auch anders herum. Damit konnte sie arbeiten und die Katze blieb in ihrer Nähe. Als wir sie beiseitelegten, fing sie an, fürchterlich zu schreien, fast wie ein kleines Baby, und so kam sie wieder hoch in das Schaltuch, ein Platz wie für sie gemacht. Der enge Körperkontakt beim Tragen gab das Gefühl von Sicherheit.

Zu dieser Zeit hatten wir schon vier Katzen, also knapp vor der Asozialität. Aber wo vier satt wurden, kamen auch fünf durch. Und wenn es nicht reichen würde, müssten wir etwas weniger essen. Wahre Tierliebe machte auch am Futternapf nicht halt.

Es stellte sich heraus, dass unser neuer Freund ein Kater war. Wir hatten schon zwei, die beide kastriert waren. Der eine hieß Winnie Puuh, war der Chef und stellte das auch immer deutlich klar. Obwohl er mehr an ein schwarz-weißes Schweinchen erinnerte – vom Aussehen und der Körpermasse her. In den ersten Wochen nach der Geburt hatte er einen so dicken, vollgefressenen Bauch, dass er immer rückwärts schob, weil er einfach hinten nicht hochkam. Vielleicht war es die Häme der anderen Katzen, dass er deshalb so verbissen wurde.

Der andere, Knöpfchen mit den Knopfaugen, hielt sich aus allen raus. Wenn Puuh Chef spielte, marschierte er an ihm vorbei, so als wäre niemand da, und verschwand im Garten.

Was würde unsere neue Katze machen? Noch war sie klein und hatte das Verhalten eines Hundes angelegt. Wo wir auch hingingen, sie folgte uns. Außerdem war es die erste und bisher auch einzige Katze, die nicht nach Tier roch. Ein feiner Herr. Ab da hieß er Herr Pitty.

Herr Pitty hatte seinen Platz gefunden und noch immer folgte er uns auf Schritt und Tritt. Bei Winnie Puuh blieb er auf Distanz und mit Knöpfchen hatte er einen Freund fürs Leben gefunden. Wenn sie zusammensaßen, hätte man denken können, dass sie sich über Puuh lustig machten, wenn der als Chef durch den Garten stolzierte.

Herr Pitty kam lieber mit in die Keramikwerkstatt. In dieser Zeit entstand auch das Pitty-Muster im Ton. Mit Vorliebe lief er über die ausgewalzten Tonplatten und hinterließ seine Abdrücke darin. Wenn ich an der Drehscheibe saß, sprang er oft auf das Abstellbrett, setzte sich und schaute mir beim Drehen zu. Mit jedem fertigen Gefäß baute ich ihn dabei ein. Für ihn war das kein Problem und so war sein Platz zwischen den frisch gedrehten Gefäßen unumstritten.

Verließen wir die Werkstatt, kam er wieder mit, vermied es, Winnie Puuh zu begegnen, und schon bald hatte er wieder seinen Platz in der Küche eingenommen. Abends ging ich immer in den Garten und ließ so den Tag ausklingen, dann wartete Pitty schon auf mich. Er wurde hochgenommen und von mir reingetragen, vorbei an Winnie Puuh und allen Unannehmlichkeiten, die in seinem Weg standen. Er führte das Leben eines feinen Herrn, umsorgt von seinem Personal.

Natürlich fraß er auch keine Mäuse und Vögel, das war eindeutig unter seinem Niveau. Eines Tages kam er in die Küche schaute mich an, ging wieder zur Tür, miaute, bis ich mitkam, vor mir herlaufend bis in den Garten. Dort, wo die Plastik eines gehörnten Fabelwesens auf einem Holzpfosten stand, war das Nest einer Blaumeise, jetzt lag es zerstört am Boden und drei kleine Meisen saßen im Gras. Die Vögel, fast ohne Federn, ausgeliefert dem Lauf des Lebens. Pitty marschierte zwischen ihnen hindurch und setzte sich in ihre Mitte. Er schaute mich an und man konnte denken, er sagt: „Nun bringe das mal hier wieder in Ordnung." Da sie noch sehr jung waren, hob ich sie alle drei auf, denn für andere Katzen wären sie eine leichte Beute.

Mit unserem Kater ging ich zusammen zum Haus, in den Händen die drei kleinen Vögel. Das Kinderzimmer stand leer, unsere Kleinen waren schon länger ausgeflogen, für die Meisen in einen Pappkarton ein neues Zuhause. Allerdings hatte ich mich entschlossen, Pitty vor der Tür zu lassen. Alles hatte schließlich seine Grenzen. Es wurden Bücher durchsucht, Telefonate geführt und das Internet abgefragt. Als alles zu einer ordentlichen Strategie zusammengefasst war, begann die Aktion *Rettet die kleinen Blaumeisen*. Da sie wirklich noch sehr jung waren, gab es besonderes Futter. Näherten wir uns der Pappschachtel, gingen die Schnäbel auf und es folgte ein lautes Schreien: „Ich … ich … ich zuerst!" Kaum war der Bissen im Schnabel verschwunden, drehten sie sich um, hoben den Schwanz und pupten in die Luft. Wir übernahmen das Säubern und die Fütterung von Trick, Track und Truck. Manchmal ertappte ich mich, wie ich am Karton piepste. Fast wären wir zu Vögeln geworden – vielleicht Tontauben. Ein Vollzeitjob, während unser Kater nicht die Spur von Interesse zeigte. So begann mit den ersten Sonnenstrahlen die Fütterung und endete mit dem Sonnenuntergang. Wir hatten ein schweres Vogelleben. Leider konnten wir noch nicht fliegen. Aber sonst war alles perfekt und wie immer ging alles vorbei. An einem sonnigen Nachmittag öffnete ich das Fenster, nachdem die Meisen schon seit einigen Tagen Flugversuche unternommen hatten, und dann waren sie ganz schnell ausgeflogen. Ein bissel enttäuscht schaute ich ihnen nach, kein Pieps, keine letzte Flugrunde – einfach weg in Nachbars Garten. Das Los vieler Eltern.

So ging die Zeit dahin. Nicht nur wir wurden älter, auch unseren Katzen merkte man langsam das Alter an. Winnie Puuh schaute jetzt nur noch kurz hoch, wenn einer der anderen Kater kam. Herr Pitty saß, wenn die Sonne schien, oft auf seinen Lieblingsplatz und genoss die warmen Strahlen. Während Knöpfchen jeden Abend das Haus verließ, schliefen die anderen Katzen im Haus. Mit den ersten Sonnenstrahlen am Morgen holte mich Pitty aus dem Bett, schaute im Garten nach, ob alles noch an seinem Platz war.

Und genauso geschah es eines Morgens. Pitty verließ früh das Haus. Doch an diesem Tag kam er nicht wieder. So sehr wir auch suchten und die Nachbarn fragten, er blieb verschwunden. So wie er aus dem Nichts gekommen war, so verschwand er auch wieder im Nichts.

Günther Mika, *1953 geboren in Borna, Studium der Zahnmedizin in Leipzig, 1980 Bekanntschaft mit dem Maler Erich Dietz, eigene Arbeiten in Öl und Pastellkreide, 1982 erste literarische Arbeiten, 1983 Hinwendung zur Keramik Aufbau einer eigenen Werkstatt mit Bärbel Mika. 1987 Arbeitserlaubnis beim VBK Leipzig, 1988 großformatige Ölbilder, 1991-2020 in eigener Niederlassung als Zahnarzt. 2021 Wiederaufnahme literarischer Arbeiten, Veröffentlichungen in Anthologien.*

Die Spinne

„Miss Ellie!! Kätzchen – es gibt dein Fresschen! Miss Elliiiiiie!?", rief Miko seit einer gefühlten Ewigkeit.

Aber die schwarze Katzendame mit dem roten Punkt auf der Stirn war wie vom Erdboden verschluckt. Der Junge wunderte sich. Die dreijährige Katze war zuverlässig und erschien jeden Abend pünktlich, wenn sie zu ihrem Essen gerufen wurde.

Miko lief suchend den Garten auf und ab. Sah hinter den Holzstapel nach, unter dem Traktor – überall. Aber sein geliebtes Kätzchen blieb verschwunden.

„MISS ELLIE!", brüllte er erneut.

„Mau, Mau", maunzte das Fellknäuel. Schleunigst wollte sie zu ihren Dosenöffner.

Den Nachmittag über hatte sie das Vogelnest hoch oben im Geäst der Eiche beobachtet. Etliche Male war sie hinauf auf den Baum geklettert. Hatte ihre Krallen fest in die Rinde geschlagen. Aber jeder Versuch war gescheitert und sie unsanft auf das Gras gestürzt.

Nochmals hörte sie ihren Namen nah durch den Garten hallen. Ein letztes Mal. Ellie nahm Anlauf und sprang drei Äste auf einmal hinauf. Die Vogelmutter sah das freche Fellknäuel. Unentwegt zwitscherte und flatterte sie um Ellies Nase herum. Die Katze war abgelenkt, verlor das Gleichgewicht und rutschte ab.

„Maaauuu!" Mit einem dumpfen Schlag landete sie schließlich unsanft im Gras.

„Ahhh. Aua – das schmerzt!"

Verdutzt sah sich die kleine Fellnase um. Wer hatte hier gesprochen? Mit der Pfote strich sie sich über ihren pochenden Hintern.

„Du dummes Federvieh!"

Upps, schon wieder. Wer war noch mit ihr an diesem Ort? Erschrocken stellte sie sich auf ihre wackeligen Tatzen. „Hallo? Ist hier jemand?", erkundigte sie sich.

„Du komische Katze. Lass meine Babys zufrieden!“, flatterte das Rotkehlchen aufgeregt um sie herum.

Seit wann konnte sie den Vogel verstehen?

„Runter von mir!“

„Wer spricht hier?“

„RUNTER!“, blökte es erneut.

Behutsam hob Miss Ellie Pfote für Pfote. Unter ihrem rechten Vorderlauf hing an einem dünnen Faden eine schwarze Spinne. Erst jetzt bemerkte sie, dass ihr Bein furchtbar brannte. Hastig schüttelte sie das Krabbeltier von sich ab.

„Das nächste Mal steche ich richtig zu!“, schrie das achtbeinige Tier und verschwand im nächsten Erdloch.

Humpelnd legte sich Miss Ellie unter den Birkenbaum. Mit der Zunge pflegte sie ihre Schwellung. Aua, tat das weh. Langsam schlummerte sie weg.

„Hilfe, Hilfe“, riss sie ein Schrei sie aus ihren Traum.

Ellie sprang auf und irgendwie sah die Welt anders aus als zuvor. Die kleine Mieze hörte deutlicher, roch viel intensiver und ihre Sehkraft war zwanzig Mal besser. Die Blumen wirkten farbvoller und dufteten fühlbarer. Mit geschlossenen Augen konnte sie die Farbe riechen.

„Hilfe!“ Da hörte sie den Ruf noch einmal. In Windeseile jagte sie wie ein Blitz durch den Garten. Vorbei an blühenden Pflanzen, Sträuchern und einer alten, mit Moos bedeckten Holzbank. Mit den Vorderpfoten bremste sie in der Nähe des Hilfeschreis. Dadurch hinterließ sie eine Furche im Grün.

„Hil...“, hörte sie ein Blubbern aus dem Gartenteich. Miss Ellie dachte nicht lange nach und hüpfte ins kalte Nass. Tauchte in die Tiefe und sah den kleinen Hoppler, der zum Grund des Teichs sank. Immer weiter schwamm sie hinab, hielt ihre Luft an. Packte den Hasen und zog ihn an Land. Pitschnass lagen sie auf dem Gras. Das Häslein japste nach Luft.

„Danke ... du ... hast ... mein ... Leben ... gerettet!“, stöhnte es atemlos.

„Nicht der Rede wert“, erwiderte sie stolz. Flott schüttelte sie sich das Wasser aus ihrem Fell und wunderte sich über sich selbst? Seit wann konnten Katzen schwimmen? Warum war sie schnell wie ein Tornado?

„Hallo! BITTE! Ich brauche Hilfe!!“, riss sie erneut ein Schrei aus ihren Gedanken.

Ellie stellte ihre Ohren auf. Lauschte, aus welcher Richtung der Ruf gekommen war. Wie von einem Band gezogen lief sie der Mission entgegen. „Mau, ich bin …“

„Mein kleines Mädchen traut sich nicht von dort oben hinab“, unterbrach sie ein gelbes Tier. Die Froschmutter deute in die Höhe zu einem riesigen Baum.

Vor Hunderten von Blättern sah Elli im ersten Moment nicht, was der Frosch von ihr verlangte. Aber das Fellknäuel konnte seine Augen schärfer stellen und durch das Grün hindurchsehen. „Alles klar! Ich helfe dir“, sprach sie mit erhobener Brust und schleuderte eine Tatze nach vorne. Aus ihren Krallen spannte sich ein feines, fast durchsichtiges Garn empor. Mit aller Kraft zog sie sich nach oben. Schon fegte die nächste Faser aus ihrer Pfote. Das Kätzchen schwang sich von Ast zu Ast, bis sie bei dem verängstigten Tier war.

„Ich bin … ich bin … Supercat – stets zur Hilfe!“ Miss Ellie beugte sich zu dem Tier hinab. Der kleine Frosch sprang auf ihren Rücken und hielt sich fest. Erneut schüttelte sie ihre Tatze und ein Faden fiel hinab. Supercat seilte sich samt seines Schützlings ab.

Die Froschmutter hüpfte vor Freude auf und ab. „Quak. Quak. Dankeschön, dass du meinen Kind das Leben gerettet hast.“

Miss Ellie verbeugte sich tief und wollte davonspringen. „Supercat!“, rief der kleine Frosch und umarmte das Fellknäuel. „Quak. Danke für deine Hilfe!“

„Gerne.“ Zum Abschied winkte Miss Ellie den beiden zu. Wie ein Tornado jagte sie durch den Garten. An einem schattigen Platz legte sie sich müde nieder und überlegte.

Da kam ihr ein Gedanke. Die Spinne! Das konnte nur der Biss des Tieres gewesen sein, dass sie jetzt Superkräfte besaß. Müde und überglücklich schlummerte sie weg.

„Fresschen“, hörte sie ihren Dosenöffner rufen.

Behutsam öffnete das Fellknäuel die Augen. Was war das denn? Sie lag in ihrem Körbchen und hatte um ihre rechte Pfote einen Verband. Supercat wollte aufstehen, aber es schmerzte zu heftig.

„Miss Ellie, du bist wach“, freute sich Miko. „Armes Kätzchen. Mit deiner Pfote bist du in einen verrosteten Nagel getreten. Zum Glück habe ich gestern lange nach dir gesucht und dich gefunden. Mein Kätzlein.“ Miko nahm Miss Ellie in den Arm und streichelte sie.

Nochmals versuchte die kleine Mieze, ihre Tatzen zu schütteln, aber aus keiner kam ein seidiger Faden. Oh nein, das war alles nur ein wunderschöner Traum. Schnurrend legte sie sich auf den Schoß ihres Jungen und träumte von ihren Supercat-Abenteuern.

Nicole Schmieder: *Die zweifache Mutter wurde 1979 in Bayern geboren. Schon als Kind liebte sie Geschichten und las mit den Jahren unendlich viele Bücher. Dies inspirierte sie, ihre Leidenschaft umzusetzen und widmete sich dem Schreiben. In diversen Anthologien ist sie zu finden und als Rezensentin für namhafte Buchverlage war sie tätig. Heute lebt die Autorin mit ihrem Kindern und Tieren im wunderschönen Unterfranken.*

Bedingungslose Liebe

War es Zufall, war es göttliche Fügung oder war es tatsächlich unser selbst gewählter Lebensweg? Fragen, die Philosophen seit Anbeginn der Menschheit beschäftigen und die gar manche Blüte trieben. Leider war bis heute keine Frucht reif, um sie zu ernten.

Und ebenso unreif ist die Erkenntnis, ob Tiere, und auch wir Menschen, Gefahren und Wendepunkte im Leben wittern können, gerade so, als lägen sie als Fährte in der Luft. Es gibt immer wieder Hinweise darauf, aber es möge auch Zufall sein. Ich will von solch einem Hinweis erzählen.

Ich erwachte in meiner Kammer, als mein Wecker sich seine blecherne Seele aus dem Leib schellte. Hängenden Auges unterbrach ich aber sein Geläute und ließ mein Haupt nochmals in das Kissen sinken. Und auch hier könnte wieder eine ungeahnte Macht oder Vorsehung ihre Finger im Spiel gehabt haben, denn ich erwachte um 7:15 Uhr und musste den 7:45er-Zug nach Wien erreichen.

Der Blick auf das Ziffernblatt stach mich in die Magengrube und ich ruderte hurtig hoch aus meinem Schlafgemach. Stress löst in meinem Reptiliengehirn selten Kampf oder Flucht aus, er paralysiert mich wie das Reh vor dem Scheinwerfer. Doch der Zug hatte für mich hohe Dringlichkeit, meine berufliche und finanzielle Zukunft hing an dem oft zitierten seidenen Faden und so schleppte ich mich in das Badezimmer und hoffte, kaltes Wasser würde den Dämmernebel in meinem Hirn lichten. Und wie ich mir so energisch das kalte Nass über den Kopf schaufelte, hörte ich ein klagendes Mauzen.

„Polly“, dachte ich. „Ich muss ja meine geliebte Polly auch noch füttern.“ Sie müssen wissen, dass Polly für mich nicht nur irgendeine Katze war. Sie war meine Seelenverwandte, meine tröstende Wärme, mein Anker im reißenden Strom. „Gleich Polly, dich könnt ich nie vergessen.“ Doch noch nie zuvor hatte sie es für notwendig erachtet, mich darauf so vehement hinzuweisen!

Die Zeiger des Weckers sind unerbittlich. Das dachte wohl auch Polly und sie wollte mir scheinbar augenblicklich Erleichterung verschaffen. Ein klirrendes Scheppern verhieß nichts Gutes, so dachte ich zumindest damals. Polly hatte den Wecker samt Zeigern in die ewigen Jagdgründe befördert.

Aber ich hatte keine Zeit für meinen Wecker und konnte ihn nicht betrauern. Da ich nun auch kein aktuelles Zeitmaß mehr hatte, spürte ich Panik in meinen Gliedern hochbrodeln und lief wieder in die Kammer. Nachdem ich meine Socken übergestülpt hatte, zog ich Hemd und Anzug aus dem Schrank und gedachte, alle Teile unmittelbar zur selben Zeit überzuziehen, was ein erstaunliches Zauberstück gewesen wäre, hätte es geklappt. Dies missfiel nicht nur mir, sondern auch Polly, denn sie beschwerte sich noch immer lauthals.

Als ich dann mein Werk endlich mehr schlecht als recht verrichtet hatte und adrett in der Weste steckte, schlurfte ich in die Küchenecke zum Kühlschrank, um das Morgenmahl für Polly anzurichten.

„So höre endlich auf, zu quengeln", dachte ich, „immerhin bekommst du gleich etwas in deinen Magen." Ich stellte den Teller auf den Boden und Polly stürzte sich sogleich auf die braune Masse. Im Drang nach Nahrung gibt es zwischen Tier und Mensch wohl nur wenige Unterschiede. Sogleich dachte ich, nun wäre meine Aufgabe mit Polly verrichtet und ich könnte daran gehen, endlich noch den 7:45er zu erreichen.

Und so stürzte ich wieder in das Badezimmer. Immer noch schläfrig torkelnd garnierte ich meine Zahnbürste mit der passenden Paste. „Welch merkwürdiges Geräusche", dachte ich, und sah Polly an der Tür mauzen.

„Was ist denn los mit dir?", fragte ich sie unumwunden.

Doch nein, das vermaledeite Biest – verzeih mir – sprang an das Spülbecken und klatschte mir die präparierte Bürste wie einen Orden an die bekleidete Brust.

Die klebrige Paste schmierte über mein Revers und hinterließ mein ratloses Gesicht im Spiegel. Und ja, es hatte den Anschein, als hätte mich ein fliegendes Federvieh als Ziel auserkoren. Ich weiß nicht mehr welche, aber ich habe jedenfalls zahlreiche unsägliche Flüche in Richtung Polly ausgestoßen. Es tut mir leid! Ich war in Panik! Mit Schwamm und Bürste fuhrwerkte ich an meiner Oberbekleidung herum, sodass ich mich nachträglich sogar wundere, dass sie heil blieb.

Schließlich wollte ich schon aus meiner Wohnung schlüpfen, da geschah das Merkwürdigste überhaupt. Polly sprang mich an! Sie krallte sich an meinen Oberkörper und sie schnurrte. Ja, sie schnurrte! Wie ein Spinnrad schnurrte sie. Als wollte sie sagen: „Bleib hier, mein Geliebter, ich weiß, was für dich gut ist."

„Verrücktes Ding", sagte ich, drückte und streichelte sie einmal fest und setzte sie ab. Schließlich verließ ich endlich die Wohnung, zog die Tür hinter mir in den Rahmen und trabte zum Bahnhof, welcher keinen Kilometer entfernt lag.

Aber schon auf der Bahnhofsuhr erkannte ich, dass meine Mühe vergebens war. Der 7:45er war längst auf seinem Weg und verlor keinen Gedanken an mich. Dennoch wollte ich mich vergewissern, ob ich denn richtig lag und fragte den Bahnhofsvorsteher, ob der Zug denn schon auf Reise sei.

„Ja, da sind Sie leider zu spät dran. Der hatte sogar fünf Minuten Verspätung", sagte dieser. „Aber um 8:10 Uhr kommt der nächste, mein Herr." Dann läutete sein Telefon und er bedeutete mir mit einer Geste: „Einen Moment, bitte." Er nahm ab, lauschte, antwortete einsilbig und machte ein bedrücktes Gesicht. Dann drückte er mehrere Knöpfe auf seinem Schaltbrett. Er legte auf und sah mir in die Augen. „Da hatten Sie aber einen fleißigen Schutzengel, mein Herr!"

Der 7:45er war soeben entgleist. Zehn Menschen verloren bei diesem tragischen Unfall ihr Leben, mehr als viermal so viele zogen sich schwere und schwerste Verletzungen zu.

Nun kann man glauben und denken, was man will, wie ich ja zu Beginn ausgeführt habe. Ich jedenfalls bin fest davon überzeugt, dass ich Ihnen das alles jetzt nur erzählen kann aufgrund der bedingungslosen Liebe einer Katze.

Markus E. Rudorfer *erblickte 1979 in Wien das Licht der Welt. Des Schicksals Wege führten ihn aber in den Süden der Steiermark, wo er mit seiner Familie das Dasein genießt. Er liebt das Lesen und das Schreiben, erfreut sich an gut gefüllten Bücherregalen und hat sich an mehreren Kurzgeschichten versucht, von welchen einige in Anthologien veröffentlicht wurden.*

Polly ist verschwunden

Jetzt goss es in Strömen. Der Regen trommelte seinen gleichmäßigen Rhythmus auf das Dach über ihrem Kopf. Urgemütlich war es. Mit den ersten dicken Tropfen, die auf die sommertrockene, heiße Erde klatschten, hatte es Lisa zusammen mit den Ponys von der Weide in den Stall geschafft. Während sie begann, die Pferde in der Box zu striegeln, dachte Lisa an Polly. Wo war sie? Normalerweise folgte die Katze ihr wie ein treuer Hund auf Schritt und Tritt, wenn sie nicht gerade mit Mäusejagen, in den Apfelbäume klettern oder in der Sonne rekeln beschäftigt war. Seit vorgestern Abend hatte sie Polly nicht mehr gesehen und das beunruhigte sie. Bilder von verschwundenen Katzen drängten sich ihr ungefragt auf. Sah man nicht ständig Zettel an Straßenbäumen, auf denen Menschen nach ihren Lieblingen suchten? Polly war eine der Katzen hier auf dem Dreilinden-Hof, den Lisa immer in den Ferien besuchte. Lisa kannte das Tier, seit sie denken konnte, und es war eine sehr liebe Katze.

Hoffentlich hatte sich Polly irgendwo verkrochen, wo es trocken war. Lisa wusste, dass die Katze Wasser hasste. Hoffentlich ging es ihr gut. Hatte sie genug zu fressen? Und zu trinken? Dabei fiel Lisa wieder ein, dass Polly nun wirklich eine begnadete Mäusefängerin war, und sie hatte gesehen, wie die Katze Tautropfen von den Blättern geleckt hatte. Hoffentlich fand sie den Weg nach Hause.

Lisas Gedanken fuhren Karussell – wie schon vergangene Nacht. Da hatte sie nicht schlafen können, obwohl Sabine und Rainer, denen der Hof gehörte, versucht hatten, Lisa zu beruhigen. Es käme ab und an vor, dass Polly etwas länger unterwegs wäre und sie würde aber immer zurückkehren. „Spätestens in drei Tagen“, hatten sie wenig unbekümmert hinzugefügt. Trotzdem waren Lisas Sorgen geblieben. Bisher war die Katze noch nie verschwunden, wenn sie auf dem Hof war.

Auch wenn es zahlreiche andere Tiere gab, war Polly ihr erklärter Liebling. Sabine meinte, sie solle sich bis zu Pollys Wiederkehr eben um die Ponys und Fred, das war der Esel, oder das Hofschwein Rudi kümmern. Sie alle freuten sich ebenso über Streicheleinheiten. Wie zur Bestätigung war Rudi neugierig angewackelt gekommen, immer auf der Suche nach Futter, und hatte sich von Sabine durchkraulen lassen. Er genoss es sichtlich, aber lieber streichelte Lisa Polly. Die Katze schmiegte sich eng an sie und schnurrte, Rudi hingegen lehnte sich mit seinem vollen Gewicht an ihre Beine und hatte sie dabei schon einmal umgeworfen.

Und außerdem, aber das durfte niemand wissen, kam Polly manchmal in Lisas Bett. Wie zwei Verschwörerinnen kamen sie sich am Morgen nach einer solchen Nacht vor. Die Katze stolzierte stolz wie eine Diva in die Küche und Lisa konnte das Kichern kaum unterdrücken, nachdem sie Polly an den Augen ihrer Mutter vorbeigeschleust hatte. Diese hielt nämlich überhaupt nichts von Katzen im Bett. Und leider von Katzen generell wenig: Lisa hatte ihre Mutter schon oft bekniet, eine eigene Katze haben zu dürfen. Leider ohne Erfolg.

Lisa sah durch die geöffnete Stalltür nach draußen. Es hatte aufgehört, zu regnen, aber noch immer platschten dicke Tropfen von den grünen Blättern der Hofkastanie auf das Kopfsteinpflaster. Am Abendhimmel zeigten sich bereits ein paar blaue Fetzen. Lisa legte den Striegel beiseite, gab den Ponys Möhren und füllte die Tränken auf.

Sie trat vor die Tür und nahm einen tiefen Atemzug. Die wunderbaren satten Düfte eines Sommerregens hingen in der Luft. Es roch herrlich. Nach süßen Blüten, feuchter Erde und nassem Gras. Die Nässe begann, von den warmen Steinen zu verdampfen, und es schien, als hätte der Regenguss kein bisschen Abkühlung gebracht. Wie in einem heißen Dampfbad fühlte es sich an.

„Vielleicht mache ich einen Spaziergang", überlegte Lisa, „vielleicht läuft mir Polly über den Weg." Oder sollte sie das Fahrrad nehmen, um einen größeren Bereich abzusuchen? Allerdings war es unwahrscheinlich, dass Polly auf den Wegen spazierte. Normalerweise stromerte sie gerne durch das Dickicht. Und jetzt, nach dem Regen, hing das Grün schwer von der Nässe so tief, dass Lisa höchstwahrscheinlich nichts abseits des Weges sehen konnte. Sie seufzte. Egal. Sie würde sich jetzt das Rad schnappen, um die Gegend ausnahmsweise mit dem Drahtesel zu erkunden.

Wie überall auf dem Hof stand auch die Tür zum Schuppen offen. In dem kleinen Häuschen war Lisa bisher nur ein- oder zweimal gewesen und auch die anderen Bewohner des Hofes benutzten ihn selten. Lisas Augen mussten sich erst an das Dämmerlicht gewöhnen, das im Inneren herrschte. Gab es hier irgendwo einen Lichtschalter? Sie konnte keinen entdecken. Die Fahrräder sah sie sofort, denn sie standen im vorderen Teil, aber was befand sich eigentlich hinter der halbhohen Mauer, die ihr ungefähr bis zur Brust reichte? Lisa machte sich darauf gefasst, ausgemusterte landwirtschaftliche Geräte, kaputtes Mobiliar zu finden, einen Ersatzsattel oder andere Dinge, die man nur im Notfall benötigte. Und natürlich dicke Spinnweben, die wie Hängematten zwischen den Balken spannten.

Lisa schlich vorsichtig bis zu der Mauer und linste hinüber. Sie entdeckte zwei, nein, sogar drei Biergartengarnituren, die sicherlich zu Festen hervorgeholt wurden. Augenblicklich erinnerte Lisa sich an eine lustige Party, es musste im Sommer gewesen sein, ja, Mittsommernacht, als sie unter der Kastanie im Hof gesessen und gefeiert hatten. War das im letzten Jahr gewesen? Lustige Szenen rief sie sich ins Gedächtnis und hing für einen Moment diesem Erlebnis in Gedanken nach, als sie plötzlich ein Mauzen vernahm. War hier eine Katze? Oder kam es von draußen? Lisa bemühte ihre Augen abermals und inspizierte jeden Winkel. Tatsächlich gab es einige Spinnennetze, der Fußboden war mit Streu und Stroh ausgepolstert, sie entdeckte ein Basecap.

Lisas Blick wanderte weiter. In der hintersten Ecke, dort unter der Bank, war da nicht etwas? So sehr sie sich auch reckte, sie konnte es nicht sehen. Sie musste Gewissheit haben. Kurzerhand kletterte sie über die Mauer und krabbelte unter die Bank.

Polly! Ihre Polly war dort. Sie lag auf einem alten Kartoffelsack, als gäbe es kein schöneres Plätzchen. Lisa schmunzelte innerlich. Das war eine wirklich gemütliche Ecke, fast gemütlicher als ihr eigenes Bett. Ihre allerliebste Polly. Sabine und Rainer würden ebenso staunen wie sie, wenn sie ihnen erzählte, wo das Tier letztendlich gewesen war: nur wenige Meter von ihnen entfernt.

„Warum konntest du nicht einfach in deinem Katzenkorb sein?", dachte Lisa. In diesem Moment entdeckte sie den Grund. Einen wunderbaren Grund, der ihr Tränen der Freude in die Augen trieb. „Polly!", sagte sie leise und voller Ehrfurcht.

Katzenjunge. Um Polly scharrten sich winzige Katzenbabys. Sehr klein, nicht größer als ihr Goldhamster zu Hause. Polly lag bequem auf der Seite, während ihre Kinder sich um sie drängten. Zufrieden sah die

Mutterkatze aus, als wolle sie sagen: „Schau her, wie ich das alles ohne großes Tamtam geschafft habe. Und sind sie nicht prächtig?“

„Natürlich“, dachte Lisa, „du hast wunderbare Babys.“ Fünf Junge zählte sie. Für einen Moment verharrte Lisa vor den Tieren. Ruhig, andächtig und voller Bewunderung für ihre Lieblingskatze. Später, es hatte Zeit, würde sie diese große Neuigkeit Sabine und Rainer berichten und natürlich auch ihrer Mutter. Vielleicht ließe sich ihre Mutter dieses Mal erweichen. Bei so süßen Katzenbabys …

Bettina Schneider, *Jahrgang 1968, lebt in Berlin, verheiratet, zwei Kinder und ein Hund, Studium der Betriebswirtschaftslehre, im Anschluss zehn abwechslungsreiche Jahre im Rechnungswesen in der Privatwirtschaft, heute Freiraum für kreative Tätigkeit. Sie schreibt mit Begeisterung Kurzprosa, einiges davon ist veröffentlicht. Sie ist eine Leseratte, liebt Sonne und blauen Himmel und mag Wald-Spaziergänge.*

Katzen und Krücken

Katzen und Krücken
Du willst dich nur bücken.
Und schon ist sie da,
Ganz unnahbar.

Steht sie hinter dir,
Das gefährliche Tier.
Nur ein Schritt
Und zack, der erste Tritt.

Sie springt hinfort,
Verwundet sitzt sie dort.
Und du guckst zu,
Doch auf den Beinen ist sie im Nu.

Helen Janina Sülflow *ist 23 Jahre alt, lebt in Berlin und studiert Deutsche Literatur und Skandinavistik. Neben dem Schreiben zählen auch Kickboxen und Karate zu ihren Hobbys. Außerdem engagiert sie sich in ihrer Freizeit gerne politisch. Neben einer veröffentlichten Kurzgeschichte in der Anthologie „Im Zaubergarten der Worte“ wurde eins ihrer Gedichte auch in der „#lockdownlyrik“-Anthologie veröffentlicht.*

Kreatives Schnurren

Früher Sonntagmorgen. Sehr früher Sonntagmorgen. Auf Socken schleiche ich durchs Haus, während Gregor und die Kinder noch schlafen. Die Stille inspiriert mich und ich muss die Gunst der Stunde nutzen, um endlich wieder mal zu schreiben. Diese Anthologieausschreibung „Meine Katze und ich" geht mir seit Tagen nicht aus dem Kopf. Da stehen die Aktien gut, dass ich ein paar Zeilen auf die Reihe kriege.

Schnell noch die beiden Racker Bonnie und Clyde füttern, die mir um die Beine scharwenzeln, seit ich die Schlafzimmertür hinter mir geschlossen habe. Frisches Wasser, Trockenfutter nachfüllen, fertig. Das muss fürs Erste reichen.

Mit einem dampfenden Kaffee in der Hand lasse ich mich am Schreibtisch nieder, ordne die weißen Blätter und meine Gedanken, sitze gerade und kaue am Bleistift. Ich schreibe grundsätzlich erst mal mit der Hand, lasse mich von der Illusion tragen, dass die schwungvollen Bewegungen den Geist auf Trab bringen. Mit ein bisschen Glück lande ich in einem Flow, der durch nichts und niemanden gebrochen werden kann. Noch bevor ich überhaupt das Wort Arbeitstitel buchstabieren kann, springt Bonnie auf den Schreibtisch, direkt auf das jungfräuliche Stück Papier vor mir. Behände und anmutig, was man ihr bei der Körperfülle gar nicht zutrauen würde. Das Quietschen der Stuhlfedern muss in ihren Ohren wie ein Startschuss klingen. Da kennt sie kein Zögern, keine Unentschlossenheit. Sie reibt ihr Köpfchen auf dem Schreibpapier, schnurrt wie ein Helikopter im Landeanflug und lässt sich mit einem leisen Plumps fallen. Na, Bravo, das kann ja heiter werden, das Feld ist okkupiert. Aber ich hätte es wissen können. Bonnie schaut mich aus kajalumrandeten Augen an, schelmisch, provokant.

Für mich sieht sie aus, als würde sie lächeln und mich fragen: „Nun Frauchen, ist's recht so? Dann schreib mal drauflos! Am besten eine Geschichte über mich, wie ich vor dir liege und meine Streicheleinheiten einfordere." Wohlig wälzt sich die ausgebuffte Schildpattdame von einer Seite zur anderen. Die Vorderpfötchen streckt sie in den Luftraum, schließt die Augen und wahrscheinlich träumt sie sich weg in die Zeit, als sie noch ein Baby war und mit ihren Geschwistern die Milchdrüsen ihrer Mama treten musste. Ich krieg das nicht übers Herz, sie zur Seite zu schubsen, deshalb rücke ich meinen Stuhl einen halben Meter weiter, krame ein neues Blatt aus der Ablage und ... Bonnie erhebt sich und folgt stehenden Fußes.

Nun schleicht sich auch noch Kater Clyde an, den Schwanz kerzengerade aufgerichtet. Schon eine Weile hat er das Spektakel von der Fensterbank aus beobachtet. Auch wenn die beiden Rabauken sonst auf einen angemessenen Sicherheitsabstand achten, in dem Punkt sind sie sich einig, da verfolgen sie eine gemeinsame Agenda: Frauchen bei kreativen Prozessen Hilfestellung geben, ist Ehrensache. Da kennt ihr Einfallsreichtum keine Grenzen. Kater Clyde nimmt auf dem eben frei gewordenen Blatt Nummer eins Platz, aufrecht und selbstbewusst wie eine Galionsfigur beginnt er seine Morgentoilette: Pfote wie zum Handkuss anheben, dreimal lecken, übers Schnäuzchen fahren. Ich komme mir vor wie Hemingway, nicht, weil ein trockener Martini in der Hausbar stünde, und auch nicht, weil die Qualität meiner Schreibe nur annähernd an die des Altmeisters heranreichen würde, aber Katzengewusel auf Schoß und Schreibtisch von Ernest ist mir von verschiedenen Fotografien geläufig. Niemand kann sich der Präsenz, der Aura dieser starken Persönlichkeiten entziehen. Auch ich nicht. Ich seufze tief, dann streichle und graule und massiere ich simultan, vergrabe die Finger im weichen Fell meiner Lieblinge, die nun im Duett schnurren und die Zärtlichkeiten genießen. „Ach ja, ein liebevoller Katzenbesitzer ist allemal besser als ein lausiger Schriftsteller“, sage ich mir. Und das meint auch Gregor, der sich auf Samtpfoten angeschlichen hat, die Hände auf meine Schultern legt und mir ins Ohr schnurrt. Nach einer Weile sagt er: „Ist noch so früh. Komm zurück ins Bett, Liebes!“

Der Mann hat recht. Manchmal muss man einfach Prioritäten setzen. Auch ich bin für ein paar Streicheleinheiten immer zu haben.

***Christine Roth** ist in einem deutschen Mittelgebirge geboren und aufgewachsen. Mit 50 Plus hat sie nach Jahren der Selbstständigkeit den Bergen den Rücken zugekehrt und ist der Liebe wegen in die Niederlande gezogen. Hier tut sie alles, was Spaß macht: Pflanzen züchten, Texte übersetzen und vor allem Kurzgeschichten schreiben.*

Warum Katzen?

Katzen. Bei genauerem Nachdenken eine durchaus merkwürdige Spezies. Sie sind flauschig, zumeist mehr oder weniger niedlich und so ziemlich immer absolut verfressen. Auf den ersten Blick erscheint es plausibel, dass Menschen Katzen als ihre Haustiere halten. Flauschige Fellbälle, um die man sich abgesehen von der Fütterung nicht wirklich kümmern muss und mit denen man sogar – zumindest theoretisch – kuscheln kann.

Nun ja, die Pro-Argumente hätten wir also zusammengefasst. Der Einfachheit halber hier nochmals als übersichtliche Stichpunkte: Haben Fell, sind pflegeleicht. Letzteres unterscheidet sie beispielsweise von Hunden, die sich ebenso größter Beliebtheit in der Haustierbranche erfreuen.

Kommen wir nun zu der Contra-Seite des Lebens mit einer Katze: Katzen sind die arrogantesten, herrischsten und undankbarsten Biester, die mir jemals untergekommen sind. Nicht umsonst sagt man: Katzen sind wie Mitbewohner. Andauernd wollen sie etwas von einem, aber wenn sie dann selbst einmal um Hilfe gebeten werden, so rühren sie keinen Finger – oder in unserem Fall – Pfote.

Da hält man ihnen schon extra die Tür auf, weil man mitten in der Nacht von herzzerreißendem Miauen aus dem Schlaf gerissen wird, und dann fällt diesen Kreaturen ganz plötzlich und vollkommen unvorhersehbar auf, dass es in Strömen regnet und sie doch lieber auf den Teppich pinkeln wollen. Das Gleiche gilt natürlich für die Fütterung. Wird nicht alle paar Minuten nachgeschenkt, steht die werte Katze kurz vor dem Hungertod, egal, ob der Napf bereits überquillt. Als Dank für die tägliche Arbeit, die wir für sie verrichten, bekommt man dann zerfetzte Milchpackungen und Gedärme oder gar Schlangen portofrei und direkt in die Küche geliefert.

Ein Traum!

Na ja, eher Albtraum.

Will der Mensch dann auch einmal etwas von seinem heiß geliebten Haustier zurückbekommen, so hat er Glück, wenn er bei den versuchten Streicheleinheiten nicht von bis zu 20 Krallen je Tier massakriert wird.

Kurz gesagt: Katzen. Wir lieben sie, aber sie hassen uns. Es ist ein Geben und Hoffen, dass sie eines Tages auf unserem Schoß einschlafen und sich doch einmal streicheln lassen. Und wenn das aus mysteriösen und von der Wissenschaft unklärbaren Gründen endlich geschieht, so führt es dazu, dass wir zu spät zu irgendeinem hochwichtigen Termin kommen, weil wir das liebe Tier nicht wecken wollten.

Aber ich will jetzt nicht zu negativ sein, es gibt bereits viel zu viel Negativität in dieser Welt. Eines muss man diesen Biestern lassen: Sie sind unfassbar süß.

Jale Anouk Welsch, *geboren 2004 in Filderstadt, besucht derzeit die zwölfte Klasse des Trifelsgymnasiums Annweiler, wo sie auf ihr Abitur mit den Leistungskursen Deutsch, Kunst und Biologie hinarbeitet. Schon seit ihrer Kindheit schreibt sie sehr häufig und gerne Geschichten aller Art. Zu ihren Hobbys zählt zudem das Reiten, Videos schneiden und Zeichnen. Seit 2013 ist ich festes Mitglied eines Pfadfinderstammes.*

Von wegen Dosenöffner!

Ich liege auf dem Teppich und lasse mir die Sonne, die durch das große Fenster einfällt, auf den Bauch scheinen. Mein linkes Ohr zuckt leicht. Was höre ich da? Ein Schlüssel im Schloss?

Sofort stehe ich wieder auf meinen vier Pfoten und jage so schnell in die Küche, dass ich nur noch gerade so vor den Küchenschränken anhalten kann. Graziöser springe ich auf die Anrichte. Es ist ja keine Eile geboten, schließlich steht mein Mensch noch im Flur und zieht sich seine Jacke aus. Ich schlendere über den Herd und werfe einen Blick in das Spülbecken. Nicht, dass ich das heute Morgen nicht schon ein paar Mal getan hätte. Mein Mensch hat absolut nichts liegen gelassen, das ich wenigstens ablecken könnte. Mit einem lauten, lang gezogenen „Maaau" treibe ich meinen Menschen ein wenig zur Eile an. Eine Frechheit, wie man hier arme, halb verhungerte Kater vor leeren Näpfen stehen lässt! Ich höre schon die Kirchenglocken. Auf Pünktlichkeit lege ich sehr viel Wert.

„Du hast es gut", höre ich meinen Menschen aus dem Flur sagen. „Du kannst den ganzen Tag machen, was du willst."

Schön wär's. Leider wurde bei der Kücheneinrichtung nicht bedacht, dass ich Pfoten habe und somit nicht einfach den Kühlschrank öffnen kann, wenn mir danach ist.

Endlich bequemt sich mein Mensch dazu, aus dem Flur zu treten, aber er macht erst Halt am Küchentisch. Empört springe ich von der Anrichte und schmiege mich an seine Beine, sodass er mich nicht länger ignorieren kann. Aber er öffnet unbekümmert eine Wasserflasche. Na gut, dann muss ich eben zu härteren Mitteln greifen. Gekonnt springe ich auf den Küchentisch.

Achtung, wichtiger Hinweis an alle Katzen, die das hier lesen sollten: Folgendes Manöver ist nur für Fortgeschrittene und äußerst riskant!

Beherzt ramme ich meinen Kopf gegen die Menschenhand, die die Flasche hält. Es läuft alles nach Plan. Das Wasser schwappt überallhin, nur nicht ins Glas – und vor allem nicht auf meine Pfoten. Tja, man muss von seinem Handwerk eben auch etwas verstehen.

Genervt geht mein Mensch in die Küche. Jetzt ist Eile geboten, um das Manöver zu vollenden. Ich sprinte in die Küche, wage einen fast senkrechten Sprung auf die Spüle und … ähm, habe mich eventuell etwas verschätzt. Sofort setze ich zu einem zweiten Sprung an und lande perfekt auf dem Spüllappen, gerade als die Menschenhand danach greift. Von einem Seufzer begleitet greift mein Mensch stattdessen – endlich – zu meinem Dosenfutter neben der Spüle. Man muss dazu sagen, dass ich diesen Trick schon einige Male mit meinem Menschen geübt habe. Also erwartet von eurem Menschen am Anfang nicht zu viel.

Sobald er mir nicht mal die Hälfte der Dose in den Napf gefüllt hat – und ich bin mir absolut sicher, dass diese ohnehin schon kleinen Dosen dazu gedacht sind, komplett gefüttert zu werden –, kippt er sich selbst eine ganze Packung Nudeln in einen Topf. Typisch! Kaum, dass er sich umdreht, ist mein Napf wieder leer. Kein Wunder, bei der Miniportion! Demonstrativ setze ich mich neben den Stapel Dosen, während mein Mensch weiter in der Küche hantiert.

Meine Mutter hat damals, als ich ausziehen musste, zu mir gesagt: „Geh mit, er ist dein neuer Dosenöffner!" Pah, von wegen! Er stellt alles, was gut ist, hinter Schloss und Riegel! Von einem Dosenöffner hat man ja wohl zu erwarten, dass er Dosen öffnet – und zwar mehr als eine am Tag! Nie käme ich auf die Idee, meinen Menschen als Dosenöffner zu bezeichnen, das trifft schlichtweg nicht zu. Das wäre ja so, als ob er mich einen Faulpelz nennen würde. Zugegeben, gelegentlich tut er das, aber nur, weil er nicht einsieht, dass Futterbeschaffung in diesem Haus harte Arbeit ist. Heute habe ich Glück im Unglück. Während Pfannen und Töpfe auf dem Herd stehen, klingelt im Wohnzimmer das Telefon. Meinem Menschen bleibt nichts anderes übrig, als die Küche zu verlassen. Blitzschnell schnappe ich mir ein Stück Lachs aus der Pfanne. Ja, ihr habt richtig gehört, echter, saftiger Lachs! Ein Jackpot, so was gibt es nicht täglich. Oft genug musste ich mich schon mit etwas Öl aus der Pfanne oder ein paar Krümeln zufriedengeben. So, nun entschuldigt mich, ich muss eine Beute in Sicherheit bringen.

Euch Katzen da draußen: Viel Erfolg!

***Miriam Vierke** lebt mit zwei Katzen, einem Hund und einem Zwerghamster in Baden-Württemberg.*

Katerstrophe

Misstrauisch verließ ich meinen gemütlichen Sonnenplatz und schlich Frauchen hinterher. Seit Tagen schon verschwanden sie und Herrchen hinter der großen, weißen Tür und schlugen mir diese vor der Nase zur. Unerhört war das.

Während die beiden Übeltäter wohl der Meinung waren, ich wäre völlig ahnungslos, was hier vor sich ging, hatte mein feines Näschen natürlich längst erschnüffelt, dass die beiden einen meiner Art angeschleppt hatten.

Frauchen öffnete die Tür und noch ehe sie einen Fuß hineinsetzen konnte, flitzte etwas mit gefühlter Lichtgeschwindigkeit an mir vorbei. Hätte ich Fell, so wäre es von dieser Geschwindigkeit wohl ganz zerzaust gewesen, doch ich war ja stolze Nacktkatze. Meine Bedienstete und ich blickten uns kurz verdutzt an.

„Aiden!“, rief sie dann aufgebraucht, ließ alles stehen und liegen und sauste dem Kleinen hinterher.

Genervt verdrehte ich die Augen und trottete beiden hinterher. Wie von der Tarantel gestochen sprang der Neuankömmling durch unser Wohnzimmer. Um auf das Sofa zu kommen, benutzte er sogar seine Krallen und hangelte sich am Stoff entlang nach oben.

Ich beobachte mein Frauchen dabei ganz genau und verlor fast die Fassung! Das konnte ja wohl nicht wahr sein! Er bekam keinen Ärger? Ich tapste ein paar Schritte vor, um sie auch ganz genau beobachten zu können. Aber nein, kein Anflug von Zorn. Ganz im Gegenteil. Sie schien bei seinem Anblick nur so da hinzuschmelzen und pausenlos fielen Wörter wie „süß“ und „putzig“. Wenn ich das machen würde, wäre die Hölle los, aber bei ihrem kleinen Liebling war das völlig okay. Alles klar. Ich betrachtete ihn etwas näher, obwohl er auch eine Nacktkatze war, waren wir völlig unterschiedlich. Ich war dunkelgrau und er hellrosa.

Unser erster gemeinsamer Tag verlief eher kritisch, denn wo auch immer der Kleine herkam, Anstand hatte man ihm dort wohl keinen beigebracht. So musste ich mit ansehen, dass er sich meinen Lieblingsball schnappte und danach völlig selbstverständlich ein ausgiebiges Nickerchen in meiner Kuschelhöhle hielt.

Konnte ich mich bei meinem Spielzeug gerade noch so zusammenreißen, war die Sache mit der Höhle eine ganz andere. Ich setzte mich also vor dieser auf die Lauer. Zunächst tat ich nicht viel, denn ich spürte Frauchens Blick in meinem Nacken. Als diese sich jedoch nach einer Weile endlich vom Anblick ihres kleinen Lieblings lösen konnte, nutze ich meine Chance und stürzte mich in die Höhle hinein! Ich würde es selbstverständlich schamlos ausnutzen, dass Aiden darin tief und fest schlief und der Kleine würde es nie wieder wagen, auch nur eine Pfote in meinen geliebten Schlafplatz zu setzten.

Doch während mein Hinterteil noch aus Aidens Rückzugsort herausschaute, vernahm ich schon Frauchens empörte Stimme: „Sag mal, Elijah, spinnst du?"

Ich spürte ihren Griff und ehe ich mich versehen konnte, ging es für mich hinauf in die Luft und sie hielt es für notwendig, mich aus dem Wohnzimmer zu tragen. Das konnte ja wohl nicht wahr sein! Erst hetzte sie mir diese Nervensäge auf den Hals und nun durfte ich noch nicht einmal mein Hab und Gut verteidigen?!

Leicht machen wollte ich ihr das Ganze jedoch nicht und nachdem ich mich zunächst extra schwer gemacht hatte und wie ein nasser Sack in ihren Armen hing, versuchte ich, mich zum Schluss noch zur Wehr zu setzten und meine Krallen einzusetzen, doch alles vergebens. Schließlich landete ich, für meine Verhältnisse etwas zu lieblos, im Badezimmer und die Tür flog hinter ihr zu.

Alles klar, sie sperrte mich einfach dort ein, wo ich mein Geschäft verrichte, das ging ja mal gar nicht. Außerdem schien sie mich vergessen zu haben, denn es dauerte eine ganze Weile, bis sie mich wieder rausließ. Das Ganze hatte nicht gerade dazu beigetragen, dass die Situation jetzt entspannter war, was hatte sie denn auch erwartet? Dass ich zwischen Menschen- und Katzenklo zur Besinnung gekommen war?

Nein. Außerdem hatte ich ja sowieso rein gar nichts falsch gemacht. Doch ich war ja nicht so und bereit, nicht nachtragend zu sein, da ich von meinem Frauchen erste Versuche sah, sich wieder bei mir einzuschleimen. Sie hatte meine – nennen wir es mal – Auszeit genutzt, um mir einen erhöhten Schlafplatz einzurichten, an den der kleinen Aiden nicht herankommen konnte, seine Sprungkraft reichte noch nicht aus. Ich begutachtete meinen neuen Wohlfühlplatz sofort und Frauchen kam vorbei, um meine Reaktion zu sehen.

„Na, Elijah, hier hast du deine Ruhe." Sie hielt mir versöhnlich ihre Hand entgegen, ich schmuste meinen Kopf daran und schnurrte, um ihr zu signalisieren, dass ich mit dieser Lösung nur allzu einverstanden war.

Den restlichen Tag über versuchte ich, Aiden in der Höhe aus dem Weg zu gehen, und hoffte sehr, es würde ihn stören, hatte aber eher das Gefühl, dass es das nicht tat und es der Kleine ganz und gar genoss, sich mein persönliches Paradies – inklusiver Angestellter – an sich zu reißen.

Von unserer ersten gemeinsamen Mahlzeit möchte ich jetzt gar nicht erst anfangen, während ich ganz in Ruhe fraß, schlang Aiden sein Futter hinunter, als gäbe es kein Morgen mehr. Nur um dann kurz um sich zu blicken, mein Futter zu fixieren und schon wieder sein gieriges Mäulchen aufzureißen.

Klatsch! Schon schoss meine Pfote ihm entgegen und er machte erschrocken einen Satz nach hinten.

Also irgendwann hört der Spaß auch auf!

Frauchen sammelte Aiden ein und nahm ihn mit in das Wohnzimmer, damit ich in Ruhe fressen konnte.

Meine Laune war ziemlich im Keller, doch mein Herrchen schaffte es, für frischen Wind zu sorgen. Der kam nämlich heim und hatte im ersten Moment nur Augen für mich, was ich super fand. Wir tobten gemeinsam durch die Bude und da der kleine Frechdachs nonstop bei Frauchen zum Kuscheln herhalten musste, hatte ich unser Herrchen ganz für mich allein und genoss jede Sekunde davon.

Abends musste Aiden so fertig von seinem ersten Tag bei mir gewesen sein, dass er sich am Fußende unseres Herrchens zusammenrollte und tief und fest einschlief. Herrlich. Endlich Ruhe. Ich genoss die Zeit mit Frauchen und Herrchen, bis die beiden entschlossen, sich in ihr Schlafzimmer zu verziehen und mich mit unserem neusten Familienmitglied allein zu lassen. Als würde das nicht reichen, wurde dieser von all dem Trubel natürlich wach und saß nun heulend vor der Tür, hinter der die beiden vor einigen Minuten verschwunden waren. Das konnte ja eine ganz tolle Nacht werden.

Ich verkroch mich in mein neu eingerichtetes Bett, welches Aiden nicht erreichen konnte, und versuchte, zu schlafen.

Doch das klappte nicht allzu gut, ich hielt vehement meine Augen geschlossen, doch sein Gejammer ließ keinen Schlaf zu. Irgendwann gab Aiden auf, kam mit hängendem Köpfchen zurück in das Wohnzimmer geschlichen und legte sich aufs Sofa unter eine Wolldecke.

Er jammerte noch ein wenig vor sich hin und ich versuchte im ersten Moment, weiterzuschlafen, doch ich konnte es nicht durchziehen.

Wie er sich jetzt wohl fühlte? So weit weg von seinem früheren Zuhause. Und jetzt war auch noch seine einzige Bezugsperson, mit der er sich in den ersten Tagen bei uns ein Bett geteilt hatte, einfach so verschwunden und hatte ihn mit einem Kater zurückgelassen, der den ganzen Tag nur gemein zu ihm gewesen war.

Ich seufzte kurz, doch dann gab ich nach, stand auf, verließ mein sicheres Plätzchen und legte mich zu ihm. Das bemerkte Aiden sofort. Übermütig kroch er zu mir und legte seinen Köpfchen auf meine Seite, ich grummelte kurz vor mich hin, doch ich ließ ihn gewähren.

Und so schliefen wir beide nah aneinander gekuschelt die ganze Nacht.

Franziska Rohrmoser, *1995 geboren in Sonthofen. Sie arbeitet als Technische Produktdesignerin und ihre Hobbys sind Schreiben, Lesen und Zeichnen. 2022 hat sie damit begonnen, ihre Kurzgeschichten zu veröffentlichen.*

Eine Katzenfreundschaft für ein Jahr

„Miau." Da war er wieder, dieser laute, jammernde Ruf nach Aufmerksamkeit. Ich blickte mich um, während ich meine Arbeitstasche aus dem Kofferraum meines Wagens holte und konnte nichts entdecken. Wiederum ertönte ein Miau, ich konnte es einfach nicht ignorieren. Ein Ruf nach Achtsamkeit, voll Bedürftigkeit und Hunger. Ja, das war eindeutig ein Schrei aus einem leeren Bauch heraus.

Hinter dem Bauzaun, der die Fremdfirmen auf dem Gelände trennte, war ein roter Container für Schrott. Dieser stand auf Holzbalken und bot so einen Unterschlupf zum Schutz vor neugierigen Menschen. Ich musste mich tief hinunterbeugen, damit ich das Miauen orten konnte. Nun kam ein gefährliches Fauchen unter dem Container hervor. Dieser Warnlaut wurde mir von einer dünnen, grauen Katze entgegengeschleudert, die mehr Knochen als Fleisch war. Unmissverständlich machte die Kätzin mir klar, dass ich ihr nicht zu nahe kommen sollte. Das hatte ich auch nicht vor, ihr auf die Pelle zu rücken.

Ein helles „Miau" drang an mein Ohr, es hörte sich neugieriger und freundlicher an. Mit viel Mühe konnte ich in der hintersten, dunklen Ecke unter dem Container ein dünnes, schwarz-weiß geflecktes Kätzchen wahrnehmen. Das Kleine konnte nur wenige Wochen alt sein, es war gerade groß genug, um mit der Mutter auf Futtersuche zu gehen. Neugierig blickte es mir geradewegs ins Gesicht. Aufgeweckt und interessiert beobachtete das Kätzchen mich, kam aber nicht näher. Es blieb immer nahe bei der Kätzin, bei der das Kleine sicher war.

Schnell brachte ich meine Tasche an meinen Platz und durchstöberte die Küche nach Essbarem. Die beiden Katzen hatten mich betört. Einer meiner Kollegen hatte eine Dose Thunfisch im Kühlschrank, die teilte er bestimmt gerne mit den Katzen. Davon ging ich zumindest aus, als ich das Schlemmermenü anrichtete und dieses dann auf einem kleinen Teller vor dem Container platzierte. Wieder fauchte mir die Kätzin vorsichtshalber entgegen. Das Junge war neben ihr.

Sobald ich ein Stückchen weggegangen war, sah ich, wie die beiden ausgehungerten Raubtiere über das angebotene Futter herfielen. Es gab mir ein gutes, angenehmes Gefühl, den beiden Katzen die hungrigen Mägen zu füllen. Und meine Arbeit ging mir an diesem Tag besonders leicht von der Hand. Nach dem Feierabend war ich dann noch einkaufen und als ich an dem Regal mit Katzenfutter vorbeischlenderte, versäumte ich es nicht, ein Döschen Futter mit Thunfisch, eines mit Geflügel und auch eine Schachtel Trockenfutter mitzunehmen.

Am nächsten Morgen präsentierten sich Mama Katze und das Katzenkind offen hinter dem Bauzaun und warteten schon darauf, ob ich leckere Dinge mitgebracht hatte. Ich war mit einem Schüsselchen bewaffnet, in dem ich das leckere Katzenfutter anrichtete. Ich hatte zu Huhn gegriffen. Wiederum erntete ich ein Fauchen und sah die Katze an. Dünn, wie sie war, ließ sie mich nicht im Zweifel darüber, dass sie äußerst wehrhaft sein konnte. Mit sanfter, schmeichelnder Stimme sprach ich die Katzen an und bat sie, etwas Platz zu machen, wenn sie an ihr Futter wollten. Die Kätzin verkroch sich mit dem Jungen tief unter den Container, als hätte sie mich verstanden und wartete, bis ich das Futter platziert hatte. Ich stellte die Schüssel hin und ging etwas auf Abstand, sodass ich aber die beiden Katzen noch beobachten konnte. Sofort kamen sie hervor und fielen über das Futter her, betrachteten mich dabei stets mit einem wachsamen Auge und ermahnten mich mit einem Fauchen. Es schmeckte ihnen offenbar sehr gut, denn die Schüssel war blitzblank sauber leer gegessen.

Abends, bevor ich nach Hause fuhr, füllte ich nochmals mit Trockenfutter nach. So wurde ein regelmäßiges, ja tägliches Ritual daraus. Ich kaufte verschiedene, leckere Sorten Katzenfutter und fütterte die Katzen damit. Am Freitag gab es noch eine extra große Portion fürs Wochenende. Ich merke von Tag zu Tag, dass ich ein fester Futterlieferant für die beiden Katzen geworden war und es machte mir Spaß, die beiden zu füttern. Das bedrohliche Fauchen wurde weniger und der Abstand schien kleiner zu werden.

Eines Tages saßen die beiden Tiere sogar auf meiner Seite des Zauns. Im Sommer war ich dann eine Woche im Urlaub und überlegt, ob die Katzen abwandern würden, wenn ich nicht zum Füttern da war. Darüber brauchte ich mir aber keine Gedanken machen. An dem ersten Tag, als ich wieder zur Arbeit ging, waren meine beiden Leckermäuler immer noch an Ort und Stelle, als wäre ich nie weg gewesen. Das Futter wurde schon sehnlichst erwartet. Zwischenzeitlich hatten sich die beiden wohl mit einigen Mäusen oder anderer Jagdbeute versorgt.

Ich genoss den Kontakt zu den Tieren, auch wenn sie wild blieben. Unsere Futterverabredung wurde stets eingehalten und dankbar angenommen. Es war nicht mehr und nicht weniger. Mittlerweile hatte die Kätzin gut zugenommen und sah nicht mehr so mager aus. Ihr Fell glänzte vom guten Futter. Das Katzenjunge wurde größer und kräftiger. Es schien ihnen an nichts zu fehlen. Der Sommer neigte sich dem Ende zu und ich fütterte die beiden Katzen bis in den Herbst hinein. Die Kätzin kam immer seltener, bis sie eines Tages ganz ausblieb. Sie war zuletzt eine richtige Schönheit geworden. Das ehemals kleine Katzenkind hatte sich zu einem großen, kräftigen Tier entwickelt und es mangelte ihm an nichts mehr. Als ich es so sah, entschied ich mich, mein restliches Katzenfutter noch zu verteilen und meinte dann zu dem schwarz-weißen Katzenkind: „Du bist nun groß genug, deine eigenen Mäuse zu jagen."

Als hätte die Katze mich verstanden, ging sie von da an ihren eigenen Wegen nach. Einmal noch saß das Katzenkind wie der König auf dem Hof und von da an habe ich die beiden Katzen nicht wiedergesehen. Das warme, liebevolle Gefühl ist mir geblieben und ich denke noch oft an die Katzenfreundschaft für ein Jahr zurück.

Regina Denneby, *Jahrgang 1968, lebt mit ihrem Mann und ihrer Tochter in Bayern. In der Natur fühlt sich die Autorin wie zu Hause. Sie liebt es, Zeit mit ihrer Familie zu verbringen, liest sehr gerne und das Schreiben war schon immer ihre große Leidenschaft. Die Büroangestellte verwirklicht ihren Traum in einer kreativen Schreibgruppe. Bisher konnte sie bereits ein englischsprachiges Gedicht veröffentlichen „Appletree" und einige Texte in einem selbst veröffentlichten Buch der Schreibgruppe. Sie versuchte sich auch als Ghostwriterin und erzählte die Geschichte von Maria, einer Immigrantin in Irland, die dort ihren „Sense of Place" fand.*

nicht zementieren. Nur dir würde das nichts nutzen. Dich würde das Monster trotzdem zermantschen. Also hau ab, wenn ein Trecker naht! Verstanden?! Du hast nun genug Mustererfahrung akkumuliert und solltest sie in deinen Verhaltenskanon einschreiben, findest du nicht?

Doch dann erinnere ich mich an früher und vermisse, was verloren gegangen ist, so sehr, dass mir der Atem stockt und nicht einmal mein Asthmaspray Linderung bringt.

Ich vermisse mein platschiges Katerchen. Und frage mich, ob du nur erfahrener oder auch trauriger geworden bist? Desillusionierter?

Der kleine Henry tapste unbekümmert herum und steckte neugierig überall seine kleine, kalte, orangefarbene Nase hinein. Alles war spannend. Von nix und niemandem nahm er an, dass es, er oder sie ihm schaden wollen könnte. Bis die bösen Zeiten begannen: Hunde überfielen ihn. Und die Katzenkämpfe begannen!

Du hast sie alle gekämpft, nicht wahr? Ungern, schicksalsergeben, fast mürrisch, tapfer. Du hast die Wunden davongetragen und gelernt, was ein Revier ist. Du hast gelernt, dass Katze das eigene doch besser verteidigen sollte, wenn er oder sie nicht möchte, dass der Feind sich einnistet. Denn das tut er, wenn du nicht am Ball bleibst. Er macht sich breit und nicht einmal dein geheimster Kuschelplatz bietet dann noch Schutz. Das war eine schlimme Lektion, aber du hast sie gelernt.

Das Leben mit dir ist ruhiger geworden, Johannes Heinrich Katze. Die Leute sagen, so sei das nun einmal, wenn Katzen erwachsen werden. Gut, dann bist du nun also erwachsen. Das muss wohl so sein. Wir alle lernen aus Erfahrung, damit Schlimmes nicht oder nicht immer wieder geschieht. Manchmal haben wir Erfolg damit, manchmal nicht.

Trotzdem fühlte es sich lebendiger an, als du senkrecht an der Wohnungstür hochgestiegen bist, weil du hinaus wolltest, oder einfach nur, weil die Tür eben da war und erobert werden wollte.

Erinnerst du dich noch an jene Phase der experimentellen Persönlichkeitsfindung, als du mit den Fingern zu essen pflegtest? So ein feierlicher Moment echter kätzischer Tischkultur! Was für ein Highlight!

Manchmal denke ich, dir könnte der Spaß abhandengekommen sein, die Lebensfreude und mit ihr ein Stückchen vom Leben selbst. Ich fürchte einfach, du könntest ein wenig traurig geworden sein.

Ich hoffe, es geht dir gut, John Henry Katzenmann, im Allgemeinen und ganz besonders jetzt gerade zwischen meinen Nylonstrümpfen in der Sockenschublade.

Und das Fenster bleibt geschlossen! Es ist kalt da draußen, Katze! Ich bin Menschin und habe kein Fell! Mit einer kalten Nase kann ich nicht arbeiten! Gib gut auf dich Acht, kleiner Kater!

***Annie Kraut** ist heute im Brotberuf Texterin und PR-Frau. Sie ist 55 Jahre alt. Seit sie denken kann, schreibt sie Geschichten, Gedichte und Theaterstücke. Nicht zu vergessen ihre „Krauts", die sie manchmal bei Poetry-Slams vorträgt. Wer mehr lesen möchte, kann gern mal auf: https://annie-kraut.net reinschauen. Hier gibt es auch mehr über Henry und seine ältere Schwester Emmi. Ihre Leidenschaft, neben dem Schreiben, ist die Musik bzw. das Singen, v. a. Jazz, Blues und Alte Musik. Sie liebt das Meer und den Wald. Sie wandert und schwimmt von Herzen gern.*

Cleo

Heute ist es endlich so weit! Ich bekomme ein Frauchen. Und gemeinsam mit dem Frauchen zieht noch jemand bei uns ein: eine Katze. Ich mag Katzen. Obwohl ich ein Hund bin. Genau gesagt, bin ich eine Mastiff-Hündin, Molly ist mein Name. Manche haben Angst vor mir, weil ich so groß und massig bin. Das erkenne ich deutlich an den respektvollen Blicken, die mir zugeworfen werden, wenn Jonas, mein Herrchen, mit mir spazieren geht. Dabei, so sagt Jonas immer, kann ich keiner Fliege etwas zuleide tun. Und er hat recht, obwohl, ich könnte schon, aber ich tue es nicht.

Das Frauchen kenne ich bereits seit einigen Monaten. Jonas nennt sie Schatzi. Die Katze heißt Cleo. Schatzi war schon oft zu Besuch bei uns. Ich mag sie, sie bringt mir immer Leckerlis mit. Cleo kenne ich noch nicht persönlich, nur vom Geruch her, der an Schatzis Kleidung haftet. Ich mag den Geruch. Auf jeden Fall ist es höchste Zeit, dass Schatzi und Cleo zu uns ziehen. Jonas ist nämlich so verliebt in Schatzi, dass er ständig an sie denken muss, wenn sie nicht bei ihm ist. Deswegen ist er oft sehr verwirrt und nicht bei der Sache, die er gerade macht. So hat er mir letztens statt meines Futternapfs seine Salatschüssel hingestellt. Und einmal hat er vergessen, mit mir zur üblichen Zeit Gassi zu gehen. Stattdessen hat er stundenlang mit Schatzi telefoniert – und musste danach mein großes Geschäft vom Vorzimmerteppich putzen.

Jetzt schaut er gerade unruhig aus dem Fenster, geht dann nervös im Zimmer auf und ab und riecht an den roten Rosen, die er zuvor in eine Vase auf Schatzis Kommode gegeben hat. Schatzis Möbel sind nämlich schon in den letzten Tagen geliefert worden. Unter anderem auch ein Katzenkratzbaum, an dem ich sehr gerne schnüffle, und ein großes, bequemes Körbchen.

Ich stelle mir vor, dass Cleo und ich beste Freunde werden und dass wir nach dem gemeinsamen Spielen zusammengekuschelt in diesem Korb faulenzen werden.

„Molly“, sagt Jonas zu mir und streichelt meinen Kopf. „Jeden Moment werden sie kommen. Ach, wie ich mich freue, dass mein Schatzi endlich zu mir zieht! Und ihre Katze natürlich. Aber bitte lass Cleopatra Zeit, sich einzugewöhnen. Ein Umzug ist nicht einfach für eine Katze. Stürze dich nicht gleich auf sie. Sie ist zwar eine äußerst selbstbewusste Katze, aber ich weiß nicht, wie sie auf dich reagiert. Sie hat noch nie einen Hund gesehen. Vielleicht hat sie Angst vor dir. Sei bitte so lieb und einfühlsam wie immer, okay?“

„Wuff, wuff“, sage ich beleidigt. Was denkt Jonas denn, natürlich werde ich mich von meiner besten Seite zeigen.

„Oh, sie sind da!“ Wir beobachten durchs Fenster, wie Schatzis rotes Auto vor unserem Haus anhält. Und schon stürzt Jonas vor lauter Freude beinahe über die Türschwelle. „Komm, Molly!“

Draußen umarmen sich Schatzi und Jonas lange, dann begrüßt mich Schatzi mit einigen leckeren Leckerlis. Und dann nimmt sie einen großen Katzenkorb von der Rückbank ihres Autos, hebt ihn heraus. „Darf ich vorstellen, Molly, das ist meine kleine Königin Cleopatra“, sagt sie zu mir.

Neugierig sehe ich in den Korb, drücke meine Schnauze an die Gitterstäbe. Zwei tiefgrüne Augen blitzen mich an. Dann höre ich ein wütendes Fauchen und spüre zugleich scharfe Krallen auf meiner Nase. Erschrocken weiche ich zurück und winsle. Sie hat mich tatsächlich gekratzt!

„Aber, Cleo, Molly wollte dich doch nur begrüßen!“, sagt Schatzi. „Arme Molly!“

„Cleo braucht Zeit. Halte Abstand, Molly“, sagt Jonas.

Drinnen im Haus schickt mich Jonas ins Körbchen. Von dort aus sehe ich zu, wie Schatzi den Katzenkorb mit Cleo auf den Fußboden stellt und die Gittertür aufmacht. Nach einigen Minuten kommt Cleo heraus. Sie ist klein, viel kleiner, als ich gedacht habe, und getigert. Selbstbewusst geht sie im Zimmer herum und inspiziert alles. Einmal sieht sie zu mir und wedelt mit ihrem Schwanz. Ich wedle ebenfalls freudig. Sie faucht böse. Verwirrt sehe ich zu Jonas. Offensichtlich bedeutet Schwanzwedeln in der Katzensprache etwas anderes als in der Hundesprache. Unser Kennenlernen habe ich mir definitiv einfacher vorgestellt.

Schatzi stellt Cleo einen vollen Futternapf hin und Cleo frisst genüsslich. Danach springt sie auf ihren Kratzbaum und wäscht sich auf dem

höchsten Platz ihr getigertes Fell. Schatzi und Jonas trinken Sekt, halten Händchen und freuen sich.

„Cleo fühlt sich ja jetzt schon wie zu Hause, wie schön!“, sagt Schatzi. Zu mir sagt sie tröstend: „Das wird schon, Molly, du wirst sehen. Bald werdet ihr beste Freunde sein.“ Dann gehen sie aus dem Zimmer und Cleo und ich sind allein.

Wir sehen uns an. Ich frage sie vorsichtig, ob sie draußen mit mir spielen will. Ihre Antwort ist ein böses Fauchen. „Lass mich in Ruhe“, sagt sie, „ich bin müde und werde jetzt schlafen.“

Ich bemühe mich, ganz still zu sein und mache ebenfalls ein Nickerchen. Als ich aufwache, sitzt Cleo auf dem Fensterbrett und sieht interessiert hinaus. Erfreut springe ich aus meinem Korb. „Komm“, sage ich, „ich zeige dir den Garten.“

„Lass mich in Ruhe“, sagt Cleo grantig, „der Garten interessiert mich nicht. Ich war und bin und bleibe eine Wohnungskatze.“ Sie hüpft wieder auf den obersten Sitz ihres Kratzbaumes und beachtet mich nicht mehr. Mir bleibt nichts anderes übrig, als wie immer allein draußen die Vögel zu beobachten und im Sand zu buddeln.

Nach einem schönen langen Spaziergang mit Jonas und Schatzi versuche ich es noch einmal. „Ich freue mich, dass du da bist“, sage ich freundlich, „vielleicht können wir Freunde werden. Und vielleicht möchtest du ja jetzt mit mir im Garten spielen.“

„Lass mich in Ruhe“, faucht sie unfreundlich, „du und dein Garten interessieren mich nicht. Ich war und bin und bleibe eine Wohnungskatze.“

Ich winsele traurig, als ich später am Abend, wie immer allein, in meinem Korb liege. Schließlich bin ich doch auch nur ein Hund.

Mitten in der Nacht wache ich auf, weil es laut blitzt und donnert. Ich sehe, wie Cleo mit weit aufgerissenen Augen aufrecht auf ihrem Kratzbaumplatz sitzt. Sie zittert.

„Du brauchst keine Angst zu haben. Das ist nur ein Sommergewitter“, sage ich und erwarte ihr übliches Fauchen: „Lass mich in Ruhe ...“

Doch Cleo sagt nichts. Als es nochmals donnert, hüpft sie plötzlich in einem Satz vom Kratzbaum und in einem zweiten Satz in mein Körbchen und versteckt sich zitternd unter meinen Vorderpfoten. Ich bin so verdutzt, dass ich gar nichts sagen kann. Still liegen wir da. Es donnert und blitzt noch dreimal, dann ist das Gewitter vorbei. Cleo entspannt sich.

„Wie ist es denn so im Garten?“, fragt sie unvermittelt. „Erzähle doch mal.“

Und ich erzähle ihr. Von Erde, in der man buddeln kann, von Heuschrecken, die man jagen kann, von Vögeln und Wolken, die man beobachten kann.

Cleo lauscht und beginnt zu schnurren. „Weißt du, Molly“, sagt sie, „vielleicht bleibe ich doch nicht für immer eine Wohnungskatze.“ Dann sagt sie schnell, bevor ich antworten kann: „Aber jetzt lass mich in Ruhe, ich bin müde und möchte schlafen.“

Und schon schläft sie, an meinen Bauch geschmiegt, ein. Ich liege noch eine Weile zufrieden wach und male mir aus, wie Cleo und ich im Garten spielen werden, bevor ich ebenfalls einschlafe.

Claudia Dvoracek-Iby, *geboren 1968, lebt in Wien, schreibt Geschichten und Gedichte für kleine und große Menschen. Das Bild stammt von Carina Dvoracek, geboren 2003. Sie lebt in Wien, liebt Tiere und zeichnet diese sehr gerne.*

Azzura

Dies ist ein Gedicht für meine Katz'.
Für unsre Katz'.
Azzura.

Der ich schon tausendmal übers Fell gestrichen habe,
deren elegante Bewegungen
in der aufblätternden Dämmerung,
in die Umgebung gegossen werden.

Still.

Auf federweichen Pfoten,
die Muskeln ein gespannter Bogen.
Vibrierend bis in die aufgestellten Ohrenspitzen
sitzt Du da.

Wartend, kauernd, lauernd.
Wie ein Pfeil, der durch das flüchtende Licht schnellt,
bohrst Du Dich in die ergießende Dunkelheit.
Nichts hält Dich zurück.

Für einen Shot Oxytocin
drücken wir die Nase in Dein Fell.
Für einen Shot Serotonin
legen wir uns dicht an Dich.

Doch jetzt.

Wartend, kauernd, lauernd.
Wie ein Pfeil, der das sinkende Licht zerteilt.
Nichts hielt Dich zurück.

Im Scherenschnitt der Dunkelheit.
Zerfledderte Fledermaus,
liegt da.

Still.

Oh Azzura!
Du,
Du,
Katz'.

Sandra Engelbrecht: *Wirkt und lebt mit ihrer Familie in der Schweiz. Geboren 1975 in Baselland, Auslandaufenthalte in England und Indien. Zwanzig Jahre in der Werbung tätig. Marketingkonzepte und Texte für Zeitschriften und Websites geschrieben. Heute: Recherchieren und Schreiben für das Theater Süd und eine Web-Agentur. Arbeitet on/off an ihrem ersten Roman, diversen Kurzgeschichten und Gedichten – publiziert auf Websites und in Anthologien.*

Das eifersüchtige Kätzchen

Es war ein wunderschön sonniger Tag und ein Mann kam freudestrahlend mit einem Korb auf dem Arm nach Hause. „Liebling!“, rief er schon fast singend. „Ich habe eine Überraschung für dich!“

Seine Frau kam herein und strahlte übers ganze Gesicht. „Ist es das, was ich mir schon so lange gewünscht habe?“

Er strahlte zurück und nickte. Beide öffneten vorsichtig den Korb und es kam ein winzig kleines Kätzchen hervor, es hatte flauschiges rotes Fell und blaue Augen. Erst reckte und streckte es sich und dann begann es auch schon, zu maunzen. Die beiden waren sofort verliebt und tauften ihren Kater Sammy!

Sammy sah sich um und begann, die Wohnung zu entdecken, erst am großen Kissen vorbei entdeckte er das Fenster, es war bodenhoch, sodass Sammy die Sonne sehen konnte. Als er dort so stand und die Bäume draußen beobachtete, bemerkte er ein Glitzern und Funkeln an der Wand und auf dem Boden. Seine Neugier war geweckt. Er sprang, so weit er konnte, auf diese glitzernden Punkte zu. Erst erwischte er einen, dann zwei, dann drei und plötzlich stieß er mit seinem Kopf an einen großen Käfig. Sammy wunderte sich und versuchte, die Spitze des Käfigs zu sehen, doch der Käfig war viel zu groß.

Da erst merkte er, dass sich in dem Käfig etwas bewegte. Er hatte zwar auch ein wenig Angst, doch die Neugier war größer. Sammy pirschte sich erst zu der einen Seite, dann zur anderen, doch er konnte nicht erkennen, wer in dem Käfig war! Er begann, Sprosse für Sprosse am Käfig hochzuklettern, gut, dass er das so oft mit seiner Mutter und den Geschwistern geübt hatte. Dann sah er ihn – einen Vogel, doch so einen hatte er noch nie gesehen. Er hatte ein total blaues Gefieder, sehr lange Schwanzfedern und einen riesigen Schnabel, der auch noch total verbogen war.

Sammy rief: „Hallo, wer bist du denn?“

„Mein Name ist Xander von Hugonosten zu Burghausen!“, krächzte der seltsame Vogel. „Ich bin ein sehr seltener Blauara! Und wer bist du?" Ein bisschen eingeschüchtert und fast schon sich schämend, antwortete Sammy: „Meine Mutter nannte mich mein Schätzchen, aber die beiden hier sagen immer Sammy zu mir. Ich wurde im Tierheim geboren."

Der seltsame Vogel beugte sich zu Sammy und sprach: „Du darfst mich Hugo nennen, den langen Namen kann sich doch keiner wirklich merken!" Sammy war erleichtert, sein neuer Freund und Mitbewohner war sehr nett.

In den nächsten Wochen und Monaten wurden sie echte Freunde, teilten Sammys Kissen oder Hugo klaute Extrafutter nur für Sammy. Eines Tages kam ihr Herrchen und erzählte, dass morgen wieder Nimm-dein-Haustier-mit-zur-Arbeit-Tag war. Hugo kannte das schon und freute sich sehr, dass er wieder mit ihm ins Büro gehen durfte.

Sammy war verwirrt, warum durfte er denn nicht mitgehen? Er war doch auch sein Haustier! Hugo wollte Sammy erklären, warum er mit zur Arbeit gehen würde und nicht das Kätzchen, doch Sammy war eifersüchtig und wollte nichts hören. Beleidigt ging er in sein Körbchen und machte sich extra breit, damit Hugo keinen Platz mehr hatte.

Hugo grübelte die ganze Nacht, wie er Sammy wieder glücklich machen konnte. Und obwohl er ahnte, dass es keine gute Idee war, wenn Sammy mit ins Büro gehen würde, wusste er, dass die Neugier seines besten Freundes keine Ruhe geben würde. Also beschloss er, für heute krank zu sein und hustete wie noch nie in seinem Leben. Seine Herrchen machten sich große Sorgen und beschlossen, ihn zu Hause zu lassen.

Während Hugo also im Bad ein Erkältungsdampfbad nahm, ging das Herrchen mit Sammy ins Büro. Sammy war so sehr aufgeregt vor Freude, dass er es kaum wagte, sich im Katzenkorb zu rühren. Sein Herrchen stellte den verschlossenen Katzenkorb auf die Erde vor seinen Schreibtisch und einige seiner Arbeitskollegen kamen vorbei, fragten nach Hugo und waren verwundert über die Katze im Büro.

Sammy sollte bald wissen, wieso! Denn plötzlich ging die Tür auf und der Chef kam mit all seinen Haustieren herein. Er hatte fünf Hunde: einen kleinen Chihuahua, der, der Chef zu sein schien, einen Pudel, er war schon sehr alt und zahnlos, einen Dalmatiner, er war fast blind, aber vergaß das ständig, einen Boxer, er war total lieb und schüchtern, aber auch sehr tollpatschig, und eine Bulldogge, er war der Bodyguard der Truppe. Dieses ganze Rudel freute sich schon den ganzen Tag darauf, all seine Freunde zu treffen, und stürmte sofort los. Im ersten Büro trafen sie den Mischlingshund Mischa und wurden ein noch größeres Rudel. Im nächsten Raum begrüßte das Rudel die beiden Schildkröten Tilli und Milli, die durch die stürmische Begrüßung und den Sabber der Hunde sich einfach für die nächsten Stunden in ihr Haus zurückzogen.

Dann war das Büro von Sammys Herrchen dran. Zum Erstaunen des Rudels war Hugo nicht da, kein Käfig weit und breit, nur ein Geruch, den sie nicht kannten. Als sie ihrer Nase folgten, fanden sie den Katzenkorb und so auch Sammy. Stürmisch begrüßten sie den neuen Kollegen, dabei sabberten sie die Tür zu, rempelten ständig gegen den Korb und bellten in einer Lautstärke, dass Sammy Angst und Bange wurde. Er verkroch sich in die hinterste Ecke seines Körbchens und schrie und fauchte so viel, dass er schon ganz erschöpft war, als sein Herrchen den Korb endlich hochnahm und ihn auf den Schrank stellte. Die Hunde aber bellten ohrenbetäubend weiter und waren kaum zu beruhigen, doch Sammy war endlich in Sicherheit und beobachtete das bunte treiben. Er verstand gar nicht, warum Hugo das hier so toll fand, er fand es schrecklich.

Zu Hause berichtete er von seinen Erlebnissen, dem Horror und seinen Ängsten. Er versprach, nicht mehr so neidisch zu sein, damit kein Freund mehr krank spielen muss, nur damit Sammy seinen Willen bekam.

***Susanne Kühn** ist 47 Jahre alt, arbeitet ehrenamtlich an der Mildred-Harnack-Schule und leitet dort mit einer Kollegin den Buchclub und die Kreativ AG.*

Pützchen

An einem schönen Sommertag
da ging sie auf, die Türe
es sollten ein paar Tage sein
der Unterkunft und Liebe

Da schritt das Kätzchen stolz hinein
in ihre neue Wohnung
das Leid, der Dreck, es war vorbei
nur Liebe – die Belohnung

Das Kätzchen, das trug ganz viel Fell
es kam ja aus Norwegen
die Augen grün, der Blick so schön
es wirkte ganz verwegen

Wie eine Löwin sah es aus
das zarte Lebewesen
es war unendlich liebevoll
ihr Seelchen schnell genesen

An einem kalten Wintertag
da schloss sich diese Türe
es waren Jahre voller Glück
gefüllt mit ganz viel Liebe

Gute Reise!

***Christiane Weber** lebt in Dortmund, Sozialarbeiterin, leidenschaftliche Radlerin, liebt den Krimi zum Tee und das Knistern des Kamins, spielt Ukulele und singt in einem Duo, veröffentlicht Kurzgeschichten und Lyrik.*

Martha & Tilda

Die Katze Tilda lag komfortabel eingerollt genau in der Spalte zwischen Marthas Bein und der Sofalehne. So wie jeden Abend klangen aus dem Fernseher die beruhigenden Geräusche einer seichten Unterhaltungskomödie. Beruhigend deshalb, weil die Monotonie weder von plötzlichen Pistolenschüssen noch von harschem Geschrei unterbrochen wurde. Es lief bloß ein freundliches Geplänkel, welches das gelegentliche Entschlummern sowohl von Kätzchen als auch Frauchen erlaubte.

Tilda war behaglich zumute. Ihr missfiel die Zweisamkeit mit Martha keineswegs, denn obwohl die beiden sich selten aktiv miteinander beschäftigten, genossen sie doch die gegenseitige Nähe und Wärme.

Soeben war Tilda aus einem ihrer Nickerchen erwacht und streckte ihre Pfoten von sich, die Krallen genüsslich auseinanderspreizend. Jedoch, als sie sich gerade umdrehen und wieder in den Schlaf versinken wollte, fiel ihr etwas Ungewöhnliches auf. Marthas Gesicht hatte sich verkrampft und sie hielt eine Hand an ihre Brust gedrückt.

Sofort war Tilda wach: Sie wusste, dass jetzt etwas anders war als sonst. Sie stupste mit der Nase an Marthas Arm, erhielt aber keine Reaktion. Stattdessen entfuhr Martha ein Stöhnen. Mit einem Satz sprang Tilda vom Sofa herunter und lief in Richtung ihrer Katzenklappe. Sie benutzte sie nur selten, da sie auf den Balkon hinausführte. Dort war es manchmal zwar angenehm sonnig, meistens aber windig oder in anderer Form ungemütlich. Tilda war sich sicher, dass es draußen um diese Uhrzeit sehr kalt sein müsse, aber sie war dennoch entschlossen, hinauszugehen. Sie schob die Klappe mit dem Kopf beiseite und stand einen Moment später auf dem Balkon. Dort sah sie wie gewöhnlich das kleine Sofa, auf dem sie es sich auf ihren seltenen Ausflügen ins Freie gemütlich machte. Jetzt aber hatte Tilda ein anderes Ziel.

Sie legte sich flach auf den Boden und kroch unter dem Sofa hindurch. Schon zuvor hatte sie diese Reise gemacht, vergnügte sich für gewöhnlich allerdings mit anderen Beschäftigungen. Es blieben eine Menge Spinnenweben an Tildas Fell haften – sie würde sich später ausgiebig putzen müssen.

Als Tilda das Sofa unterquert hatte, stand sie vor einem kleinen Durchgang, gerade groß genug für eine Katze. Sie trat hindurch und stand auf einem weiteren Balkon. Hier war es weniger behaglich eingerichtet – Bens praktikabler Einrichtungsstil hatte es von seiner Wohnung aus auch hier herausgeschafft. Lange wollte Tilda aber ohnehin nicht verweilen. Sie tapste zielstrebig auf die Balkontür zu und maunzte laut: einmal, zweimal, dreimal.

Es tat sich nichts. Entschlossen hob Tilda ihre Pfote und hieb sie in schneller Folge mehrfach gegen die Scheibe. Erst jetzt hörte sie von drinnen ein Geräusch, das Licht wurde angeschaltet und Ben stand mit wüsten Haaren vor der Balkontür. Er öffnete die Tür und wollte gerade seinen Kopf hindurchstecken, als Tilda schon hereingelaufen kam. Sie stellte sich vor ihn hin und begann erneut, zu maunzen.

Ben griff Tilda unter dem Bauch und hob sie hoch, ohne auf deren Gezappel zu achten. Er war kein großer Katzenfreund und wollte das Tier schnell wieder aus seiner Wohnung schaffen und sich zurück ins Bett legen, da er morgen Frühschicht hatte. Er ging daher mit Tilda geradewegs auf die Tür zu, schlüpfte nur kurz in seine Hausschuhe und ging zur Nachbarwohnung. Dort klingelte er: einmal, zweimal, dreimal.

Es tat sich nichts. Ben klopfte mehrmals laut gegen die Tür, erhielt aber erneut keine Antwort. „Frau Schmied, Ihre Katze ist wieder auf meinen Balkon geklettert!“

Noch immer nichts.

Ben hielt sein Ohr an die Tür. Er hörte, dass der Fernseher lief. „Frau Schmied, Ihre Katze!“, rief er noch einmal. Von drinnen drang leise Marthas Stimme: „Holen Sie Hilfe, bitte“, dann war nichts mehr zu hören.

Zwei Wochen hatte Tilda bei Ben übernachtet und sehnte sich noch immer schmerzlich nach Martha. Es gab zwar genügend Futter und auch auf Bens Sofa konnte es sich Tilda ausreichend gemütlich machen. Sein Tagesrhythmus gefiel ihr hingegen gar nicht. Sie konnte sich nie darauf verlassen, wann er schlafen und wann er das Haus verlassen würde. Nähe suchte Tilda nicht nach ihm. Es war nicht dasselbe.

Manchmal dachte Tilda daran, was für ein Trubel geherrscht hatte, nachdem sie zum letzten Mal Marthas Stimme gehört hatte. Sirenen und helles Licht waren von draußen hereingedrängt und auf dem Flur hatte Tilda fremde Menschen gehört. Gesehen hatte sie nichts – Ben hatte sie wieder in seine Wohnung gebracht und da die Balkontür jetzt verschlossen worden war, hatte Tilda nicht zurück zu Martha gehen können.

Ein Geräusch an der Tür riss Tilda aus ihren Gedanken. Ben war zurück von seiner Schicht im Pflegeheim. Doch er war nicht allein. Als sich die Tür öffnete, war Tilda schon längst bereit. Sie schoss durch den Türspalt hindurch und stand – wie sie es schon geahnt hatte – vor Martha.

„Meine kleine Tilda", sagte Martha und hob Tilda auf ihren Arm. Das war anders als sonst. Und auch Marthas Geruch war ungewöhnlich. Aber Tilda störte sich nicht daran. Endlich konnten sie wieder nach Hause.

Telja Reinersmann, *Jahrgang 95, lebt mitten im Nirgendwo in der Nähe von Clausthal. Kleinere Veröffentlichungen in verschiedenen Online-Medien – neben dem Schreiben stehen außerdem Puzzlen, Wandern und natürlich Lesen auf dem Programm.*

Revierkämpfe

„Eine Katze kommt mir nicht ins Haus." Erbost stemmte ich die Hände in die Hüften und funkelte meinen Mann wütend an. „Du kennst die Abmachung."

Abwehrend hob er die Hände und lächelte versöhnlich. „Ich meinte ja nur", fing er an.

Sofort unterbrach ich ihn: „Deine Meinung zu diesem Thema ist irrelevant und kommt somit nicht infrage."

„Aber ..." Treuherzig sah er mich an.

Hatte er es noch immer nicht begriffen? Von seinem Blick, der weniger vertrauensselig war, eher treudoof, ließ ich mich nicht umstimmen, und er sollte mich schon kennen, dass ich meinen Standpunkt niemals änderte, hatte ich mich erst einmal festgelegt.

„Was verstehst du daran nicht: Es ist nicht akzeptabel, ausgeschlossen, diskussionsunwürdig und das war mein letztes Wort zu diesem Thema."

Beleidigt kehrte er sich ab, holte seine Jacke aus dem Vorzimmer, sah mich nochmals an, während er in seine Schuhe schlüpfte, dann knallte er die Tür laut ins Schloss.

Allein saß ich nun vor all den halb ausgepackten Umzugskartons und wieder einmal blieb die Arbeit an mir hängen. Vor gut drei Wochen waren wir in das Reihenhaus übersiedelt, endlich raus aus der zu kleinen, dunklen Wohnung, hinein mitten ins Grüne. Doch auspacken, einsortieren, herumschlichten, einfach alles erledigte ich. Und ich hatte das Gefühl, dass es mit einem Haustier nicht anders werden würde und ich zusätzlich zum Haushalt auch noch das Tier zu betreuen hätte.

„Aber in einem Haus haben wir genug Platz und du wirst sehen, sie wird die meiste Zeit draußen im Garten verbringen", versuchte es mein Mann immer wieder, mich zu überreden.

Jedoch machte er es damit nur schlimmer, ich wurde bockig und stur und reagierte allergisch, wenn er damit anfing.

Ich wusste, wie viel ihm eine Katze bedeutete, doch ich konnte meine

Prinzipien nicht einfach über Bord werfen. Und außerdem kam er mir dabei keinen Schritt entgegen. Unsere Abmachung besagte, dass, wenn wir eine Katze bekämen, wir zeitgleich auch einen Hund aufnehmen würden. Er sträubte sich aber dermaßen dagegen, da konnte ich nicht nachgeben.

Erst spät in der Nacht kam mein Mann wieder heim und ich merkte deutlich, dass etwas zwischen uns stand. Es war sein vorwurfsvoller Blick, der in mir Groll und Unverständnis und bei ihm eine große Enttäuschung hervorrief. Eine Entschuldigung konnte es nicht ungeschehen machen und würde auch an meinem Entschluss nichts ändern.

So vergingen die Tage, wir schwiegen das Thema tot und keiner von uns beiden kommentierte die Besuche einer jungen Katze in unserem Garten.

Anfangs saß sie nahe am Zaun und beobachtete mich. Ihre dunklen Augen waren hell umrandet und es schien, als hätte sie eine Brille auf der Nase. Manchmal wirkte es aufgrund der M-förmigen Zeichnung auf ihrem Kopf so, als würde sie ihre Stirn in Falten legen und sie überlegte, wie sie mich besänftigen oder gar umstimmen konnte.

„Ob ein feliner Freund in meinem Leben Platz hat?", fragte ich mich oft, einerseits, um die Harmonie wieder herzustellen, und andererseits, weil mir dieses kleine Fellknäuel tatsächlich fehlte, wenn es nicht auf ihrem Stammplatz saß.

Wie selbstverständlich wagte sich die Katze immer näher heran und schon bald lag sie abends auf den noch warmen Steinfliesen unserer Terrasse in den letzten Strahlen der untergehenden Sonne. Gewissenhaft leckte sie ihre Pfoten, strich sich über die Ohren und miaute ab und zu.

Ich duldete das Tier, doch ich nahm mir fest vor, sie niemals ins Haus zu lassen, geschweige denn, sie zu füttern.

An einem lauen Sommerabend geschah es, dass ich meinen ersten großen Fehler machte. Wir aßen auf der Terrasse, während die Katze zufrieden dösend unterm Tisch lag. Ich hatte mich bei der Menge völlig verschätzt und so blieb eine große Menge des Lachses übrig. Wie selbstverständlich holte ich eine Schüssel, zerteilte den Fisch und stellte ihn ihr hin. Ihr rechtes Ohr zuckte, während ihre Nase aufgeregt schnupperte und ihre gelben Augen mich misstrauisch fixierten.

Überrascht sprang mein Mann auf, wollte etwas sagen, doch stattdessen schloss er wieder den Mund und deutete auf die Katze. Erschrocken zuckte ich zusammen, denn erst jetzt erkannte ich, was ich getan hatte.

Ab sofort würde ich sie nicht mehr loswerden und ob ich wollte oder nicht, sie war nun ein Teil unserer Familie.

Lange betrachtete ich sie, wie sie genüsslich die Schüssel leer putzte. Meine eisernen Prinzipien wurden porös und mit jeder Berührung, jedem Schnurren und jedem treuherzigen Blick rosteten sie ein Stückchen mehr, bis sie vollends zerstört waren.

Wenn ich mich in die Hängematte legte, kam sie ganz selbstverständlich angelaufen und kuschelte sich zu mir. Mein Essen teilte ich schon längst mit ihr und ohne es zu merken, bereitete ich bald eine eigene Schüssel für sie, meine Mira, vor.

Mit gemischten Gefühlen sah ich ihr abends nach, wenn sie durch den Zaun schlüpfte und in den nächsten Nachbarsgarten spazierte, um sich dort Streicheleinheiten oder einen weiteren Snack zu holen. Tief in mir drinnen wusste ich, dass sie zu jemand anderem gehörte und sie mich nur als eine weitere Station in ihrem Tagesablauf sah, doch ich genoss ihre Anwesenheit und konnte es mir anders nicht mehr vorstellen.

Es war ein Sonntag, der mein – oder besser gesagt unser aller – Leben verändern sollte.

Von Westen her zogen dunkle Wolken auf, der Wind frischte auf und entwickelte sich schon bald zu einem Sturm. Große Regentropfen klatschten an die Fenster und besorgt hielt ich Ausschau nach Mira. Erste Blitze zuckten über den Himmel und durchbrachen die Dämmerung. Entfernt hörte ich dumpfes Donnergrollen, welches rasch näher kam. Und dann, im grellen Schein eines Blitzes, entdeckte ich sie ängstlich zusammengekauert unter einem Strauch. Rasch lief ich nach draußen, schlang meine Weste um sie und holte sie ins Haus. Nun war auch meine letzte Grundregel gebrochen, seufzte ich, doch ich konnte sie unmöglich bei dem Wetter im Freien lassen, redete ich mir ein.

Zufrieden kroch sie in die kuschelige Decke, schloss die Augen und schnurrte leise. Ganz nah setzte ich mich zu ihr, streichelte sie und versprach, sie vor dem Gewitter zu beschützen.

„Nichts wird uns jemals trennen“, flüsterte ich Mira ins Ohr.

Als wäre dies eine Aufforderung gewesen, die Grenzen auszuloten, streckte sie ihre langen Beine und machte wie typische Bewegungen des Milchtretens, doch in Wahrheit schärfte sie ihre Krallen in meiner teuren Kaschmirdecke. Verärgert schubste ich sie vom Sofa und sah sie böse an. Mira hielt meinem Blick stand, während ihre Schwanzspitze verärgert zuckte.

„Wie eine Klapperschlange kurz vor dem Biss“, dachte ich, als ich die aufrecht sitzende Katze ansah, die ihre Ohren anlegte.

Ruckartig erhob sie sich, warf mir einen letzten feindseligen Blick zu und schlenderte Richtung Terrassentüre. Sie schien mir zu verzeihen, denn ihr Schwanz war nun wieder hoch aufgerichtet, nahezu senkrecht, und zitterte leicht. Sie begann, mit den Hinterbeinen zu tippeln, und versprühte ihren Urin an meine schneeweißen Wände, über die exquisiten Brokatvorhänge und quer über die Scheibe.

Kreischend sprang ich vom Sofa, stürzte mich auf die Katze, welche geschickt auswich und durch die angelehnte Tür ins Freie schlüpfte.

„Wage es ja nicht, noch mal herzukommen“, schrie ich ihr nach und wollte mich am liebsten selbst ohrfeigen ob meiner so leichtfertig aufgegebenen Prinzipien.

Der beißende Geruch war nach etwa zehn Wäschen aus dem Vorhang entfernt, doch der große gelbe Fleck auf der weißen Wand war trotz mehrmaligen Streichens noch immer da und wird mich ewig an Mira erinnern.

Sabine Syrch-Müller, *geboren 1982 in Wien, aufgewachsen in Niederösterreich, studierte Umwelt- und Sicherheitsmanagement. Sie schreibt neben ihrem Beruf leidenschaftlich gerne Kurzgeschichten. Seither mehrere Veröffentlichungen in Fachzeitschriften und Anthologien. Ihr erster Roman „Mini-Me auf Kreuzfahrt: Hamburger, Einhörner und Caipirinha.“ erschien im November 2021. Derzeit arbeitet sie an einer Fortsetzung von „Mini-Me auf Kreuzfahrt“. Mitglied im Verband Österreichischer Textautoren. Weitere Informationen zur Autorin und ihren Projekten unter www.facebook.com/S.M.Syrch.*

Crespo

An einem sonnigen Montagnachmittag stellte Herr Jacobson fest, dass er ziemlich einsam war. So erhob er sich aus dem muffigen, alten Sessel, in welchem er die größten Teile der zurückliegenden Tage verbracht hatte, um einmal wieder vor die Tür zu gehen. Als er wenig später im Park den in amorphe Lumpen gekleideten Jugendlichen dabei zusah, wie sie jauchzend einer durch die laue Sommerluft segelnden, pinkfarbenen Frisbee hinterherjagten, da wurde ihm plötzlich bewusst, dass es belebende Gesellschaft war, die er brauchte. An Menschen war hierbei jedoch leider nicht zu denken, da Herr Jacobson seit seiner Kindheit an einer seltenen Ausprägung des Asperger-Syndroms litt, welches die Interaktion mit anderen Vertretern seiner Spezies zu einem unberechenbaren Wagnis geraten ließ. Insbesondere der sprachliche Aspekt bereitete hierbei größte Mühsal. Schier unmöglich erschien es ihm, die Kommunikation seines menschlichen Gegenübers dergestalt zu entschlüsseln, dass er sich vom Nicht-Vorhandensein einer unmittelbaren Gefahr überzeugen konnte. Vor diesem Hintergrund musste er sozusagen in lebensphilosophischer Hinsicht von der exakt entgegengesetzten Prämisse ausgehen, nämlich dass per se überall und jederzeit großes Ungemach lauern konnte. Die Welt war ein chaotischer und unberechenbarer Ort. In diesem Bewusstsein hatte er die bisherigen 42 Jahre seines Lebens zugebracht.

Wieder segelte die pinkfarbene Frisbee durch die Luft und als Herr Jacobson dieser eine Weile mit den Augen folgte, da verlor er sich in Gedanken an sein aktuelles Werk. Immerzu musste er an die Arbeit denken. Seit Tagen schon werkelte er an einer mannshohen Nachbildung des Berliner Fernsehturms herum, die, wie all die anderen Modelle in seiner Wohnung, ganz aus Zahnstochern gefertigt war. Die Kugelformation mit der rotierbaren Aussichtsplattform, das war eine durchaus knifflige Angelegenheit, doch würde er sie meistern, da war er sicher. Kaum hatte er bei diesem Gedanken leise mit der Zunge geschnalzt und sich selbst aufmunternd zugenickt, da sprang neben ihm etwas auf die Bank.

Ein Kater. „Oh je", dachte sich Herr Jacobson, Katzen konnte er schlecht einschätzen. Sein Wissen über diese Tiere erschöpfte sich in drei zoologischen Abhandlungen über Felis catus, die er aus einer spontanen Laune heraus einmal binnen weniger Tage studiert hatte. Einiges davon hatte er vergessen. „Nun gut, Zeit zu gehen also", sagte er sich, nickte dem weiß-schwarzen Kater nervös zu und erhob sich von der Bank. Das Tier indes verharrte regungslos, reckte nur leicht den Kopf und da konnte Herr Jacobson erkennen, dass es ein Halsband mit der Aufschrift Crespo trug. Es gehörte also einer anderen Person, die es sicher auch schon vermisste. Erneut nickte er dem Kater zu und ging nun wirklich.

Schon nach wenigen Augenblicken beschlich ihn das seltsame Gefühl, dass ihm jemand folge, doch sich umzudrehen, das traute sich Herr Jacobson einfach nicht. Also versuchte er, mit gespitzten Ohren hinter sich zu tasten, und als er auf den Kiesweg seiner Straße einbog, da meinte er, das samtene Aufschlagen bedächtig gesetzter Pfoten ausmachen zu können.

Wenig später stand er vor der Tür seiner Wohnung, steckte den Schlüssel ins Schloss und entriegelte. Gerade wollte er eintreten, da musste er doch den Kopf wenden und erblickte – den Kater.

Auf einer der unteren Treppenstufen saß er und starrte ihn an, ohne dabei aufdringlich zu wirken. Warum er ihm gefolgt sei und was er wolle, fragte Herr Jacobson etwas eingeschüchtert, doch erhielt keine verwertbare Antwort, sondern nur ein verhaltenes Miauen, das ihn ratlos zurückließ. Vielleicht war es ja das Beste, die hölzerne Tür zwischen sich und den Kater zu bringen, dachte er sich, doch wurde bei diesem Vorhaben unerwartet düpiert, als sich das Tier unvermittelt an ihm vorbeischob und im Innern der Wohnung verschwand.

In den darauffolgenden Wochen gewöhnten sich Crespo und Herr Jacobson aneinander und der Kater machte keinerlei Anstalten, die Wohnung wieder zu verlassen. Im nahe gelegenen Supermarkt erwarb Herr Jacobson nur die erlesensten Naschereien für das Tier, schaffte zudem einen Kratzbaum und eine ausladende Tunnelröhre an. Kurzum: Crespo fehlte es an nichts in seinem neuen, selbst gewählten Heim. Es wäre gelogen, zu sagen, dass Herr Jacobson anfänglich nicht große Vorbehalte gegen den neuen Mitbewohner gehabt hatte, doch verflüchtigten sich diese sehr rasch zugunsten der Feststellung, dass Crespo ihm tatsächlich jene Gesellschaft spendete, die er zuletzt so schmerzlich vermisst hatte. Bedauerlicherweise sollte dieses harmonische Miteinander nicht lange anhalten.

Eines Tages vernahm Herr Jacobson, dass ein neuer Mieter in die leer stehende Wohnung neben ihm einzog. Einige Tage rührte sich nichts, doch eines Abends dröhnte eine herbe, klassische Melodie durch die papierdünnen Wände, die der musikgeschichtlich beflissene Herr Jacobson als ein Motiv aus Wagners Oper *Der fliegende Holländer* identifizierte. Kaum waren die ersten Töne in die Wohnung gedrungen, da verfiel Crespo ohne jede Vorankündigung in eine bestialische Raserei. Laut schreiend und fauchend riss der Kater mit seinen Klauen ein Modell des römischen Trevi-Brunnens derart ungestüm auseinander, dass die Zahnstocher wie Schrapnelle durch den Raum flogen. Salzige Tränen liefen über Herr Jacobsons Wangen, als Crespo auch Wiener Staatsoper und Notre Dame in Trümmer legte. Kurz darauf fiel das Tier auch über ihn her und schlug ihm schmerzhafte Wunden an den in abwehrender Haltung vor dem Kopf platzierten Unterarmen.

So ging es nun Tag für Tag, Woche für Woche, denn nicht aufhören wollte der neue Nachbar damit, laut Wagner zu spielen. Für einen Moment hatte Herr Jacobson mit dem Gedanken gespielt, nebenan zu klingeln und um eine Verminderung der Lautstärke zu bitten, doch diesen Gedanken sogleich verworfen. Viel zu gefährlich.

Besonders schlimm war es beim *Lohengrin*, Crespo schien dieses Stück nachgerade zu hassen, und legte dementsprechend noch mehr Zerstörungswut an den Tag als üblich. Im Finale eines dieser Tobsuchtsanfälle krachte auch der Berliner Fernsehturm scheppernd zu Boden. An jenem Tag war Herr Jacobson überdies unachtsam bei seiner Deckung, sodass Crespo mit den spitzen Zähnen sein Gesicht erreichen konnte.

Wenige Tage später erkrankte Herr Jacobson. Er fühlte sich abgeschlagen und fiebrig, schwitzte in der Nacht zudem die Laken nass. Unter seinen Achseln bemerkte er eines Morgens dann knotige Formationen, die kurz darauf auch zu schmerzen anfingen. Wenig später fühlte er sich so schwach, dass er nur noch auf dem Sofa im Wohnzimmer liegen konnte, über das zu Klängen des *Tannhäuser* oder des *Parsifal* die Zahnstocher hinwegzischten. Von jenen Unglückstagen des *Lohengrin* einmal abgesehen, schien sich Crespo nicht mehr wirklich um ihn zu kümmern. Zunehmend versank Herr Jacobson in einem fiebrigen Delir, das gelegentlich noch vom pochenden Schmerz der rasch tennisballgroßen Schwellungen durchstoßen wurde.

Doch selbst in derartigen Zuständen allergrößter Agonie fand Herr Jacobson mildernde Zuflucht im Gedanken, dass er nun nicht mehr einsam war.

Bruno Domke, *Studium der Humanmedizin in Freiburg im Breisgau, mit Auslandsaufenthalten in Frankreich und der Schweiz. Aktuell lebt und arbeitet der Autor als Arzt in Berlin. In seiner Freizeit geht er gern diversen sportlichen Betätigungen nach.*

Schmusi und Wusi

Manchmal am Abend konnte sich Simone nicht erklären, warum ihre Katzen Schmusi und Wusi zu zittern anfingen. Ein Zittern, das ihr gruselig vorkam. Es sah witzig aus, aber zum Lachen war ihr definitiv nicht. Es musste einen Grund geben, dem sie schon lange auf die Spur gehen wollte. Schmusi und Wusi waren wunderschöne Katzen mit dunklem Fell und ihre Augen funkelten in der Nacht. Simone liebte sie abgöttisch, deshalb tat es ihr unheimlich weh, sie in diesem Zustand zu betrachten.

Das Mädchen fing in leisen Tönen zu sprechen an: „Hey, ihr beiden, gibt es einen Grund, warum ihr zittert? Bitte redet mit mir, damit ich euch helfen kann?“ Seufzend sprang Simone auf das Wohnzimmersofa, um es sich dort gemütlich zu machen.

Plötzlich erklang die traurige Stimme von Schmusi, die sich zu erklären versuchte: „Simone, wir können dir das nicht verraten, sonst wird dir was Schlimmes passieren.“ Wusi verdrehte nur ihre Augen und fing an, sich zu putzen, was Katzen gewöhnlich immer machten.

„Wie? Es wird mir was passieren, muss ich etwa Angst haben? Das verstehe ich nicht so recht? Bitte, was ist los, wir sind doch Freunde fürs Leben, nicht wahr?“

Schmusi miaute und versuchte, eine passende Antwort auf Simones Frage zu geben, was ihr unheimlich schwerfiel. „Bitte, Simone, wir können wirklich nicht. Vertraue uns, dann wird nichts passieren.“

Eine unheimliche Antwort, die das Mädchen stutzig stimmte. Irgendetwas schwirrte in den Köpfen der Katzen herum, das sie auf keinen Fall wissen durfte. Genau das machte ihr große Angst!

„Süsses Ding, mache dir bitte keine Sorgen, wenn keine Fragen gestellt werden, ist alles gut, das versprechen wir dir“, erwähnten die Katzen noch und sahen das Mädchen, das bezaubernde schwarze Haare hatte, an.

„Es fällt mir schwer, aber ich verspreche es, diesbezüglich keine Frage

mehr zu stellen", schrie die Kleine enttäuschend und fing an, beleidigt zu sein, sodass ihr schlecht wurde.

„Bitte sei nicht sauer auf uns, es ist nur zu deinem Besten." Beide Katzen schauten noch mal zum Mädchen empor, um sich wenig später wieder ihrem Lieblingsspielzeug, dem Wollgarn zu widmen. Sie wussten, dass diese Entscheidung die beste war, um ihre geliebte Simone nicht in Gefahr zu bringen.

Das dunkle Monster hinter ihrem Schatz sollte schon recht bald wieder deutlich zu erkennen sein. Schmusi und Wusi wussten allerdings nicht, dass es nur der Schatten des Mondes war, der ihnen fürchterliche Angst und Schrecken bereitete, und Simone durch ihn nie etwas passieren würde.

__Kristina Plenter,__ geboren 1981, lebt im Westmünsterland in der schönen Stadt Gronau, die an der niederländischen Grenze zu Enschede liegt. Sie schreibt leidenschaftliche Kurzgeschichten für Kinder und Gedichte. Andere Hobbys sind das Lesen und das Malen am Computer. Nimmt gerne an Anthologien teil.

Der beste Freund der Hexe

Der Kessel hing über dem knisternden Feuer. Große Blasen bildeten sich auf der grünen Flüssigkeit. Hilda nahm ihr Zaubertrankbuch. Jetzt musste sie die Apfelblüten hinzufügen. Sie nahm die kleine Schüssel mit den weißen Blüten und kippte sie hinein. Ein süßer Duft stieg ihr in die Nase.

Zufrieden schloss sie das Buch. Das war die letzte Zutat gewesen. Sie rührte ihn noch einmal um. Mit diesem Trank würde sie sicherlich einen guten Eindruck beim nächsten Zirkeltreffen machen.

Das letzte Mal hatten sich die anderen Hexen über ihren Wachstumstrank lustig gemacht, weil er, anstatt eine Person größer zu machen, sie breiter machte. Zu viele von den Riesenspinneneiern, vermutete sie.

Dieses Mal würde ihr so was nicht passieren. Sie hatte sich genau ans Rezept gehalten. Außerdem hatte sich Otto als Testobjekt angeboten.

Wie jede Hexe, die etwas auf sich hielt, hatte sie eine Katze. Einen Kater namens Otto. Er lag schlafend auf seinem Katzenbaum. Ab und zu öffnete er mal die Augen, um zu schauen, was seine Hexe so trieb. Nur um sich dann wieder gelangweilt umzudrehen und weiterzuschlafen. Natürlich wollte er im Gegenzug für seinen Dienst etwas haben. Hilda hatte ihm so viele von seinen Lieblingsleckerlis versprochen, wie er essen konnte. Da hatte er nicht lange gebraucht, um zuzustimmen.

Hilda ging zu dem Katzenbaum. Sie musste sich strecken, um ihren Kater zu erreichen. Otto drehte sich zu ihr um. Er schaute sie mit seinen halb geöffneten Augen an.

„Der Trank ist gleich fertig“, sagte sie.

Ein leises Murren. Otto sprang vom Katzenbaum herunter. Er gähnte und streckte sich. Danach folgte er ihr zum Kessel.

Hilda nahm einen Soßenlöffel und füllte etwas von dem Trank in Ottos Wassernapf. Vorsichtig roch Otto an der Flüssigkeit. Anschließend scharrte er mit einen seiner Pfote.

„Ich habe mich genau an das Rezept gehalten. Es sollte also nichts schiefgehen." Sie nahm eine kleine Tüte aus ihrer Hosentasche und schüttelte sie.

„Denk an die Leckerlis!" Nach einem genervt klingenden Miauen begann er, den Trank aufzuschlecken. Zunächst geschah nichts, dann aber fing das Fell von Otto an, sich zu verändern. Es wechselte die Farbe von Pechschwarz zu Grasgrün.

„Es funktioniert!" Hilda sprang vor Freude in die Luft. Der Färbungstrank hatte funktioniert.

Otto war weniger begeistert. Hektisch begann er, sein Fell zu putzen. Als dies erfolglos blieb, setzte er sich vor seine Besitzerin. Seine goldenen Augen funkelten sie böse an.

„Keine Sorge. Die Wirkung lässt innerhalb von ein paar Stunden nach." Sie versuchte, ihn zu streicheln, aber er wich ihr aus.

Erst nachdem sie ihm die Leckerlis gegeben hatte, durfte sie ihn wieder anfassen. Während sie zufrieden den Zaubertrank abfüllte, fraß Otto schnurrend seine Belohnung. Hilda musste lachen. Was würde sie nur ohne ihren Kater machen?

Lina Sommerfeld, 1996 geboren, studiert zurzeit in Saarbrücken. Sie schreibt Kurzgeschichten und ist normalerweise im Fantasy-Genre unterwegs.

Mein Charly

Es raschelt unterm Weihnachtsbaum,
bin ich denn in einem Traum?
Es raschelt wieder, ganz leise,
hab ich denn 'ne Meise?

Ich schaue untern Weihnachtsbaum
und kann kaum meinen Augen trauen.
Mich schauen zwei leuchtende Augen an.
Ist das wohl der Weihnachtsmann?

Die Augen kommen auf mich zu,
was mach ich denn jetzt im Nu.
Ich schließe meine Augen und warte,
da krabbelt es an meiner Nase.

Ich schrecke auf und wisch zurück,
was hab ich doch für ein Glück.
Ich falle auf meinen Hosenboden,
nun sitze ich hier, auf dem Fußboden.

Es raschelt wieder unterm Weihnachtsbaum
und es ist doch kein Traum.
Es kommt schnurrend auf mich zu
und schmust mit meinem Schuh.

Ich glaube es kaum,
mein Wunsch wird wahr.
Da ist es ja,
ein kleines Kätzchen ist jetzt da.

Braun gestreift und blaue Augen
sitzt es vor mir, zu bestaunen.
Sie spielt mit dem Geschenkpapier,
ein Wollknäuel muss jetzt her.

Sie schmiegt sich liebevoll an mich ran,
Charly heißt der kleine Mann.
Ich hab zwar keine Mäuse,
aber wir bleiben trotzdem Freunde.

Anke Ortmann *ist 44 Jahre alt und arbeitet als Betreuerin an der Mildred-Harnack-Schule, in dieser Funktion leitet sie mit einer Kollegin den Buchclub der Schule.*

Die Katze Mia

Hallo, ich heiße Mia und bin eine schwarz-weiß gestreifte Katze. Ich lebe in einem großen Haus mit einer netten Familie.

Da kommt schon Moritz, der jüngste Sohn der Familie, mit zwei Schüsseln auf mich zu. Es gibt wieder leckeres Katzenfutter und schmackhafte Katzenmilch. Ich schmiege mich dankbar an ihn und er streichelte mein weiches Fell. Jetzt mal schauen, was in der Küche los ist. Dort deckt Lisa, die Mutter der Familie, gerade den Frühstückstisch. Sie stellt die frisch gebackenen Brötchen auf den Tisch, als sie fertig ist, ruft sie alle zum Essen. Allen scheint es zu schmecken, die Gelegenheit nutze ich, um im Haus etwas zu entdecken.

Plötzlich sehe ich eine Maus. Ich muss tun, wofür ich geboren wurde, die Maus muss gefangen werden.

Piep, Piep, Piiiiep – das wars mit der Maus, jetzt ist es aus. Ich wusste, dass ich es schaffen werde. Hmmm, war das lecker! Soll ich den Kopf zu Lisa bringen? Aber da sehe ich die Socke von Moritz, ich lege sie mal unters Bett in mein Geheimversteck. Jetzt aber schnell zurück, bevor sie merken, dass ich nicht da war.

In der Küche angekommen, präsentiere ich stolz meine Beute. Lisa erschrickt, doch Moritz beruhigt sie und sagt: „Das ist doch nur ein Mausekopf!“ Als Lisa sich beruhigt, gibt mir Moritz heimlich ein Stück Wurst. Was für eine tolle Belohnung.

Als alle fertig sind, steht Felix, der älteste Sohn der Familie, vom Tisch auf und verabschiedet sich von allen, denn er muss zur Schule, vorher gibt er mir aber noch ein Leckerli. Etwas später bringt Hans, der Vater der Familie, Moritz zum Kindergarten. Ich finde es so schön, eine solch tolle Familie zu haben. Was will man mehr.

***Luca Valori** ist 16 Jahre alt. Er ist Schüler der 10. Klasse an der Mildred-Harnack-Schule. Hier besucht er den Buchclub, dort hat ich die Ausschreibung gesehen und gleich mitgemacht.*

Die Catnapper

Ich schiebe die schwere Metalltür auf, um uns Zugang zum Labor zu verschaffen. Ein schwaches Licht erhellt den Raum. Vorsichtig gehe ich hinein. Entgegen allem, was ich erwartet habe, ist das Labor mit brandneuer Technik ausgestattet. Mithilfe eines Computers suche ich nach Informationen über die Vermisstenfälle.

„Hast du schon etwas entdeckt?", flüstert Rocky mir zu.

Ich schüttle den Kopf. Plötzlich erwecken einige Aufzeichnungen auf dem Tisch neben mir mein Interesse. Aufgeregt beginne ich, vorzulesen: „Projekt Power Pets. Art des Tieres: Hund. Bereits vorhandene Superkräfte: übernatürliche Stärke, Röntgenblick. Ergebnis: Negativ. Anmerkungen: Das Tier wurde nur kurze Zeit nach dem Experiment tot in seinem Käfig aufgefunden. Todesursache: unbekannt."

Schweigend sehe ich zu Rocky. Das Protokoll scheint ihn genauso zu schockieren wie mich, obwohl er bekanntlich nicht gut auf Hunde zu sprechen ist. „Glaubst du, die haben dasselbe mit den Katzen aus unserer Nachbarschaft gemacht?"

Ich schweige, doch in meinem Kopf rasen die Informationen. Dann schüttle ich meinen Kopf, um diese Vorstellung zu verdrängen. „Wir dürfen keine vorschnellen Theorien erfinden."

Rocky seufzt. „Wir sollten gehen, Sky."

Ich nicke zwar zustimmend, aber eigentlich bin ich noch nicht bereit, zu gehen. Wie angewurzelt starre ich auf das Stück Papier. „Warum tut man so etwas?"

Erneut durchsuche ich sämtliche Dateien auf dem Computer. Doch ich finde wieder nichts. „Projekt Power Pets", murmle ich vor mir hin und gebe es als Suchbegriff ein. Diesmal werde ich tatsächlich fündig. Es ist ein Dokument, das den kompletten Ablauf dieser Experimente beschreibt. Die Tiere wurden schrecklichen Qualen ausgesetzt, um eine Armee aus unbesiegbaren Tiersoldaten zu erschaffen. Beinahe keines der Tiere hat diese Experimente überlebt. Ich verfolge die Spur weiter, um herauszufinden, was der Wissenschaftler mit seiner Armee vorhat. In meine Gedanken vertieft, bemerke ich nicht, dass sich mir ein Schatten von hinten nähert. Erst ein tiefes Räuspern reißt mich aus meinen Gedanken. Sofort stockt mir der Atem. Langsam richte ich meinen Blick auf den glatzköpfigen Mann hinter mir. Ich springe auf und mache mich bereit, ihn anzugreifen. Aber er bleibt davon unbeeindruckt. Zwei Kampfhunde stellen sich rechts und links neben ihn. Einer von ihnen trägt eine kleine schwarze Katze in seinem Maul.

„Rocky!", rufe ich entsetzt und balle wütend meine Fäuste. „Was haben Sie mit den Tieren vor?", schreie ich den Mann an, der ganz offensichtlich unser gesuchter Wissenschaftler ist.

Doch anstatt zu antworten, tauscht er seine ernste Miene durch ein grauenvolles Lächeln aus. Dann spüre ich einen Schmerz am Hinterkopf und sinke bewusstlos zu Boden.

Als ich wieder zu mir komme, finde ich mich gefesselt in einem Kellerraum wieder. Hektisch sucht mein Blick nach Rocky. Dann atme ich erleichtert auf. Er liegt einige Meter neben mir auf dem Boden. „Rocky?"

Doch er antwortet nicht.

Verzweifelt zerre ich an meinen Fesseln. Tränen steigen in meine Augen. Plötzlich sehe ich, wie sich sein Bauch langsam hebt und senkt. „Rocky?"

Er dreht seinen kleinen Kopf in meine Richtung. Vorsichtig steht er auf und kommt auf mich zu. Mit seiner Hilfe befreie ich mich von meinen Fesseln. Auf einmal höre ich Schritte in unsere Richtung kommen. Ich signalisiere Rocky, dass er sich verstecken soll. Die Tür öffnet sich. Ein Wachmann betritt den Raum und stutzt, als er niemanden vorfindet. Ich springe hinter der Tür hervor und fessle ihn. Dann verlassen Rocky und ich den Raum und setzen unsere Suche fort. Als wir schließlich zu einem langen Gang kommen, machen wir eine große Entdeckung. Dutzende Hunde und Katzen jaulen in ihren kleinen Käfigen.

„Schau, Sky!" Sanft stupst mich Rocky an.

Sofort entdecke ich die sechs vermissten Katzen aus unserer Nachbarschaft. Schnell öffne ich ihre Käfige. Die Katzen mauzen aufgeregt. Ich lasse meinen Blick entlang des Ganges schweifen. Das Elend der Tiere überwältigt mich, sodass ich kurzerhand auch die restlichen Käfige öffne.

„Was machst du da?" Rocky scheint völlig entrüstet zu sein.

So überstürzt zu handeln, ist bestimmt nicht die beste Lösung, das weiß ich auch, aber diese Tiere eingesperrt zu sehen, erschüttert mich. Ein Haufen Tiere wirbelt nun um uns herum.

„Und was machen wir jetzt mit ihnen?"

„Was wir schon einmal gemacht haben, wir nehmen diese Tiere mit und vermitteln sie." Ich lächle zuversichtlich.

Aber Rocky geht nicht darauf ein. „Wie sollen wir diese Tiere hier herausbekommen, ohne dass uns einer der Wachleute entdeckt? Oder schlimmer noch: einer dieser sabbernden Türsteher-Hunde!"

Ich streiche behutsam über sein weiches Fell. „Beruhige dich. Ich habe schon eine Idee."

Rockys gelbe Augen funkeln misstrauisch, aber er gibt vorerst nach. Wir teilen uns auf. Rocky schickt zwei Kater mit mir, um mir den Weg zum Überwachungsraum zu zeigen. Ich fessle die Wachmänner dort, hacke mich in das Sicherheitssystem und löse einen falschen Alarm aus, damit Rocky im Chaos verschwinden kann. Dann gebe ich Rocky per Funk Anweisungen und halte ihn und die anderen Tiere so vom Wachpersonal fern. Als ich von Rocky endlich das Signal erhalte, dass die Tiere in Sicherheit sind, folge ich den beiden Katern zum Ausgang. Alle schweigen. Schließlich unterbreche ich diese unerträgliche Stille. „Also, wie heißt ihr denn?"

Beide Katzen sehen mich fragend an. Noch im selben Moment wird mir klar, dass sie meine Frage gar nicht verstehen können. Ich schüttle meinen Kopf und kann ein Lächeln nicht unterdrücken. Seit Rocky bei mir lebt, ist es für mich völlig normal geworden, mit einer Katze zu sprechen. In meinen Gedanken versunken, stoße ich plötzlich mit einem großen Pitbull zusammen. Verunsichert lächle ich den Hund an. Gerade als ich mich umdrehen will, um einen anderen Ausgang zu finden, springt ein weiterer Hund hervor. Im selben Moment bemerke ich, dass einer der beiden Kater verschwunden ist. Aber die Situation gibt es nicht her, lange darüber nachzudenken: Zwei große Hunde kommen mit gefletschten Zähnen auf mich und den anderen Kater zu und schnappen sogar einige Male nach uns. Sie drängen uns immer dichter an die Wand, bis wir schließlich aussichtslos in der Falle sitzen. Unerwartet springt der zweite Hund auf den Pitbull und drückt ihn auf den Boden. Der Kater, der noch bei mir ist, macht es ihm gleich. Gemeinsam jagen sie ihn den langen Flur entlang, bis er außer Sichtweite ist. Ich reibe mir die Augen und versuche, die Situation zu verarbeiten.

„Die beiden haben Superkräfte!“ Sofort halte ich mir den Mund zu und schaue mich um. Zum Glück scheint das niemand gehört zu haben. Voller Stolz kommen meine beiden Begleiter zu mir zurück. Dann rennen wir eilig zum nächsten Fenster. Ich seile mich, gemeinsam mit den beiden Katern im Arm, ab und versuche, Rocky zu orten. Aber ich empfange nur ein schwaches Signal von seinem Halsband. Als ich langsam beginne, mir Sorgen zu machen, erhalte ich eine Antwort von Rocky.

„Wir sind unterwegs zu euch, Sky. Bleibt, wo ihr seid.“

Nur kurze Zeit später kommen mir Rocky und seine Schützlinge entgegengerannt. „Wir haben die Polizei über den Wissenschaftler informiert“, verkündet er freudig. Ich schließe ihn fest in meine Arme. Sein sanftes Schnurren lässt mich alles um mich herum vergessen.

***Isabella Muriel Wagner** ist 16 Jahre alt. Bis jetzt hat sie noch nichts veröffentlicht, aber sie hat bereits an einem anderen Schreibwettbewerb teilgenommen, bei dem sie sich leider nicht qualifiziert hat. Sie liebt es, in ihrer Freizeit Texte zu schreiben oder anderweitig kreativ zu werden. Außerdem singt sie sehr gerne und geht regelmäßig reiten. Gemeinsam mit ihren Katern Lucky und Lukas wohnt sie im Haus ihrer Eltern.*

Martina Meier (Hrsg)

Meine Katze ... und ich

Kinder schreiben für Kinder

Geschichten über Samtpfoten und Kratzbürsten

Wünsch dich ins Märchen-Wunderland

Märchen für Herz und Seele im Jahresreigen

Der Untertitel „Märchen für Herz und Seele im Jahresreigen“ zeigt es auch dieses Mal wieder an: Die Märchen des vierten Bandes der Reihe „Wünsch dich ins Märchen-Wunderland“ entführen ihre Leserinnen und Leser in eine Welt voller Magie und fantastischer Wesen – gefühlvoll und tiefgehend, mit Geschichten rund ums Jahr. Zwölf Monate lang begleiten die Märchen alle, die sich darauf einlassen möchten. Zwölf Monate voller magischer Momente, voller Liebe, Tragik und Mut, Erzählungen für Klein und Groß – eben für alle, die sich auch in unserer hektischen Zeit noch auf das Alte, das Unerklärliche einlassen möchten. Märchen transportieren wichtige Inhalte, die nicht nur die Fantasie anregen, sondern auch die Empathiefähigkeit fördern.

Die Ausschreibung richtet sich an Autor*Innen jeden Alters. Das Buch soll noch vor Weihnachten 2022 erscheinen. Auf unserer Internetseite www.papierfresserchen.de finden Interessierte inspirierende Bilder zu ihren Märchen im Jahresreigen.

Einsendeschluss ist der 1. November 2022

Sammy und der Kater Wolly

Es war einmal eine Katze namens Sammy. Diese Katze lebte auf der Straße. Eines Tages kam ein Mädchen vorbei. Es hieß Lotta. Sie nahm Sammy mit nach Hause und bat ihre Eltern: „Mama, Papa, kann ich die Katze behalten?“ Sie durfte die Katze behalten. Lotta war überglücklich und drückte ihre Eltern ganz fest. Lotta gab der Katze den Namen Sammy. Ab diesem Tag lebte Sammy also bei Lotta. Abends durfte Sammy in den Garten. Allerdings war dann immer ein fremder Kater am Zaun. Sammy dachte, der Garten hätte mal diesem Kater gehört. Sammy hatte Angst, dass der Kater ihn angreift, und zwar so, dass er nichts tun konnte. Also bereitete er sich vor.

Sammy war wieder im Garten. Da rief Lotta: „Sammy, Schlafenszeit kommst du?“ Sammy miaute. Er kam und legte sich in sein Körbchen. Mitten in der Nacht hörte Sammy draußen ein Kratzen. Er schlich auf leisen Pfoten nach unten, um zu gucken, was da ist. Am Türfenster sah er es: leuchtendgrüne Augen! Sammy bekam Angst. Doch Sammy überwand seine Angst. Er ging vor die Tür.

Auf einmal sah er Wolly, den fremden Kater. Es wurde ein gefährlicher Kampf zwischen Sammy und Wolly. Sammy hatte auf einmal eine gute Idee. Er stellte sich vor den Zaun. Wolly wollte zubeißen, aber genau in dem Moment huschte Sammy zur Seite. Also biss Wolly in den Zaun. Das ging für Wolly zu weit. Er wollte sein Haus endlich zurückhaben.

Aber wo war Sammy? Er hatte sich im Schatten des Hauses versteckt. Wolly wollte hinter dem Haus gucken, aber als er sich umdrehte, um dort zu schauen, biss Sammy ihn in den Schwanz. Wolly fauchte. Dann rannte er weg, weil er nicht noch mal so stark gebissen werden wollen.

Plötzlich ging im Haus das Licht an. Sammy erschrak und wusste in dem Moment nicht, was er machen sollte. Zum Glück hatte Lotta ihm beigebracht, die Gartentür aufzumachen. Also lief er zur Gartentür und machte sie auf.

Danach lief er, so schnell er konnte, in sein Körbchen und schlief ein. Als Lotta den zerbissenen Zaun sah, erschrak sie. Lotta rannte nach oben und beruhigte sich. Sammy war in seinem Körbchen.

Lotta Rüth, *9 Jahre alt. Ihre Hobbys sind: Malen, Tanzen, Basteln und mit ihrer Katze kuscheln. Die Geschichte hat sie sich selbst ausgedacht und in der Nysterbach-Schule in der Raketenstunde geschrieben.*

Dolfi, Aliza und ich

Die Katze von meinem Opa heißt Dolfi und lebt in Norwegen. Ihr Fell ist dunkelgrau und sie hat spitze Krallen. Damit schnappt sie sich ihren Fisch. Aber es muss Lachs oder Forelle sein. Makrele mag sie nicht. Das weiß Fisch-Opa ganz genau.

Wenn er keinen Fisch angelt, geht Dolfi Mäuse jagen. Manchmal tagelang. Sie muss aber aufpassen. Auf Bären und Elche. Die sind sehr gefährlich. Wenn sie vor denen wegrennt, verläuft sie sich manchmal. Die lieben Waldtrolle zeigen ihr dann den Weg zurück zu Opas und Omas Haus. Aber die gemeinen Trolle ziehen Dolfi am Schwanz. Doch Opa findet sie immer wieder.

Zurück im Haus gibt es wieder Fisch. Anschließend trinkt Dolfi aus dem Wasserhahn und Oma schimpft ein bisschen deswegen. Später kuschelt sich Dolfi in Omas Wolle und träumt von Meerforellen.

Opa Edes Katze heißt Aliza und wohnt eigentlich in der Ukraine. Aber dort kann sie gerade keine Mäuse jagen. Es ist zu gefährlich. Mit Polina und Svetia ist Aliza nach Berlin geflohen. Das hat viele Tage gedauert. Jetzt lebt sie im Haus von meinem Opa Ede. Er spielt mit ihr und folgt ihr immerzu und schaut, was sie macht. Er findet sie so lustig.

Sie hat kuschelweiches Fell und ganz große Augen. Aliza schaut gerne aus dem Fenster und ist ganz doll neugierig. Aliza und ich spielen manchmal mit Wollbommeln und wenn sie müde ist, kuschelt sie sich hinter die warme Heizung. Dann träumt sie von ihrem Zuhause.

Ich heiße Mette und wohne in Berlin. Am liebsten esse ich Nudeln. Ich mag Katzen und meinen Hamster Murmel. Murmel mag keine Katzen. Deswegen besuche ich gerne die Katzen bei meinen Opas. Wir bringen ihnen dann Geschenke zum Spielen mit. Ich streichele gerne das weiche Fell von Aliza und Dolfi. Wir erleben viele Abenteuer.

Wenn ich müde bin, kuschele ich mit Aliza oder Dolfi auf dem Sofa. In meinem Traum angeln wir dann Fische für Dolfi und Aliza. Und wovon träumst du?

***Mette Büttner** ist 7 Jahre alt, meistens im Wasser unterwegs, liebt Nudeln mit Tomatensoße und besucht gerne die Katzen ihrer Opas und Omas in Berlin bzw. in Norwegen. Sie kommt bald in die 3. Klasse und macht am liebsten Sport.*

Das Kätzchen

Als ich von der Schule heimging, sah ich einen kleinen Laden und an der Glasscheibe stand: *Verkaufe Kätzchen*. Dieses Schild weckte mein Interesse und ich ging in den Laden rein. Am Tresen saß ein Verkäufer und rechts von ihm auf dem Boden stand ein riesiger Karton.

„Hallo, ich hab gelesen, Sie verkaufen Kätzchen. Wie viel kosten sie?"

„Von 30 bis 50 Euro pro Stück", antwortete der Verkäufer.

Ich seufzte, griff nach meinem Portemonnaie und zählte mein Kleingeld: „Zurzeit habe ich nur 20 Euro dabei." Der Verkäufer sah mich stumm an. Hoffnungsvoll sprach ich weiter: „Darf ich bitte einen Blick auf sie werfen? Bitte!" Der Verkäufer lächelte mich an und holte die Kätzchen aus der Box. Sofort liefen sie wild herum und erkundigten alles voller Neugier.

Nur eins humpelte hinter den anderen her. Das Kätzchen zog seine Hinterpfote so komisch nach. „Herr Verkäufer, könnten Sie mir sagen, was mit diesem Kätzchen los ist?" Als der Verkäufer mir antwortete, dass das ein Defekt der Pfote sei und so für immer bleiben würde, begann ich, mir plötzlich Sorgen um das kleine Tier zu machen. „Ich will genau dieses Kätzchen!", sagte ich überzeugt.

„Wie bitte? Junge, das ist ein unvollständiges Tier. Es kann nicht mit dir spielen, so wie die anderen. Es wird dir keine Freude bereiten, dich um dieses Tier zu kümmern! Aber wenn du es so sehr möchtest, nimm es ruhig gratis mit."

Ich wurde sauer und erwiderte: „Ich will für das Kätzchen bezahlen. Ich laufe nur kurz heim und frage meine Mutter, ob sie mir den Rest geben kann." Ich stand schon vor der Tür, um kurz nach Hause zu laufen, als mich der Verkäufer fragte, warum ich so verbittert für das Tier zahlen wolle.

„Das ist ein Tier so wie jedes andere. Nur wegen eines Defektes ist es nicht sofort schlechter als alle anderen." Ich kniete mich runter und zog mein rechtes Hosenbein hoch. „Als ich klein war, konnte ich auch nicht laufen, springen und spielen so wie die anderen Kinder. Ich aber habe mir anderes Hobby gesucht: gutes Tun. Ich habe es am liebsten und wenn ich dieses Kätzchen habe, habe ich eines, das mich versteht. Und das Kätzchen wird auch einen haben, der es versteht. Es muss dann nicht mehr unbeachtet leben. Das Kätzchen braucht jemanden, der es so akzeptiert, wie es ist, und versteht, wie schwer es das Tierchen hat. Deshalb möchte ich es so sehr haben."

Die letzten Sätze presste ich schon mit zitternder Stimme aus mir heraus, aber ich war so sehr von meinen Worten überzeugt, dass es mir schon egal war. Ich schaute kurz auf den Boden, um die Tränen zu unterdrücken, dann richtete sich mein Blick auf den Verkäufer, der sich auf die Lippen biss und wie ich die Tränen unterdrückte.

Er ging zum Kätzchen, hob es hoch, brachte es mir und sprach zu mir: „Du bist echt ein Vorbild für andere. Währenddessen andere es am liebsten perfekt haben wollen, willst du es am liebsten gut für dich selbst haben. Dich interessiert es nicht, ob es nun gut für andere ist oder nicht. Ich bitte dich, nimm das Kätzchen so mit, ich nehme sogar deinen Zwanziger an, wenn du so sehr zahlen willst. Und ab dem heutigen Tag werde ich beten, dass alle Tiere so einen guten und verständnisvollen Besitzer haben werden wie dich."

Ich bezahlte den Zwanziger und ging mit meinem neuen Kätzchen heim. Auf dem Rückweg dachte ich noch mal darüber nach, wie es für mich in meiner schlechtesten Zeit vor zwei Jahren gewesen war. Zu meinem neunten Geburtstag wollte ich einen Welpen haben, aber meine Mutter hatte es mir nicht erlaubt, da ich in der Zeit nicht mal richtig laufen konnte und ein Hund mindestens dreimal am Tag raus musste. Seit dem Tag sparte ich mein Kleingeld, was ich bekam, um mir selbst ein Tier kaufen zu können und jetzt, nach zwei Jahren, bekam ich eins – und dann noch so ein wundervolles und das ich selbst sehr gut verstehen konnte.

Ich will dasselbe für das Kätzchen sein, wie der unbekannte Junge es für mich war, als ich gerade dabei war, nach meiner Operation laufen zu lernen. Er war wie ein Licht in meiner Dunkelheit. An dem Tag, als ich dem Jungen begegnete, trainierte ich mit meiner Mutter auf der Straße zu laufen, was mir auch gut gelang.

Nach einer Zeit gingen wir an einem Fußballfeld vorbei, wo Kinder, die etwas älter als ich waren, spielten. Ihnen fehlte ein Spieler, sodass ein Tor immer frei stand und das Team kaum Chancen hatte, zu verhindern, dass der Ball ins Tor gelang. Als der wohl älteste der Jungs auf mich zukam und fragte, ob ich mitspielen könnte, weiteten sich meine Augen vor Freunde. Ich hörte meine Mutter seufzen und sie meinte, dass es kaum was bringen würde, jedoch ließ sie mich auf das Feld gehen. Mir war zwar auch klar, dass ich kein Torwart sein konnte, aber in dem Moment wollte ich unbedingt mitspielen. Klar scheiterte ich, da ich mich nicht so schnell wie der Ball bewegen konnte und am Ende verlor mein Team.

Ich sah um mich nur noch traurige und beleidigte Gesichter – außer einem. Ein Gesicht schaute mich voller Verwunderung an. Das war das Gesicht des ältesten. Meine Mutter schritt zum Feld und sagte, dass sie den Jungen vorgewarnt habe und dass es nicht meine Schuld sei, da ich nichts für meine Behinderung konnte.

Beim Wort Behinderung weiteten sich die Augen des ältesten Jungen. Meine Mutter wollte meine Hand nehmen, um weiterzugehen, als der Junge mich nahm und vors Tor führte. Er legte mir den Ball vor meinen Fuß und meinte, ich solle den Ball ins Tor schießen. Das ging total daneben und die anderen Jungs brachten in Gelächter aus.

Ich schaute beschämt auf den Boden und plötzlich hörte ich den Jungen sagen, dass sie still sein sollten und niemand es wagen solle, noch mal zu lachen. Er brachte mir den Ball und bat mich, es nochmals zu versuchen. So ging es eine Zeit weiter, bis ich es beim letzten Schuss das Tor traf. Glücksgefühle überschwemmten meinen Körper und ich lachte zum ersten Mal nach Jahren auf. Das Enttäuschende an der wundervollen Erinnerung ist, dass ich den Namen des Jungen vergessen hatte und diesen Jungen nie mehr getroffen habe.

Ich merkte nicht, dass ich schon vor meiner Haustür stand, als ich zu Ende gedacht hatte. Ich schloss die Tür auf, ließ das Kätzchen die Wohnung erkunden, antwortete meiner Mutter mit einem Lächeln auf ihre Verwunderung, ging in die Küche, setzte mich an den Esstisch und grübelte, wie der erstaunliche Junge wohl geheißen hatte. Das mache ich meistens, aber heute fühlte es sich so an, als würde genau heute der Name des Jungen in meinem Kopf erscheinen.

Meine Mutter stelle mir nebenbei mein Essen auf den Tisch und sagte: „Falls du wieder überlegst, wie der Junge von dem Fußballfeld hieß ..." Ich schaute überrascht auf. „... so kann ich dir sagen, dass der Junge Jonas hieß", beendete meine Mutter ihren Satz.

Mein überraschter und ihr sanfter Blick trafen sich und ich spürte, wie sich ein Lächeln auf meinem Gesicht formte. „Jonas also", dachte ich, „ich danke dir immer noch, dass du mich erleuchtet hast. Du hast mich akzeptiert und mich zu einem besseren Menschen gemacht. Seitdem betrachte ich alles am liebsten gut und nicht perfekt oder schlecht."

Vanessa Eisenach *wurde 2007 in Hamburg geboren. Sie besucht die achte Klasse des Friedrich-Ebert-Gymnasiums in Heimfeld. Sie liebt es, zu lesen und kurze Geschichten zu verfassen. Zweimal die Woche besucht sie ein Karate-Training und einmal die Woche geht sie zu einem Malkurs. Auch außerhalb des Malkurses malt und zeichnet sie gerne. Sie besucht zudem Filmkurse, bei denen sie selbst Kurzfilme dreht.*

Mia und Sophie ...

Sophie war traurig. Sie hatte sich wieder mal mit ihren Eltern gestritten. Sie wünschte sich schon lange nichts sehnlicher als einen kleinen Hund. Einen Hund, mit dem man spielen und kuscheln konnte. Doch Mama und Papa erlaubten es nicht. Papa war der Meinung, so ein Hund mache viel Arbeit. Und weil Sophie in der Schule sei und die Eltern zur Arbeit müssten, sei der Hund viel zu oft alleine. Mama hatte Angst, dass es dem Hund nicht gut ginge. Sophie seufzte und ging in die Küche. Mama hatte Pfannkuchen gebacken. Ihr Lieblingsessen.

Am nächsten Tag auf dem Heimweg von der Schule hatten Sophie und ihre Freundin Annika nur ein Thema. Den geschriebenen Mathetest. Doch plötzlich blieb Sophie stehen und sagte: „Annika, hörst du das auch?"

„Was meinst du?", fragte die Freundin.

„Hörst du das nicht? Da miaut doch eine Katze." Sophie nahm Annika an die Hand und sie liefen, so schnell sie konnten, in die Richtung, aus der das Geräusch kam. Immer der Straße entlang bis zu dem kleinen Häuschen am Waldrand. In dem alten Holzschuppen, der neben dem Haus stand, wurden sie fündig. Eine kleine, braun-weiß gefleckte Katze kauerte verängstigt neben einer Kartoffelkiste. Sophie hockte sich hin und ließ das Kätzchen an ihrer Hand schnuppern. Dann nahm sie die zitternde Katze auf den Arm und schaute Annika fragend an. „Was sollen wir jetzt mit der Kleinen machen? Sie hat sich bestimmt verlaufen."

„Wir nehmen sie mit und geben ihr erst einmal Wasser", sagte Annika.

Sophie streichelte dem Kätzchen über das seidig weiche Fell. „Am besten wir nehmen sie mit zu mir, meine Eltern sind nicht zu Hause."

In Sophies Zimmer bereiteten die Freundinnen der Katze ein weiches Lager und beobachteten, wie das Kätzchen sich erschöpft in die Decke kuschelte und leise schnurrte.

„Mama kommt“, flüsterte Sophie plötzlich und lauschte.

Unten im Haus fiel die Haustür ins Schloss und ihre Mutter rief: „Sophie, bist du da?“

Die Mädchen hörten, wie jemand die Treppe hinaufging. Die Tür zu Sophies Zimmer öffnete sich und die Mutter schaute erstaunt auf das Katzenkörbchen. „Das ist doch das gesuchte Kätzchen von Frau Berger“, sagte Sophies Mutter und beugte sich über das kleine Fellknäul.

„Wer ist Frau Berger?“, fragte Annika erstaunt.

„Frau Berger ist die Bäuerin hier in der Nachbarschaft, sie hat eine Suchmeldung an der Kasse im Supermarkt ausgehängt. Darauf steht:

Ich suche meine kleine Katze Mia.
Sie ist braun-weiß gefleckt und drei Jahre alt.
Wenn ihr sie gesehen habt, meldet euch bitte bei:
Monika Berger, Lilien Allee 27

Sophie schaute ihre Mutter an. „Darf ich das Kätzchen behalten?“

Ihre Mutter schüttelte energisch den Kopf. „Nein, Sophie, die Katze gehört Frau Berger. Und sie wird das Kätzchen schon sehr vermissen. Wir bringen die Kleine gleich morgen zurück.“

An diesem Tag gingen Annika und Sophie traurig ins Bett.

Der nächste Tag war ein Samstag und die Mädchen hatten schulfrei. Gleich nach dem Frühstück machten sie sich auf den Weg zum Bauern Berger. Frau Berger schaute erstaunt auf Sophie, ihre Mutter und Annika. Zunächst sah sie das Körbchen gar nicht, in dem die kleine Katze schlummerte.

„Guten Morgen, Frau Berger, wir bringen Ihnen Ihre Katze zurück. Sophie und Annika haben sie gestern im alten Holzschuppen gefunden“, sagte Sophies Mutter.

Lächelnd bat Frau Berger die drei ins Haus.

„Können wir das Kätzchen vielleicht behalten?“ Sophie sah die Bäuerin fragend an.

„Ach, weißt du“, sagte Frau Berger und schaute die beiden Mädchen freundlich an.

„Meine Katze Minka hat sechs Junge bekommen. Wenn ihr möchtet, schenke ich euch die kleine Mia. Als Finderlohn …“

Sophie und Annika waren außer sich vor Freude.

„Ach bitte, Mama, sag ja“, rief Sophie.

Sophies Mutter lachte und gab das Katzenkörbchen ihrer Tochter in die Hand. „Na gut, dann kann ich wohl nicht Nein sagen", sagte sie und reichte Frau Berger die Hand.

„Jippie", riefen Annika und Sophie gleichzeitig und liefen mit dem Körbchen, in dem die kleine Mia schlief, nach draußen.

„Jetzt habe ich eine Katze, das ist doch gar nicht so schlecht …"

***Mona Reiter**, geboren 2013 in Osnabrück, Hobbys: Reiten und Geschichten schreiben.*

Zwei wundervolle Katzen

Sanft massierte ich die Rücken meiner Katze Evi und meines Katers Yoshi. Ich lag in meinem Bett und las einen spannenden Liebesroman, während Evi rechts und Yoshi links von mit lagen. Beide schnurrten fröhlich. Ich schweifte ab von der Geschichte und blickte meinen Kater lächelnd an. Ich fing an, daran zu denken, als ich ihn das erste Mal sah ... Es war keine Liebe auf den ersten Blick – im Gegenteil!

„Fertig", stöhnte mein Papa, der gerade einen Kratzbaum aufgebaut hatte. "Am Nachmittag werden wir ins Tierheim fahren und uns Katzenbabys holen."

Nachdem meine ganze Familie – mein Papa, meine Mama, Antonia, meine große Schwester und Luisa, meine kleine Schwester – ins Auto eingestiegen waren, fuhren wir los.

„Endlich!", jubelten wir Kinder, als an einem Zaun ein großes Schild mit der Aufschrift *Tierheim* befestigt war.

Wir stiegen aus und betraten das kleine, gemütliche Tierheim. Eine etwas ältere Dame mit roten Haaren grinste uns im Empfangsraum entgegen. Während meine Eltern mit der Frau quatschten und noch Papierkram erledigten, wurde ich mit meinen Schwestern von einer jüngeren Mitarbeiterin in einen Raum geführt, in dem fünf ausgewachsene Katzen lebten. Sie waren alle so zuckersüß! Meine Eltern kamen hinein und blickten sich erstaunt um und wir streichelten ein paar Katzen. Ich streckte vorsichtig meinen Arm nach der jüngsten, einer grau getigerten Katze aus. Fibi hieß sie. Langsam näherte sich meine Hand ihrem Gesicht. Plötzlich schnellte ihre Pfote nach vorne und ihre Krallen kratzten meine Hand! Es tat zum Glück nicht weh. Doch auch die Arbeiterin im Tierheim meinte, dass Fibi etwas scheu sei und gerne mal kratze, aber sie in echt ganz lieb sei.

Nach einer Weile, fragten meine Eltern, ob es auch Babykatzen gäbe, doch leider würde es sie erst in zwei Wochen geben.

Wir überlegten, ob wir noch zwei Wochen warten sollten, aber die Entscheidung stand schnell fest. Vor allem, da wir jetzt die großen Katzen gesehen hatten, wollten wir nicht warten. Wir verbrachten viel Zeit mit ihnen, ein großer, etwas molliger Kater marschierte zu meiner großen Schwester und ließ sich einmal durchmassieren, dabei schnurrte er mächtig. Mit leuchtenden Augen fragte sie, ob wir ihn mitnehmen könnten. Irgendwie wollte ich den Kater nicht, trotzdem stimmte ich zu.

Die Mitarbeiterin hatte alles mitbekommen: „Okay, aber den Kater, er heißt übrigens Yoshi, können wir nur mit seiner Schwester Evi vergeben, da sie ein Herz und eine Seele sind."

Evi, eine schlanke, schwarz-weiße Katze, stolzierte elegant zu ihrem Bruder herüber, der immer noch an Antonias Beinen entlangstrich. Wir gingen alle wieder zurück in den Empfangsraum und nach einem kurzen Gespräch mit der Dame guckte sie an ihren Computer, ob Yoshi und Evi noch frei wären. „Also", fing sie an zu erzählen, „Evi ist noch frei, aber Yoshi ist leider schon vergeben."

„Was? Das kann doch gar nicht sein! Yoshi und Evi werden nur zusammen vergeben", meinte die andere Mitarbeiterin verwirrt.

„Echt?", fragte die Frau am Empfangstresen. „Davon wusste ich nichts." Nach einer kurzen Beratung entschieden sich die beiden Mitarbeiterinnen, dass wir Yoshi und Evi haben durften. Da waren wir alle heilfroh! Glücklich und mit zwei Katzen im Kofferraum fuhren wir nach Hause.

Abends kuschelte ich mich in meine Bettdecke. Plötzlich hörte ich ein Miauen! Und da tappte Yoshi herein, immer noch etwas ängstlich. Er setzte sich vor meinem Bett hin und guckte mich mit großen Augen an. „Na, komm, Yoshi", flüsterte ich und klopfte dabei sanft auf meinen Bettbezug, als Einladung, dass Yoshi gerne auf mein Bett springen durfte. Und nach kurzem Zögern tat er das dann auch. Der schwarze Kater kuschelte sich neben mich und ich steckte meinen Kopf in sein flauschiges Fell. Sofort tauchte ein glückliches Gefühl in mir auf. Nach einer Weile kam sogar Evi herbei, die viel scheuer als Yoshi war, und kuschelte sich neben ihren Bruder. Zum Glück hatten wir uns für diese beiden wundervollen Katzen entschieden.

Helena Volland *ist 12 Jahre alt und lebt nun schon sechs Jahre mit ihren beiden Katzen in Neuenhagen bei Berlin.*

Was macht Kater Luis denn da?

Es ist Abend. Kater Luis liegt wie immer bei Familie Meyer auf dem Sofa. Doch irgendwas ist anders an diesem Abend. Für gewöhnlich sitzt Papa Meyer neben ihm auf dem Sofa und guckt Fernseh. Mama Meyer steht normalerweise in der Küche und macht Abendbrot. Susie Meyer hört oft laute Musik in ihrem Zimmer und Max Meyer würde bestimmt wieder Carrera-Bahn in seinem Zimmer fahren. Doch heute rennen alle aufgeregt im Haus herum ...

„Ich brauche mehr Kartons", ruft Mama Meyer.

„Ich bringe dir welche, Schatz", ruft Papa Meyer ihr zu.

Plötzlich kommen Susie und Max und verschieben das Sofa.

„Hey!", mault Kater Luis, denn er wird unsanft vom Sofa geschubst.

„Weg da!", ruft Max.

Kater Luis purzelt vom Sofa und fällt auf seinen Hintern. „Was ist denn hier los?", denkt Kater Luis. „Gut! Dann suche ich mir eben einen anderen Platz." Er stapft in die Küche und legt sich in sein Katzenkörbchen.

Da kommt Papa Meyer herein. Er hat die Haare im Gesicht kleben und rote Wangen. „Sorry, Kumpel, ich brauche das hier mal", sagt er und hebt Luis vom Körbchen.

Jetzt reicht es Luis aber. „Gut!", sagt Luis trotzig. „Wenn ich hier nicht erwünscht bin, gehe ich halt raus."

Auf dem Weg nach draußen kommt Luis an Susie vorbei. Er hört Susie jammern: „Ich habe genug von diesem Umzugsstress!"

„Umzugsstress?", denkt Kater Luis verwundert.

Jetzt ist er endlich draußen und schaut in die Sonne. „Endlich Ruhe!", denkt Luis.

Doch Pustekuchen! Denn draußen stehen ganz viele Kartons, in denen die Sachen aus dem Haus verstaut sind. Ein riesiger Umzugswagen steht vor der Tür. Männer laden die Kartons in diesen hinein.

Kater Luis hört, wie Mama Meyer sagt: „Vielen Dank, dass Sie uns helfen, Sie wissen ja, umziehen ist immer anstrengend und bis morgen muss alles fertig sein." Jetzt versteht Kater Luis gar nichts mehr.

„Häh?", denkt Kater Luis. Doch dann begreift er es endlich. Seine Familie zieht um. Kater Luis wird traurig: „Alle waren so unfreundlich zu mir. Da nehmen sie mich bestimmt nicht mit!" Das muss Kater Luis Felix erzählen. Felix ist ein Kater, aber nicht irgendein Kater, sondern sein bester Freund. Schnell klettert Luis über die Mauer und läuft in den Garten zu Felix. Felix wohnt nämlich direkt nebenan. Felix liegt auf der Terrasse und lässt sich die Sonne auf den Bauch scheinen.

„Felix!", ruft Luis ihm zu.

„Was ist los? Du bist ja ganz aufgeregt", sagt Felix.

„Ich muss dir was erzählen", sagt Luis.

„Und was?", fragt Felix.

„Meine Familie zieht um und ich glaube, sie wollen mich nicht mitnehmen."

„Wieso denkst du das?", fragt Felix.

„Na, alle waren so unfreundlich zu mir. Auf jeden Fall möchte ich jetzt abhauen."

„Tut mir leid", meint Felix. „Meine Familie fährt nämlich mit mir in den Urlaub. Deswegen kann ich dir nicht helfen."

Luis lässt traurig den Kopf hängen. „Schon gut, Felix. Viel Spaß im Urlaub."

„Danke!", sagt Felix. „Und besuch mich danach doch mal, auch wenn du nicht mehr hier wohnst."

„Das mache ich natürlich", sagt Kater Luis. Und mit diesen Worten springt er wieder über die Mauer, vorbei am Umzugswagen und ins Haus. „Gut!", denkt Luis. „Bevor ich abhaue, esse ich aber noch was!" Im Haus geht er an Max Meyer vorbei, der sich gerade in der Küche ein Käsebrot reinstopft. Jetzt ist Luis an seinem Napf angekommen. Doch da, wo sein Napf sonst immer steht, ist nichts. „Komisch", denkt Luis. Doch da sieht er, wie der Napf gerade in einem Karton verschwindet. Jetzt wird Luis richtig sauer. „Na gut! Jetzt reicht es mir aber wirklich. Ich gehe!" Luis schaut sich noch einmal um, dann stolziert er aus dem Haus.

Ohne sich noch einmal umzudrehen, geht Luis die Straße runter. „Wo soll ich denn jetzt hingehen? Ich gehe einfach immer meiner Nase nach." Und wie immer zieht ihn seine Nase zum Fischhändler. „Lecker!", denkt er und springt in die Abfalltonne hinter dem Fischverkauf. Dort gibt es ein paar leckere Fischreste. Als Luis sich satt gegessen hat, spaziert er zum Waldrand. Dort legt er sich unter einen Baum und macht ein kleines Nickerchen. Doch irgendwann hat er genug vom Schlafen. Er steht auf und streckt sich. „So. Jetzt mache ich mich auf den Weg in die weite Welt." Und damit geht Kater Luis die Straßen entlang.

Inzwischen bei Familie Meyer ...

„Schatz, hast du vielleicht Luis gesehen?", ruft Papa Meyer seiner Frau zu.

„Nein, habe ich nicht. Max, Susie, habt ihr ihn vielleicht gesehen?"

„Nein, Mama, ich habe nur gesehen, wie er aus dem Haus gegangen ist."

„Wir müssen ihn unbedingt suchen", ruft Papa Meyer. „Wir ziehen doch heute Abend noch um. Wenn er da nicht mitkommt, wäre das eine Schande."

„Wir suchen ihn", rufen Susie und Max Papa Meyer zu. Und damit rennen sie aus dem Haus und die Straße hinunter.

„Wie ich ihn kenne, ist er wieder beim Fischladen."

Und damit hatte Susie Meyer nicht ganz unrecht. Aber Kater Luis war schon viel, viel weiter. Susie und Max gucken in die Abfalltonne. Erst sehen sie nichts. Doch dann ruft Max: „Schau mal, da! Ein Büschel von Louis Fell!"

„Stimmt!", ruft Susie. „Und da – Pfotenabdrücke. Komm, wir verfolgen sie!"

So laufen Susie und Max den Pfoten nach. Bis an den Waldrand. Doch da klingelt Susies Handy ... „Susie, mein Gott! Wo seid ihr? Wir ziehen in einer halben Stunde um. Wir müssen jetzt los."

Susie antwortet verzweifelt: „Wir können Louis einfach nicht finden, wir suchen nur noch ganz kurz! Dann kommen wir."

Sie verfolgen die Pfotenspuren bis zum Baum. Max meint: „Ich glaube, hier hat sich Luis hingelegt."

„Stimmt", meint Susie. Denn nach dem Baum gehen die Pfotenspuren nicht weiter.

Währenddessen ist Luis zwei Straßen runter bis zum Eiscafé gelaufen. Dort trifft er Laura. Laura ist eine Katze, in die er ein bisschen verliebt ist. „Hallo, Laura! Komm, ich lad dich auf einen Milchshake ein." Und damit springt er wieder in die Abfalltonne und holt eine Packung schlechte Milch heraus.

„Nein danke, du Trottel", sagt Laura trotzig. Und damit ist Laura schon wieder weg. Jetzt ist Luis noch trauriger.

Inzwischen bei Susie und Max ...

Die beiden fragen gerade eine ältere Dame, ob sie einen Kater gesehen hat. Die Dame antwortet: „Er ist zwei Straßen runtergegangen."

„Da liegt doch das Eiscafé! Dort ist er bestimmt! Komm, Max!"

Die beiden rennen los.

Luis liegt inzwischen traurig auf einem Tisch im Café. Plötzlich hört er Schreie: „Luis, Luis! Da bist du ja!" Er dreht den Kopf. Da kommen Max und Susie auf ihn zugerannt und schließen ihn freudig in die Arme.

„Hast du etwa gedacht, wir würden ohne dich umziehen? Natürlich würden wir das nicht tun!", ruft Max.

Luis ist auf einmal überglücklich. Er springt in Max' Arme und lässt sich von ihm kraulen. „Komm, wir müssen nach Hause", sagt Max zu Susie und damit gehen sie mit Luis auf dem Arm die Straße hinauf.

Als sie zu Hause ankommen, schließen Mama Meyer und Papa Meyer die drei in die Arme. „Da seid ihr ja endlich! Luis, wo hast du nur gesteckt?", ruft Mama Meyer.

„Ich glaube, er hat gedacht, wir würden ohne ihn umziehen", sagt Susie.

„Nie im Leben!", ruft Papa Meyer.

Luis ist überglücklich. Vor lauter Freude schläft er auf Max' Arm ein. Der trägt ihn vorsichtig vor den Fernseher und legt ihn auf den Teppich.

Noch am selben Abend ziehen die Meyers um. Das neue Haus ist viel größer, sodass für Luis ein extra Kratzbaum gekauft werden kann. Das freut Luis natürlich besonders. Es gibt auch einen großen Garten, wo Luis immer Mäuse fangen kann. Er freut sich wahnsinnig. Und er denkt nie wieder, dass man ihn vergessen würde. Nun, das war also die Geschichte von Luis, dem Kater.

Nele Lochthowe, *10 Jahre alt und ab August Schülerin der fünften Klasse, wohnhaft in Kempen. Hobbys: Klavier spielen, Leichtathletik, Lesen und Malen.*

Ein Traum von Oma Grete

Eine einsame Oma, ihr Name war Grete, wurde von allen gehasst. Sie lebte alleine in ihrem Haus. Eines Tages ging Grete einkaufen. Als sie wieder nach Hause kam, saß vor ihrer Tür eine Katze. Die Katze maunzte: „Miau, miau.“ Sie wollte etwas zu essen haben. Dann ging die Oma noch einmal in den Supermarkt, um Katzenfutter zu holen. Als sie wieder zu Hause war, gab sie der Katze das Essen. Grete behielt die Katze und taufte sie Mimi.

Ein paar Jahre später fuhren sie in den Urlaub – an den Strand. Schon nach ein paar Stunden waren sie da. Die Oma packte alles aus und Mimi beschnupperte alles. Am nächsten Tag gingen Oma und Katze baden. Als sie fertig waren, gingen sie wieder zurück und die Oma zog sich wieder an. Als sie wieder angezogen waren, guckte sie in den Briefkasten. Grete entdeckte eine geheime Karte. Darauf stand:

Ich möchte ganz viel Schmuck haben, den besten, den du hast.

Sie hatte kurz eine Schockstarre. Dann ging sie schlafen und die Katze auch. Am nächsten Morgen sah Grete, dass Mimi weg war. Sie sah die Karte, die gestern im Briefkasten gewesen war, noch auf dem Tisch liegen. Grete guckte noch einmal drauf. Sie sah eine Geheimschrift, die sie vorher nicht gesehen hatte und las noch einmal:

Die Katze kriegst du erst wieder, wenn du mir den Schmuck gibst.

Die Oma suchte am Strand, da schlug sie jemand auf den Rücken. Grete drehte sich ganz langsam um und sah einen Clown, der jonglierte und böse grinste. Die Oma fiel rückwärts um und war kurz bewusstlos.

Als sie wieder aufwachte, saß eine Möwe auf dem Bauch von Grete und ein paar andere neben ihr. Sie meckerten die ganze Zeit rum. Sie meckerten rum, weil Grete grundlos, so dachten die Möwen, auf ihrer

Heimat, auf dem Strand oder Sand – wie man es nennen will – lag. Sie sagte den Möwen, sie sollten aufhören, zu meckern.

Die Möwen sagten: „Du meckerst auch immer."

„Okay, aber ich möchte euch etwas fragen: Habt ihr eine Idee, weil ich meine Katze verloren habe? Sagt mir, wie ich sie zurückholen kann."

„Na gut, wenn du aufhörst, zu meckern. Okay. Also du kannst ja einen vergammelten Fisch nehmen, dann gehst du wieder in deine Ferienwohnung, packst den Fisch in ein Paket ein und bringst ihn an eine geheime Stelle, wo der Dieb das Paket abholen kann. Du nimmst deine Katze wieder, wo der Dieb sie hingelegt hat, du freust dich, der Dieb dagegen nicht, weil nur ein vergammelter Fisch im Paket liegt und kein Schmuck."

„Ja, das ist gut, das mache ich."

Ein paar Minuten später war alles fertig für den wundervollen Plan. Grete legte das Paket an die geheime Stelle und der fiese Clown, der sie vorhin geschlagen hatte, gab ihr die Katze. Der Clown hatte jetzt das Paket und sie gingen wieder nach Hause. Die Oma freute sich, sie hatte Mimi zurück. Der Clown machte das Paket auf und ärgerte sich fürchterlich.

Zu Hause angekommen, ging die Oma schlafen. Am nächsten Tag wachte Grete auf und hörte ein Maunzen, eine Katze saß vor der Tür und alle aus der Nachbarschaft kamen vorbei und sagten: „Du bist viel netter geworden und hast ja eine Katze vor deiner Tür sitzen."

Die Oma sagte: „Ich nehme sie auf."

Aber insgeheim war alles nur ein Traum, nur das mit der Katze vor der Tür und den Leuten nicht.

***Nele Grosmann**, 8 Jahre aus Berlin.*

Frau Müller mit geheimnisvoller Katze

Es war einmal vor langer, langer Zeit eine Dame und sie hieß Frau Müller. Sie hatte nur sehr wenig Geld. Als ihre Eltern verstarben, vererbten sie ihr ein altes Schiff. Sie hatte auch eine Katze namens Mona.

Eines Tages fand sie in ihrem alten Schiff eine Schatzkarte. Als sie wieder nach Hause kam, guckte sie in ihren Briefkasten. Sie fand einen geheimnisvollen Brief. Sie wunderte sich. Dann las sie den Brief und erschrak. In dem Brief stand:

Sie müssen 500 € Lösegeld zahlen, weil Sie sind nachts in ein Parfümladen eingebrochen und haben ein wertvolles Parfümrezept gestohlen.

Frau Müller dachte sich: „Nanu, ich habe doch gar nichts gestohlen und wer ist das überhaupt!“ Und Frau Müller dachte weiter: „Hmm … vielleicht hat das etwas mit der Schatzkarte zu tun?“

Am nächsten Tag war wieder ein geheimnisvoller Brief im Briefkasten und darin stand:

Liebe Frau
Müller
Bitte holen
sie ihre
Brilleam
11.07.22 zu
Fillmann
ab Liebe Grüße
Hem Ströck

Fahren Sie mit Ihrem Schiff zu den McDonalds Inseln. Gehen Sie dann zu dem Chef von McDonalds und fragen Sie nach Harry Potter.

Frau Müller dachte sich: „Hmm. Was sind denn die McDonalds Inseln? Oh, da muss ich ja gleich mal googeln."

Dann googelte sie. Und dann packte sie ihre Katze in ihren Koffer und fuhr zehn Stunden zu den McDonalds Inseln. Dort angekommen, fragte sie jemanden, wo es zu dem Chef von McDonalds gehe. Schließlich war sie bei ihm und fragte nach Harry Potter. Der fremde Mann sagte ihr: „Hier arbeitet kein Harry Potter!"

Frau Müller wunderte sich und sie guckte noch einmal auf den Brief. Dort stand:

Liebe Frau Müller, bitte bringen Sie Ihre Brille am 11.07.22 zu Fillmann. Liebe Grüße Herr Ströck.

Charlotte Würzenthal, *Klasse 3c, Hobbys: Leichtathletik, Geige spielen.*

Auf wilder Jagd

In einer kleinen, dreckigen Wohnung mitten in Berlin saß eine Oma auf dem Sofa und guckte die Abendnachrichten im Fernsehen. Ihre Katze Monika strich um ihre Beine und miaute. Die Oma blickte die Katze an und sagte streng: „Du hattest dein Essen schon, Monika." Aber dann stutze sie. Die Katze deutete mit ihrer Pfote auf das Juliblatt des Kalenders und dann auf ein Bild, auf dem ein Strand abgebildet war. Die Oma verstand nicht, worauf die Katze hinaus wollte. Monika wiederholte die Bewegung und da verstand die Oma endlich, was die Katze sagen wollte: Sie wollte in den Sommerferien an den Strand. Und die Sommerferien begannen übermorgen.

Also buchte sie sofort ein Ticket für die Schifffahrt. Die Oma war noch nie Schiff gefahren, obwohl sie schon 99 Jahre alt war, deswegen war sie enorm aufgeregt. Hoffentlich kotzte sie nicht! Und dazu war auch noch in zwei Wochen ihr Geburtstag.

Die Oma packte ihre Sachen in eine Reisetasche und holte den Katzenkorb aus dem Keller, bei dem Anblick maunzte Monika erschrocken. Zur Besänftigung sagte die Oma: „Da musst du erst später rein."

Am nächsten Morgen frühstückte die Oma doppelt so viel wie sonst. Draußen regnete, blitzte und donnerte es. Die Oma zog sich ihren Regenmantel und ihre Gummistiefel an, dann stapfte sie hinaus in den Regen. Monika tapste widerstrebend der Oma hinterher. Sie trug auch einen Regenmantel, der extra für sie geschneidert war.

Die Oma und Monika gingen durch den Regen zur Hauptstraße, dort stiegen sie in ein Taxi, das sie zum Hafen brachte. Beim Hafen warteten sie auf das Schiff. Um 9:00 Uhr waren alle Passagiere an Bord und das Schiff legte ab. Monika und die Oma hatten die Kajüte Nummer 11. Unter Deck machten sie es sich gemütlich, die Oma war gerade dabei, ihre Kleider in den Schrank zu räumen, als sie eine Kiste darin fand. Das Schloss war verrostet und die Kiste sah sehr alt und staubig aus. Die Oma nahm ein Handtuch und wickelte es um die Kiste. Sie wollte gerade aus dem Zimmer gehen und die seltsame Kiste bei den Angestellten abgeben, als sie eine verschnörkelte Schrift sah, die in das Holz eingeritzt war. Die Oma konnte nur schwer die überaus blasse Schrift entziffern. Dort stand: *Für Grete und Monika.*

Die Oma wurde langsam sauer. Sie hatte nie, nie jemandem ihren Namen verraten. In der Schule war sie nie gewesen, Lesen und Schreiben hatte sie sich selbst beigebracht. Sie mochte es nicht besonders, bei ihrem Namen genannt zu werden.

Monika und Grete öffneten die geheimnisvolle Box. Grete war fürchterlich enttäuscht, als sie sah, was darin lag. Sie hatte gehofft, dass darin Gold, Geld oder mindestens Katzenfutter zu finden wäre, aber im Inneren der Kiste lag nur ein zusammengerolltes, vergilbtes Pergament. Die Oma holte es heraus und rollte es aus. Auf den ersten Blick erkannten die beiden nur Linien und Punkte. Aber nach einer Weile ergab sich daraus ein Bild, eine Schatzkarte!

Die Oma studierte die Karte und bemerkte, dass auf einer Insel ein Mensch abgebildet war. Er trug ein Band um den Kopf, an dem ein schwarzes Stück Stoff befestigt war, und zwar direkt über seinem linken Auge. Er hatte eine Mütze auf dem Kopf und anstatt seines rechten Beines war eine Holzkeule unter dem Knie anmontiert.

Schnell holte Grete ihr Handy raus und googelte, wer das sein könnte. Die Antwort war: ein Pirat. Eine Pirateninsel! Grete fragte den Kapitän, ob er nicht ein bisschen schneller fahren könnte. Konnte er. Er drückte den Hebel nach vorn und sofort wurde das Schiff schneller. Grete fragte, in wie vielen Tagen sie denn da seien.

Der Kapitän meinte: „Noch drei Tage."

Am dritten Tag, kurz bevor das Schiff anlegte, schnappte die Oma sich die Schatzkarte, rollte sie zusammen und legte sie in die Kiste. Kaum hatten sie angelegt, stiegen Grete und Monika eilig aus und rannten zu einem Hotel, damit sie noch ein Zimmer kriegten.

„Die Katze muss draußen bleiben", sagte der Hotelchef, „wenn Sie keinen Katzenkorb haben."

„Gut, dass wir den mitgenommen haben", dachte Grete und holte den Korb aus dem Koffer. Monika sprang hinein und sie bekamen ein Zimmer.

Als Grete alle Sachen nach oben geschleppt hatte, gingen die beiden zum Kiosk und kauften eine Landkarte. Damit fanden sie heraus, wo die Inseln von der Schatzkarte waren.

Am nächsten Tag mieteten sie sich ein Motorboot. Sie fuhren mit lautem Motorengebrüll, sodass Monika sich die Pfoten in die Ohren steckte, zur ersten Insel. Die Fahrt dauerte lang und als sie ankamen, war es schon dunkel. Sie bauten ihr Zelt auf und rösteten noch zwei kleine Fische über dem Feuer, bevor sie in ihre Schlafsäcke krochen. In den nächsten Tagen fuhren sie immer tagsüber zur nächsten Insel, wo sie dann übernachteten, bis sie bei der Pirateninsel angekommen waren. Dort konnten sie vor Aufregung nicht einschlafen. Irgendwann schliefen sie aber doch, und als sie am nächsten Morgen sehr früh zum Strand runtergingen, bemerkten sie, dass das Boot weg war. Jetzt begriff Grete, warum es Pirateninsel hieß: Weil hier Piraten wohnten, die sich natürlich über ein neues Boot freuten.

Grete und Monika setzten sich in den Sand und schmiedeten einen Plan, wie sie von der Insel wegkommen konnten. Es fühlte sich für sie wie eine Ewigkeit an, bis der Plan endlich fertig war. Sie wollten ein Floß bauen und damit zum Schatz schippern. Als das Floß schließlich fertig war, war es dunkeln und sie mussten schlafen. Am nächsten Morgen schoben sie das Floß ins Wasser, legten ihr Gepäck darauf und dann stachen sie in See.

Zwei Tage dauerte die Floßfahrt. Die Insel, wo der Schatz liegen musste, war das reinste Paradies. Überall wuchsen die schönsten, außerirdischsten und die fantasievollsten Pflanzen. Plötzlich erinnerte Monika sich daran, dass heute der hundertste Geburtstag von Grete war. Sie schaute Grete bittend an und die sagte: „Was ist los, Monika, willst du ein bisschen herumstreunen?“ Monika nickte und trabte los, sie sammelte ein paar tropische Blumen in Smaragdgrün, Eisblau und Meertürkis und kehrte zu Grete zurück. Grete freute sich riesig über den Blumenstrauß aus den schönsten, außerirdischsten und fantasievollsten Blumen, die es nur gab!

Grete und Monika suchten sehr lange nach Hinweisen, die sie zum Schatz führen würden, bis sie endlich ein vergilbtes, zusammengerolltes Pergament aus der Erde herausragen sahen. Grete las für Monika laut vor: „Hi, ihr Fremden, das hier ist meine Insel. Der, der zuerst meinen Schatz findet, bekommt die Insel als Geschenk! Zum Schatz führen euch die Blätter.“ Grete schaute sich die Blätter der Pflanzen ringsum an und fand heraus, dass sie alle in eine Richtung zeigten. Die beiden liefen in diese Richtung. Je weiter sie liefen, umso goldener schimmerten die Blätter, bemerkte Grete.

Bald waren sie an einer kleinen Lichtung angekommen, in der Mitte war ein Feuer und über dem Feuer schwebte eine hell leuchtende Schatztruhe mit eisblauen, smaragdgrünen und meertürkisen, funkelnden, strahlenden, glitzernden Diamanten. Vor dem Feuer saß ein Mann und in seinen Augen loderten drei Feuer: ein meertürkises, ein smaragdgrünes und ein eisblaues.

Der Mann stand auf und sagte: „Hiermit übergebe ich euch diese Insel." Er reichte Grete die Schatztruhe. Grete öffnete die Truhe und darin fand sie noch viel mehr Diamanten, die schönsten, die sie je gesehen hatte. Sie kramte ein wenig herum und fand noch Geldscheine, auf denen die Pflanzen der Insel abgebildet waren. Das war der schönste Geburtstag in ihrem langen Leben.

Helene Kinze, *9 Jahre, 3a Hasengrundschule.*

Die Katze Otto und das Piratenschiff

Es war einmal eine alte Dame. Sie lebte allein. Doch eines Tages lief ihr eine kleine Katze über den Weg. Sie hatte kein Zuhause. Darum nahm die Oma die Katze auf. Sie wurden beste Freunde und die Oma nannte die Katze Otto.

Eines Tages gingen sie an den Strand. Dorf sahen sie ein altes Piratenschiff. Sie gingen hinauf und schauten es sich an. Auf einmal sahen sie dunkle Gestalten mit Waffen. Sie kamen immer näher und griffen die Oma und die Katze Otto an. Die beiden wurden in einen dunklen Kerker eingesperrt. Dort fanden die Oma und Otto eine alte Schatzkarte. Heimlich brachen sie das Fenster auf und sprangen in ein Rettungsboot, das hinter dem Piratenschiff stand.

Mit dem Rettungsboot fuhren sie den Weg der Schatzkarte entlang und fanden eine geheimnisvolle Insel. Auf der Insel sah Otto eine Schatztruhe und machte: „Miau!!!"

Dann sah die Oma sie auch. Sie rannten hin und hatten die Schatztruhe schon fast erreicht ... doch dann ... Was war das? Die Wesen sahen aus wie eine Mischung aus Krokodil und Mensch. Doch die Oma erkannte es auf einen Blick, es waren Sumpfmonster.

Die Sumpfmonster brüllten sie an, doch Oma und Otto verstanden kein einziges Wort. Der Anführer wiederholte es in Menschensprache: „Wenn ihr uns im Kampf besiegen könnt, dürft ihr euch eine Sache wünschen, die wir euch erfüllen müssen. Wenn nicht, seid ihr für immer unsere Diener. Deal?"

„Okay. Deal", sagte die Oma.

Dann ging es los. Otto kratzte und die Oma verprügelte die Sumpfmonster mit ihrem Krückstock. Zum Schluss lagen die Sumpfmonster heulend auf dem Boden und bewegten sich nicht mehr.

Die Oma und Otto gingen zur Schatztruhe. Aber ihnen fiel auf, dass kein Schlüssel da war. Dann sahen sie am Hals des Anführers die Rettung, es war der Schlüssel. Sie rissen den Schlüssel von der Halskette ab, gingen damit zur Schatztruhe und machten sie auf. Darin sahen sie eine Menge Gold und nahmen es mit.

Die Oma sagte zu den Sumpfmonstern: „Da wir euch besiegt haben, wünschen wir uns und das Gold nach Hause."

Die Sumpfmonster hielten murrend ihr Wort.

Und *schwupps* saßen die beiden mit dem Gold zu Hause auf der Couch. Dann wurden die Oma und die Katze Otto reich und berühmt.

***Clara** (Klasse 3a) und **Elisa** (Klasse 3c) aus der Hasengrundschule Berlin Pankow. Beide sind 9 Jahre alt.*

Emily und die Türmer-Katze

Emily sieht ihren Onkel fast nie. Denn ihr Onkel arbeitet als Türmer auf dem Daniel. Daniel heißt nämlich der Kirchturm unserer Kirche. Und seit vielen Jahrhunderten wohnt dort oben ein Türmer, der über die Stadt wacht. Eines Tages kam ein Brief von Emilys Onkel. Und darin:

Liebe Emily,
wie wäre es, wenn du mich am Samstag besuchen kommst und bei mir auf dem Daniel übernachtest?
Liebe Grüße, dein Onkel Robert.

Sie freut sich sehr und kann vor Aufregung fast nicht einschlafen. Am Samstag packt Emily sofort den Koffer und wartet darauf, dass es Abend wird. Um 18:00 Uhr geht Emily zum Daniel. Als sie ankommt, rennt sie schnell alle Treppen hoch und begrüßt Onkel Robert mit einem: „Hallo." Als es Mitternacht ist, gehen die beiden ins Bett.

Emily schläft nach einiger Zeit ein. Doch dann hört sie ein leises Miauen und wacht auf. Sie sieht eine süße Katze neben ihrem Bett sitzen. „Wer bist du denn und was machst du hier?"

Die Katze kann aber natürlich nur miauen. Und dann fragt Emily, ob die Katze nicht über Nacht bleiben könne. Onkel Robert meint: „Ja natürlich." Dann schlafen beide wieder ein und werden erst mal nicht mehr aufgeweckt.

Am nächsten Morgen füttern Emily und ihr Onkel die Katze. Emily möchte gerne noch ein bisschen mit ihr spielen, aber sie muss schon am Morgen nach Hause gehen, um die Schulsachen für Montag zu packen. Als Emily zu Hause ist, schreibt sie sofort einen Brief an Onkel Robert.

Lieber Onkel Robert,
es war sooo schön, bei dir zu übernachten, und ich wollte dich fragen,

ob ich nächstes Wochenende noch mal bei dir schlafen darf.
Liebe Grüße, deine Emily."

Am Donnerstag kommt die Antwort von Onkel Robert. Dort steht:

Liebe Emily, ja natürlich!!!

Sie freut sich sehr. Und am nächsten Wochenende ist sie wieder bei Onkel Robert. Diesmal aber erst um 19.00 Uhr. Gegen Mitternacht gehen Emily und Onkel Robert wieder ins Bett. Aber welches Geräusch hören sie da? Ein leises Piepen! Davon wachen Emily und Onkel Robert auf. Es sind Fledermäuse. Emily und Onkel Robert haben so viel Angst! Doch Emily hatte eine gute Idee. Denn die Katze war ja noch da.

„Schnurre laut, liebe Katze. Bitte! Dann können wir damit die Fledermäuse verjagen."

Die Katze versteht und schnurrt so gruselig, wie sie nur kann. Die Fledermäuse erschrecken und fliegen schnell weg. So können Emily und Onkel Robert wieder einschlafen.

Morgens steht ist die Katze auf und weckt Emily und Onkel Robert. Es ist Sonntag und Emily muss wieder nach Hause, denn sie muss noch die Schulsachen packen ...wie immer.

Bevor Emily gehen muss, meint Onkel Robert: „Wie wäre es, wenn du jedes Wochenende bei mir übernachtest?"

„Ja, natürlich gerne!", antwortet sie und springt hoch in die Luft.

Zu Hause berichtet Emily von ihrem Abenteuer in der Nacht und von der mutigen, schlauen Katze. Sie fragt ihre Mutter: „Kann ich nicht auch eine Katze haben? Ich wünsche mir so sehr ein Haustier!!"

Die Mutter meint, dass sie erst mit Emilys Vater reden müsse. Als Emilys Vater nach Hause kommt, fragt sie auch ihn, ob sie eine Katze bekommen könnte. Doch auch Papa sagte, dass er erst mit der Mama sprechen müsse.

Als Emily im Bett ist, reden ihre Eltern über die Katze. Am nächsten Morgen sagt Emilys Mutter zu ihr: „Ich habe eine gute Nachricht für dich. Und die lautet, du bekommst eine Katze!"

Emily freut sich so sehr, dass sie am Abend wieder erst spät nachts einschlafen kann.

Freitag nach der Schule darf Emily sich eine Katze im Tierheim aussuchen. Samstag erzählt sie alles Onkel Robert.

„Warum nimmst du nicht einfach die Katze, die bei mir wohnt?“, schlägt Onkel Robert vor.

„Weil ich will, dass ich bei mir eine Katze habe und du auch eine bei dir. Einer muss dich ja vor den Fledermäusen beschützen, wenn ich nicht da bin. Aber ich kann meine ja am nächsten Wochenende zu dir mitnehmen.“

Bei der nächsten Übernachtung bei Onkel Robert toben zwei Katzen durch die Türmerstube … Und als Emily schlafen will, ging es erst richtig los …

Aber das ist eine andere Geschichte.

Kaja Singer, *7 Jahre, Nördlingen, Deutschland.*

Das außergewöhnliche Geschenk

Klingelingeling! Janas Wecker klingelte. Sie schrak auf: „Ich habe heut Geburtstag! Juhu!“ Jana rannte zum Schlafzimmer ihrer Eltern, öffnete die Tür und eilte zu ihrer Mutter. „Mama aaaaufstehen, ich möchte meine Geschenke auspacken!“, rief sie.

„Okay, wir gehen schon mal runter und du kommst nach“, erklärte ihr Papa verschlafen.

Jana lief gespannt ins Wohnzimmer. Ihre Eltern standen dort und fingen an, zu singen: „Happy birthday to you, happy Birthday to you, happy Birthday liebe Jana, happy birthday to you!“

Auf dem Tisch lagen zwei schön verpackte Geschenke, ein toll verzierter Kuchen und ein seltsamer Käfig. Ihr Vater riet ihr, sie soll als Erstes in den Käfig schauen.

Jana wunderte sich, schaute hinein und kreischte laut auf. „Ah, ein Kater!“

Nach einer kleinen Weile fragte ihre Mutter: „Und, wie möchtest du ihn nennen?“

Sie überlegte. „Kalli … ja, Kalli find ich gut!“ Mit lauter Begeisterung öffnete sie das erste verpackte Geschenk. Ein wunderschöner Fressnapf für Katzen kam zum Vorschein. Und im zweiten Geschenk folgte Futter extra für Babykatzen. Jana drückte erst Mama und dann Papa ganz fest. „Danke, das ist das beste Geburtstagsgeschenk aller Zeiten!“

Genau in diesem Moment klingelte das Telefon. „Hallo, hier ist Jana“, meldete sich das Geburtstagskind.

„Hallo, Jana, hier ist Evelyn. Alles Gute zum Geburtstag! Kannst du mir sagen, was du bekommen hast?“, wollte Evelyn neugierig wissen.

„Das errätst du nie! Stell dir vor, ich habe einen Kater bekommen, er heißt Kalli! Einen echten Kater!“

„Waaaas, du hast einen Kater bekommen!“, kreischte Evelyn ins Telefon.

„Ja, und einen Fressnapf und Futter“, antwortete Jana.

„Das ist ja toll! Jana, ich muss jetzt aber wieder Schluss machen, denn meine Oma hat ja heute auch Geburtstag. Wir müssen los. Wir können ja heute Abend noch einmal telefonieren. Tschüss!"

Jana legte auf und ging freudig in ihr Zimmer. Kalli folgte ihr, na klar. Jana schloss die Tür hinter sich und nahm auf dem Bett Platz. Sie streichelte und schmuste mit ihrem neuen Haustier und murmelte so vor sich hin. „Du bist echt der beste Kater der Welt."

Ein Miauen hätte sie erwartet, stattdessen hörte sie ein leises: „Und du bist das beste Mädchen aller Zeiten."

Erschrocken fiel Jana vom Bett. „Waaaas hast du da gerade gesagt?", schrie sie.

„Ja, ich kann sprechen, das war schon immer so", erklärte ihr Kalli. Sie quatschten noch den ganzen Tag.

„Jana! Zieh bitte gleich deinen Schlafanzug an!", rief ihre Mutter aus dem Badezimmer.

Als sie ihn angezogen hatte, kuschelte Jana mit Kalli. „Morgen ist Schule, da bin ich kurz weg."

„Passt schon", antwortet er.

Ihre Mama öffnete plötzlich die Tür. „Mit wem sprichst du, Jana?"

„Äh, mit mir selber!", erklärte sie aufgeregt. Gleich danach schlief Jana ein.

Am nächsten Tag weckte sie ihr Wecker. Jana frühstückte und zog sich an. „Tschüss!", verabschiedete sie sich.

An der Schule angekommen, erwartete sie schon Evelyn. „Komm, wir müssen rein!", schrie Jana.

Aus dem Schulranzen holte sie ihr Mäppchen und bemerkte, dass Kalli im Schulranzen saß. „Mensch, Kalli!", flüsterte Jana.

Nach einer Stunde Deutsch sprang der Kater plötzlich aus dem Rucksack. „Nicht zu Frau Hubert!"

Doch schon war er bei der Lehrerin und kratzte ihr Bein.

„Nein!", schreckte sie auf. Die Lehrerin schrie laut: „Wer war das! Warst du das, Jana?"

„Ich war das nicht!", erwiderte Jana.

Kalli tapste aus dem Klassenzimmer und schlich Richtung Mädchentoilette.

„Frau Hubert, kann ich aufs Klo gehen?", fragte Jana.

„Du darfst erst wieder, wenn du das hier abgeschrieben hast!", meinte Frau Hubert streng. Sie legte vor Janas Augen einen Zettel mit sehr vielen, wirklich sehr vielen Wörtern zum Abschreiben. Nachdem Jana die halbe Seite abgeschrieben hatte, hörte sie ein lautes „Ahhhhhh" aus der Mädchentoilette. Sie rannte sofort los.

„Jana, ich werde jetzt deine Eltern anrufen müssen!", maulte die Lehrerin ihr hinterher.

Aber die rannte trotzdem schnell weiter und eilte zu den WCs, dabei lief sie direkt in Mia aus der 4. Klasse hinein. „Was ist denn los?", murmelte Jana völlig außer Atem.

„Da war eine Katze, sie ist in diese Toilette gelaufen. Ich hab doch eine Allergie!!", antwortete Mia und weg war sie.

Jana öffnete die Tür und holte Kalli heraus. Zum Glück hatte er nur miaut und nicht gesprochen! Im Klassenzimmer rief Frau Hubert die Eltern von Jana an und sagte, dass ihre Tochter morgen eine Unterschrift dabeihaben solle. Sie kam wieder in ihr Klassenzimmer und packte alles zusammen, denn es hatte schon gegongt.

„Jana, du bekommst bestimmt Ärger wegen mir", meinte Kalli.

„Ach, und wenn schon, wenigstens hat niemand herausgefunden, dass du sprechen kannst! Es bleibt für immer unser Geheimnis, versprochen!"

Maja Weißgerber, *10 Jahre, Baldingen, Deutschland.*

Die falsche Katze

An einem sonnigen Mittwoch in den Sommerferien packte Fiona ihr Gepäck aus. Sie war nämlich gerade in einem Sommercamp angekommen, in dem sie noch zwei Wochen verbringen würde. „Freust du dich auch schon so auf die ganzen Kurse und Aktivitäten, Miriam?“, fragte sie ihre neue Freundin, deren Spitzname Miri war.

„Ja klar! Morgen gehen wir Kanu fahren und machen abends noch eine Nachtwanderung!“, strahlte auch Miri.

Fiona nickte und legte ihren Lieblingspulli behutsam in den Schrank. Dann sah sie auf ihre Armbanduhr und rief erschrocken: „Mist, Miri! Unser Kunstkurs beginnt gleich! Wir sollten schleunigst los!“ Die Mädchen holten ihre Sachen und gingen los.

Nach dem Kunstkurs sahen sie sich im Camp noch einmal genauer um und beschlossen dann, das Bogenschießen einmal auszuprobieren. Nach einigen danebengegangenen Pfeilen, einem erfrischenden Glas Limo und einem schmerzenden Zeh, weil Miri ein großer Apfel auf den Fuß gefallen war, gingen Fiona und Miriam zurück in ihre Hütte. Abends fielen sie müde in ihre Betten.

Mitten in der Nacht wachte Fiona auf, weil sie ein seltsames Kratzen an der Tür der Hütte hörte. Langsam tapste sie aus dem Bett und lauschte in die Dunkelheit. Doch das Kratzen hörte nicht auf. Mit zitternden Fingern griff Fiona nach der Türklinke.

„Da ist bestimmt nichts Fiona! Du hast nur unnötig Angst!“, dachte sie sich. Also drückte sie die Türklinke hinunter und zum Vorschein kam: eine süße Babykatze!

„Ist die süß!“, murmelte Fiona und nahm die Kleine hoch. „Ich nenne dich Tinka!“

Das Kätzchen drückte seinen Kopf fest an Fiona. Diese kraulte das Kätzchen so lange, bis es einschlief. Dann legte sie es auf den Boden und kroch wieder in ihr Bett.

Als Fiona am nächsten Morgen aufwachte, stellte sie zu ihrem Entsetzen fest, dass eines der Bettlaken, das auf dem Boden lag, zerfetzt war. „Tinka! Was hast du denn gemacht?", rief Fiona. Das Kätzchen strich nur um ihre Beine.

„Was ist denn los?", stöhnte Miriam, die anscheinend gerade aufgewacht war.

Fiona erzählte ihr, was sich in der letzten Nacht zugetragen hatte. Miri sah sich suchend um. „Wo ist denn deine Katze?", fragte sie.

Fiona deutete in eine Ecke.

„Äh … Fiona, das ist keine Katze! D…das ist ein Babyrotluchs!", stotterte Miri.

Fiona erstarrte. „Was?!", schrie sie.

Nachdem sich die beiden von dem Schreck erholt hatten, brachten sie Tinka zurück in den Wald und es erfuhr nie irgendjemand etwas davon.

Marlena Graf, *10 Jahre, Baldingen, Deutschland*

Die kleinen Kätzchen

„Miau", machte es eines Morgens an Lauras Haustür. Laura war gerade beim Frühstück und wunderte sich. „Nanu? Wo könnte das wohl herkommen? Ich hab doch gar keine Katze. Soll ich die Tür aufmachen?" Sie überlegte kurz. Dann gab sie sich einen Ruck, ging zur Tür, machte sie auf – und was saß da? Ein süßes kleines Kätzchen! Das Kätzchen flitzte sofort in das warme Haus.

Plötzlich hörte man noch mehr Katzen: „Miau, miau!" Da öffnete Laura die Tür und es kamen noch fünf kleine Babykatzen hinterher. Die Katzen machten einen Radau. Sie sprangen vom Wohnzimmerschrank bis zum Esszimmertisch.

„Oh nein!", schrie Lauras Mutter entsetzt, als sie die vielen Katzenbabys sah. „Wo kommen die denn alle her?"

Laura erzählte ihrer Mutter alles: „Es hat an der Tür miaut und dann kamen die hier alle herein." Lauras Mutter sah sich um. Die Katzen sprangen hin und her und waren nicht mehr zu stoppen. Inzwischen hatte auch Lauras restliche Familie was von dem Chaos mitbekommen.

Nachts versuchte die Familie, zu schlafen, doch es klappte nicht. Die Katzen sprangen auf den Betten hin und her, beschnüffelten die Menschen und so konnte niemand schlafen.

Am nächsten Morgen sprach Lauras Vater ein ernstes Wort. „Wir können die Katzen nicht behalten."

Laura bekam einen Schock. „Aber nein, bitte nicht, die Katzen sind doch so süß!", bettelte sie.

„Laura, wir können die Katzen nicht behalten", meinte ihr Vater.

„Aber wo sollen wir sie denn sonst hintun?"

„Ach, das ist kein Problem", erwiderte ihr Vater. „Die geben wir einfach im Tierheim ab."

„Nein, ich will aber nicht, dass meine Katzen im Tierheim landen."
„Also erstens sind das nicht deine Katzen und zweitens werden wir die nie und nimmer behalten!"

Und so ging die Diskussion weiter und weiter, bis irgendwann Lauras Vater klarstellte: „Wir behalten die Katzen nicht. Punkt, basta, aus."

„Okay", sagte Laura traurig.

„Ich habe mit der Frau aus dem Tierheim gesprochen und sie hat gemeint, wir können die Katzen morgen vorbeibringen."

Am nächsten Tag fing der Vater von Laura die Katzen ein: „So, Laura, ich fahre jetzt zum Tierheim. Willst du mitkommen?"

„Ja", sprach Laura betrübt.

Am Abend des Tages lag Laura im Bett und dachte: „Kein Geschlabbere und Gesabbere mehr."

Doch plötzlich mitten in der Nacht hörte sie Schritte, ganz leise, kleine Schritte. Sie kuckte nach, wer denn mitten in der Nacht im Haus herumspazierte. Und als sie sah, wer das war, traute sie ihren Augen nicht. „Das sind ja meine Kätzchen!", platzte es aus ihr heraus.

Und so ging es jede Nacht weiter. Doch irgendwann bekam Lauras Vater davon mit. „Wie kommen die denn hier alle her? Und warum liegen hier überall Mäuse herum?"

„Ja, also, es war so: Jede Nacht sind die Katzen hierhergekommen", erklärte Laura.

„Aber das geht so nicht weiter", schimpfte Lauras Vater. Doch gerade als Lauras Mutter den Müll rausbringen wollte und die Tür aufgemacht hatte, flitzten die Katzen aus dem Haus heraus. „Endlich sind diese Viecher weg!"

„Hallo, sag mal, das sind doch keine Viecher!", entgegnete Laura ihrem Vater.

In dieser Nacht kamen die Katzen wieder. Am Abend wollte Lauras Vater spazieren gehen, doch normalerweise sah er immer Mäuse, die über den Weg huschten.

Als er zu Hause ankam, meinte er: „Also irgendwas war heute komisch. Normalerweise sehe ich immer Mäuse, die über den Weg huschen. Aber das war heute nicht so."

„Ja, das liegt an den Katzen", sagte Laura. „Die fangen die Mäuse."

„Irgendwie ist es praktisch, denn bei den vielen Mäusen erschrecke ich immer so", erwiderte Lauras Vater.

„Dann können wir die Katzen doch behalten?!"

„Moment, Moment, Moment. Wollen wir nicht erst mal das Tierheim fragen, ob man das darf?“

„Ja, okay, dann frag halt das Tierheim!“, meinte Laura trotzig.

Einen Tag später sprach Lauras Vater: „Ich habe recherchiert. Anscheinend darf man Streunerkatzen behalten.“

„Yah! Jippi! Juhu!“, freute sich Laura. „Darf ich die Katzen also jetzt behalten?“

Doch da mischte sich Lauras Mutter ein. „Stopp, stopp, stopp, so einfach geht das hier nicht!“

Sie diskutierten und diskutierten und diskutierten.

„Aber ich wünsche mir doch schon so lange eine Katze.“

Doch irgendwann gaben Lauras Eltern nach. „Wir haben uns kurz besprochen …“

„Und?“, unterbrach Laura die zwei.

„Also, du darfst die Katzen behalten, weil du dir erstens schon lange ein Tier wünschst und zweitens gibt es durch die Katzen keine Mäuse mehr.“

„Jippi, juhu!“ Laura freut sich rieeeeesig.

„Wir fahren los und kaufen alles, was man braucht, und du überlegst dir Namen, okay?“

„Okay!“ Laura freute sich immer noch riesig, als ihre Eltern wiederkamen. „Also das hier ist Trixie, die hier ist Finja, Mia, Anna, das ist Pünktchen, Sternchen“, erklärte Laura.

„Ähm, woher weißt du denn, dass es Mädchen sind?“

„Das hat Papa mir gesagt“

„Das hat das Tierheim mir gesagt. Und hier ist das ganze Zeug, das du brauchst.“ So hatte die Familie ein glückliches Leben mit ihren Kätzchen.

Marlene Ruf, *8 Jahre, Nördlingen, Deutschland*

Meine Katze und ich

Unseren Kater Mio kenne ich, seitdem ich am 7. Januar 2014 geboren wurde, also klein bin. Am 20. Juni 2008 ist Mio zur Welt gekommen. Er ist sozusagen mein großer Bruder.

Als ich noch im Bauch war, hat Mio immer so schön geschnurrt, hat meine Mama gesagt. Er lag nämlich auf den Beinen und nicht auf dem Bauch, aber man konnte es trotzdem hören.

Als ich noch kleiner war, bin ich mal ins Katzenkörbchen geklettert und bin nicht mehr herausgekommen. Mein Papa hat ganz schön geschwitzt, mich da wieder zu befreien.

Ich habe noch eine Geschichte mit Mio, na ja, eine lustige Geschichte, und zwar, dass Mio beim Pullern mit dem Kopf rausschaut, die Katzenklappe auf dem Kopf und beim großen Geschäft guckt der Schwanz raus – sozusagen genau umgedreht. Ein einziges Mal war er sogar auf unserer Toilette! Wir denken, dass Mio manchmal glaubt, ein Mensch zu sein, weil er auch ab und zu sein Katzenfutter mit der Pfote frisst.

Es gibt auch einen Spruch, der besagt, Katzen hätten sieben Leben, deswegen glaube ich manchmal, dass wir Mio noch eine lange Zeit bei uns haben. Mio ist eine getigerte Katze mit einem weißen Latz um den Hals und weißen Pfötchen und einem weißen Strich auf der Nase.

Einmal als wir im Urlaub an der Ostsee waren, sind wir mit Mio an den Strand gelaufen. Mio hatte sehr viel Angst im Sand und er ist schnell wie eine Rakete zurückgerannt. In einem Urlaub hat Mio von meiner Oma die Schuhe angefaucht. Glaubt ihr mir nicht? Aber so war es. Weil Oma ihn unter der Hecke gefunden und in die Ferienwohnung gescheucht hat. Normalerweise darf er nur mit uns und der Katzenleine hinaus und dann frisst er das Grass vom Garten oder wo sonst Grass wächst.

Nicht vergessen: Bei uns zu Hause kuschle und schmuse ich mit ihm. Beachten muss ich, dass er nur am Köpfchen gekrault werden möchte und nicht am Rücken oder Bauch, dann kratzt er uns. Er kratzt aber

nur meine Eltern, bei mir zieht er immer die Krallen ein und haut mit der Pfote, wenn ihm was zu viel ist.

Mit ihm zu spielen, macht mir auch Spaß, dafür habe ich einen Stock mit Federn dran, den ich hin und her bewege und er versucht, die Federn zu fangen. Wir haben auch ein Kissen für ihn, darin ist Baldrian, danach ist er ganz verrückt. Außerdem mag er Schnee. Ja, ihr habt richtig gehört. Wenn es geschneit hat, dann ist er so aufgeregt und muss auf den Balkon. Wir müssen dann Schneebälle formen und sie in die Luft werfen, dann fängt er sie im Flug auf und erschreckt sich jedes Mal über die kalte Kugel. Das ist so witzig.

Manchmal geht er mir aber auch einfach nur auf den Sempel, weil er nachts, wenn wir schlafen, an der Tür kratzt oder ganz laut an seinem Katzenklo herumscharrt. Trotz allem habe ich ihn lieb, er gehört ganz einfach zu meiner Familie.

Marlena Dumpich, *Klasse 2 C, Hasengrundschule*

Luna-Katzenmond

Luna war der Name einer Katze,
Die nur ganz selten auch mal kratzte.
Sie war so lieb wie sonst keine,
Und folgte wie ein Hund, nur ohne Leine.

Und wenn sie doch mal etwas tat,
Was man ihr sonst verbat,
Hatte sie ein schlechtes Gewissen,
Und man merkte ihr ging's beschissen.

Eine der wunderschönsten Katzen,
Mit vier weißen Tatzen.
Das Fell schwarz, weiß und grau,
Ich weiß es noch genau.

Ihr Gemüt von freundlicher Gestalt,
Doch sie war auch schon sehr alt.
Müde war sie oft,
Hat sich mit anderen Katzen nie gezofft.

Unser Grundstück verließ sie nie,
War es doch die Straße, die sie mied.
Auch ins Haus ging sie nicht,
Darauf war sie nicht sehr erpicht.

Sie war so treu,
Aber überhaupt nicht scheu.
War immer für mich da,
Das ist doch klar.

An einem Tag wollte sie allein nicht bleiben,
Und wir wussten, nun wird sie zum Himmel aufsteigen.
Die Sonne schien an diesem Tag.
Wir blieben bei ihr bis zum letzten Herzschlag.

Es war ein schwerer Schlag,
Der uns alle mitten in die Herzen traf.
Wir wussten, irgendwann wird's geschehen,
Jedoch wollte ich's nicht sehen.

Ich kannte kein Leben ohne sie,
Wollte's mir auch vorstellen nie.
Als sie dann nicht mehr war,
War das so furchtbar!

In den Wochen danach war es umso schlimmer,
Vermisste ich sie doch immer.
Wenn ich dann noch ihren Schatten zu sehen meinte,
War es nicht selten, dass ich weinte.

In unseren Herzen hat sie immer einen Platz,
Wir hüten die Erinnerungen an sie wie einen Schatz.
Schnell werden die Jahre vergehen,
Und helfen, die schönen Erinnerungen in den traurigen zu sehen.

Am Abend schien der Mond so hell wie nie,
Als wollte er sagen, ihr geht es gut hie.
Manche sagen, sie erkennen im Mond ein Menschengesicht,
Doch schau ich hoch, sehe ich ihr Angesicht.

Ich bin froh für die schöne Zeit,
Danke, Luna, bis in die Ewigkeit!
Im Himmel werden wir uns wiedersehen,
Denn wir alle werden irgendwann vergehen.

Manchmal schaue ich nachts zum Mond hinauf,
Wenn ich glaub, dass ich mich hier unten verlauf.
Er ist eigentlich auch nur ein Stern in der Nacht,
Doch für mich bist du's, die über uns wacht.

Johanna Lammers ist 13 Jahre alt und kommt aus Nienborg in NRW. Sie geht in die siebte Klasse eines Gymnasiums. Ihre Hobbys sind Schreiben, Gitarre spielen und Nähen. Außerdem liest sie sehr gerne.

Die coole Kat

Es war einmal eine coole Katze, die nannte sich die coole Kat. Sie hatte viele Fans, aber keine richtigen Freunde. Das machte ihr zuerst nichts aus. Eines Tages aber sollte eine riesige Katzenparty stattfinden, da wurden viele eingeladen, nur eine nicht: Das war die coole Kat.

An dem Abend, an dem die Party stattfinden sollte, war die coole Kat sehr sehr einsam und alleine. Da dachte sie sich: „Ich habe doch so viele Fans, aber sie laden mich nicht ein." Und da wurde ihr klar, dass Fans nicht alles ausmachen. Sie traf eine Entscheidung: Sie brauchte unbedingt richtige Freunde.

Sie erinnerte sich jetzt auch, dass sie immer ausgeschlossen worden war. Jetzt wusste sie auch, wieso: Sie war nie sie selbst gewesen, sondern immer und immer wieder die coole Kat. Jeder kannte nämlich nur die coole Kat mit der schwarzen Sonnenbrille. Sie gab selbst zu, dass sie immer angegeben hatte und immer sehr zickig gewesen war. Das war aber ein großer Fehler.

Da entschloss sie sich, die schwarze, coole Sonnenbrille nie wieder aufzusetzen und dachte, dass wäre für ihren Geschmack ein Anfang. Und sie wollte eine Poolparty veranstalten und lud dazu alle ein.

Aber sie erfuhr etwas Trauriges: Alle, wirklich alle wollten nicht kommen. An diesem Tag, an dem die Party stattfinden sollte, saß die nicht mehr coole Kat traurig im Garten am Pool.

Doch da hörte sie plötzlich Stimmen. Das waren die anderen Katzen, die kamen zu ihr. Es tat ihnen sehr leid, dass sie zuerst nicht auf die Poolparty hatten kommen wollten und dass sie die Kat ausgeschlossen hatten. Doch da fiel Kat allen in die Pfote, na ja, sie versuchte es, weil es wirklich viele Katzen waren.

Und da sagte Kat, dass es ihr leid täte, dass sie immer so hochnäsig gewesen war. Doch die anderen vergaben ihr.

Sie machte auch Bekanntschaft mit drei Katzen, die sehr sehr nett waren. Eine der Katze war die rote Katze mit dem Ringelschwanz, die zweite Katze war grau mit einem weißen Ohr und die letzte Katze war braun und hatte eine weiße Pfote. Die vier wurden sofort beste Freunde und alle zusammen feierten noch eine tolle Poolparty.

***Hannah Wacker,** neun Jahre alt. Sie wohnt mit ihrer Mama, ihrem Papa, ihrer Katze Fine und ihrem Hasen in Frankfurt und geht in die Schule. Ihre Hobbys sind Jazztanz, Geschichten schreiben und Malen. In ihrer Freizeit macht sie viel Sport und trifft sich mit ihren Freundinnen.*

Catulia

Es war einmal ein alter Mann, der in einem fröhlichen, bunten Dorf lebte. Dort wohnte er in einem winzigen Häuschen mit einem schönen gemütlichen Garten. Doch obwohl alle in dem Dorf stets gut gelaunt waren, spürte man bei ihm zu Hause überhaupt nichts davon. Die Nachbarskinder nannten ihn immer nur den grimmigen, alten Herrn Müller. Einige seltsame Theorien und Gerüchte über seine derartige Misslaune waren im Umlauf. Manche meinten, früher wäre er noch genauso wie jeder andere gewesen und erst seit dem Tod seiner Frau sei er so einsam und grimmig geworden. Andere wiederum glaubten, er wäre verflucht und könnte deshalb einfach nicht fröhlich sein. Doch genau wusste es keiner.

.Eines Tages in der Morgendämmerung genoss Herr Müller gerade seinen Kaffee, als wieder einmal eine Katze über seine Terrasse huschte. Sie war noch sehr jung und hatte graues Fell. Sehnsüchtig blickte sie hinauf zu dem alten Mann. Aber Herr Müller hatte einfach kein Herz für Tiere. Wütend nahm er einen dreckigen Besen in seine Hand und wedelte wild damit herum.

„HAU AB, DU KLEINES BIEST!“, hörte man ihn durch das ganze Dorf brüllen.

Verängstigt blickten die Kinder, die gerade die Straße vor Herrn Müllers Garten überquerten, die arme Katze an, die wenige Augenblicke später hinter einem Busch verschwand.

Nach diesem Ereignis verlief Herr Müllers Tag so wie immer. Er las ein wenig in seiner Zeitung, arbeitete im Garten und beschwerte sich über ein paar Jugendliche, die ihm zu viel Lärm machten. Am Abend ging er erschöpft ins Bett und schlief zügig ein.

Der nächste Morgen fühlte sich irgendetwas seltsam an. Er wollte sich gerade verschlafen die Augen reiben, als er plötzlich einen spitzen Schrei ausstieß. Also ... eigentlich wollte Herr Müller schreien, doch aus seinem Mund kam nur ein leises: „Miau“, denn was der alte Mann da erblickte, waren nicht seine Hände, es waren die Pfoten einer Katze! „Welch ein komischer Traum!“, meinte er, doch wieder erklang nur ein Maunzen. Anschließend wollte der Mann aufstehen, doch es gelang ihm nicht. Stattdessen fiel er krachend zu Boden.

So wie es aussah, war er also wirklich im Körper einer Katze gefangen. Es war viel umständlicher, mit vier Beinen zu laufen als nur mit zwei Beinen, aber er musste einfach etwas dagegen tun. Also lief er aus seinem Schlafzimmer, durch das Wohnzimmer und in die Küche. Von dort aus sprang Herr Müller aus dem Fenster, das er gestern Abend wohl vergessen hatte, zu schließen. Er beschloss, Hilfe zu holen. Er konnte doch nicht für immer eine Katze bleiben!

Auf dem Weg zu den Nachbarn wurde Herr Müller aber aufgehalten. Etwas, das sehr klein war, hüpfte aus dem Busch und versperrte ihm den Weg. Wenn man nicht genau hinblickte, konnte man fast meinen, vor Herrn Müller hopste ein kleines graues Wollknäuel auf und ab, doch in Wirklichkeit war es die kleine Katze, die der alte Mann am Vortag verscheucht hatte.

„Hallo! Hallöchen! Wer bist du? Willst du mit mir spielen?“, rief das Kätzchen keuchend, dabei hüpfte es immer noch wild umher.

„Ich ... ähm ... was?“ Verdattert sah Herr Müller die Katze an.

„Ich heiße Catulia. So hat mich mein alter Besitzer genannt. Er meinte, Catulia kommt vom lateinischen Wort Catulus, das so viel wie kleine Katze bedeutet. Und wer bist du?“, erklärte das Kätzchen so schnell, dass Herr Müller sich anstrengen musste, überhaupt etwas verstehen zu können.

„Ich wüsste zwar nicht, was dich das angeht, aber mein Name ist Gottfried. Kannst du wirklich verstehen, was dein Besitzer zu dir sagt? Und kann er auch dich verstehen“, fragte er in der Hoffnung, der Halter Catulias könnte ihm bei seinem Problem helfen.

„Ach, der ist schon lange nicht mehr da. Er hatte keine Lust mehr, in diesem Dorf zu leben. Wäre zu laut hier, hat er gesagt. Und eines Tages ist er einfach verschwunden. Von da an lebte ich ganz alleine. Der Busch da hinten“, sie deutete hinter sich, „ist mein Zuhause. Aber weißt du was Tolles?“

Herr Müller schüttelte den Kopf. Er war ein wenig gelangweilt von dem permanenten Quatschen der Katze und hoffte, es bald hinter sich zu haben.

Aufgeregt redete Catulia weiter: „Ich glaube, ich habe vielleicht bald einen neuen Besitzer! Kennst du den netten Mann, dem dieser Garten gehört? Ich glaube, er heißt Herr Müller. Er wirft jeden Tag ein paar Plastiktüten in diese Tonne da hinten. In denen ist immer etwas zu essen. Das ist sicher für mich und wenn ich in der Früh zu ihm auf Besuch komme, ruft er mir immer etwas zu und winkt freundlich mit dem Besen. Ich mag Herrn Müller sooooo gerne!"

Da hatte die arme Catulia wohl etwas falsch verstanden. Herr Müller hasste Katzen und seinen Müll entsorgte er sicher nicht nur für diese kleine Nervensäge auf vier Pfoten. Aber irgendwie tat sie ihm auch leid. Er wusste, wie schrecklich es war, jemanden zu verlieren, den man gerne hatte. Immerhin war seine Frau vor ein paar Jahren verstorben und er hatte es langsam satt, immerzu alleine zu sein.

Da dämmerte ihm, dass er einen großen Fehler gemacht hatte. Warum war Herr Müller da nicht schon früher drauf gekommen? Er hatte eine wundervolle, geradezu brillante Idee.

Plötzlich wachte er auf. Das konnte doch kein Traum gewesen sein! Oder doch? Ganz egal, Herr Müller wollte seinen Entschluss in die Tat umsetzen.

Fröhlich ging er zur Türe hinaus. Mit einem Kaffee und einer Zeitung machte er es sich wie üblich auf der Terrasse gemütlich. Es dauerte nicht lange, da kam auch schon die kleine Katze angelaufen.

„Hallo! Catulia!" Herr Müller stand auf und nahm die Katze auf den Arm. „Willkommen in deinem neuen Zuhause!"

Dann verschwand der alte Mann mit seiner neuen kleinen Freundin in seinem Haus und dort lebten sie von nun an und waren niemals mehr einsam.

Hanna Walder, *13 Jahre alt, kommt aus Silz in Tirol/Österreich und schreibt für ihr Leben gern Geschichten. Ihr größter Traum ist es, Kinderbuchautorin zu werden. Besonders gerne schreibt sie Geschichten für jüngere Kinder in ihrem Bekanntenkreis – meistens illustriert sie sie auch gleich.*

Wünsch dich ins Wunder-Weihnachtsland

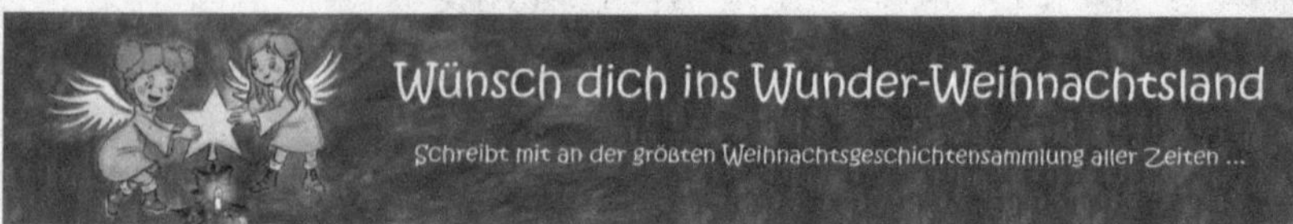

Schreibt mit an der größten Weihnachtsgeschichtensammlung aller Zeiten:

Seit zwölf Jahren sammeln wir mit unseren Wunder-Weihnachtsland-Büchern Geschichten, Märchen, Erzählungen, Haikus, Gedichte ... rund um die schönsten Tage des Jahres – die Advents- und Weihnachtszeit. Hunderte von Texten haben uns in den Jahren erreicht – lustige und besinnliche, heitere und nachdenkliche.

Wenn wir alle Geschichten zusammenfassen, haben wir sicherlich eine der größten Weihnachtsgeschichtensammlungen aller Zeiten für kleine und große Leser zusammengetragen. Und wir schreiben weiter am Wunder-Weihnachtsland – 365 Tage im Jahr.

Einmal im Jahr – immer Anfang November – geben wir ein neues, gedrucktes Buch „Wünsch dich ins Wunder-Weihnachtsland“ heraus. Alle Bücher gibt es mit der Veröffentlichung auch als E-Book.

Weitere Infos unter:

www.wuensch-dich-ins-wunder-weihnachtsland.de

Unser Buchtipp

Jedes Jahr schreiben wir Anthologieprojekte für kleine und große Autor*Innen aus. Viele dieser Projekte haben bereits eine lange Tradition. So erscheint zum Beispiel im Jahr 2022 der 15. Band der Reihe „Wünsch dich in Wunder-Weihnachtsland“, der wohl umfangreichsten Sammlung von Advents- und Weihnachtsgeschichten im deutschsprachigen Raum. Wir legen Wert darauf, dass sich auch Kinder und Jugendliche an unseren Ausschreibungen beteiligen, da viele unserer Titel sich genau an diese Zielgruppe richten. Und ist dies einmal nicht der Fall, so haben wir es in der Ausschreibung vermerkt. Über neue Buchprojekte können sich alle Interessierten stets auf unserer Internetseite informieren. Und sollte es einmal Fragen zu einem Projekt geben, so stehen wir gerne mit Rat und Tat zur Seite.

www.papierfresserchen.de

www.ingramcontent.com/pod-product-compliance
Lightning Source LLC
LaVergne TN
LVHW030215230826
846093LV00010B/475

* 9 7 8 3 9 9 0 5 1 0 8 2 7 *